UTB **2834**

Eine Arbeitsgemeinschaft der Verlage

Beltz Verlag Weinheim · Basel
Böhlau Verlag Köln · Weimar · Wien
Wilhelm Fink Verlag München
A. Francke Verlag Tübingen und Basel
Haupt Verlag Bern · Stuttgart · Wien
Lucius & Lucius Verlagsgesellschaft Stuttgart
Mohr Siebeck Tübingen
C. F. Müller Verlag Heidelberg
Ernst Reinhardt Verlag München und Basel
Ferdinand Schöningh Verlag Paderborn · München · Wien · Zürich
Eugen Ulmer Verlag Stuttgart
UVK Verlagsgesellschaft Konstanz
Vandenhoeck & Ruprecht Göttingen
Vdf Hochschulverlag AG an der ETH Zürich
Verlag Barbara Budrich Opladen · Farmington Hills
Verlag Recht und Wirtschaft Frankfurt am Main
WUV Facultas Wien

BARBARA WOLBRING

Neuere Geschichte studieren

UTB basics

UVK Verlagsgesellschaft

Die Autorin
Barbara Wolbring, geb. 1965 in Bochum, 1985–1992 Studium in Frankfurt/M., Paris und Aix-en-Provence, 1992 Magisterexamen, 1999 Promotion. 1992–1994 Wissenschaftliche Mitarbeiterin im Historischen Institut der Deutschen Bank, 1994 freiberufliche Journalistin, seit 1995 Wissenschaftliche Mitarbeiterin, seit April 2001 wissenschaftliche Assistentin am Historischen Seminar der Universität in Frankfurt/M.

Die Abbildung auf dem Umschlag zeigt die Übergabe der Promotionsurkunde durch Prof. Schwarz an Else Neumann am 18. Februar 1899. Else Neumann promovierte als erste Frau an der Berliner Universität im Fach Physik.

Bibliografische Information der Deutschen Nationalbibliothek
Die Deutsche Nationalbibliothek verzeichnet diese Publikation in der Deutschen Nationalbibliografie; detaillierte bibliografische Daten sind im Internet über
http://dnb.d-nb.de abrufbar.

Das Werk einschließlich aller seiner Teile ist urheberrechtlich geschützt. Jede Verwertung außerhalb der engen Grenzen des Urheberrechtsgesetzes ist ohne Zustimmung des Verlages unzulässig und strafbar. Das gilt insbesondere für Vervielfältigungen, Übersetzungen, Mikroverfilmungen und die Einspeicherung und Verarbeitung in elektronischen Systemen.

ISBN 13: 978-3-8252-2834-7
ISBN 10: 3-8252-2834-7

© UVK Verlagsgesellschaft mbH, Konstanz 2006

Lektorat/Bildredaktion: form & inhalt verlagsservice
Martin H. Bredol, Seeheim-Jugenheim
Gestaltung: Atelier Reichert, Stuttgart
Prepress: schreiberVIS, Seeheim-Jugenheim
Druck: Ebner & Spiegel, Ulm

UVK Verlagsgesellschaft mbH
Schützenstraße 24 · D-78462 Konstanz
Tel.: 07531-9053-0 · Fax 07531-9053-98
www.uvk.de

Vorwort 7

1 Was heißt studieren? 11
1.1 Grundsätzliches: von der Schule zur Universität 11
1.2 Uni-Begriffe 14
1.3 Aufbau und Organisation des Studiums 17
Studienvoraussetzungen – Studienbeginn – Grundstudium – Hauptstudium – Examensphase – Auslandsstudium – Abschlüsse
1.4 Veranstaltungsformen 26
Vorlesungen – Proseminare/Grundseminare – Seminare/Hauptseminare – Übungen – Tutorien – Kolloquien/Oberseminare – Module
1.5 Die Lehrenden 30
Professoren – Privat- und Hochschuldozenten – Wissenschaftliche Mitarbeiter und Assistenten – Lehrbeauftragte – Emeriti und Pensionäre
1.6 Studium und Beruf 34
Allgemeine Studienziele – Berufsmöglichkeiten für Historiker

2 Geschichte studieren – Was ist Geschichtswissenschaft? ... 41
2.1 Geschichte – Fach und Gegenstand 41
Geschichte und Vergangenheit – Geschichte und Gegenwart – Warum Geschichte? oder: die Aufgabe des Historikers – Gesetze der Geschichte – Geschichte und Geschichten – Gibt es historische Wahrheit? oder: Objektivität und Parteilichkeit
2.2 Geschichte als Wissenschaft 57
2.3 Methode 61
Hermeneutik: Verstehen – Analytik: Erklären – Gegenüberstellung der methodischen Herangehensweisen
2.4 Fragestellungen und Herangehensweisen 69
Politikgeschichte – Geistes- und Ideengeschichte – Sozialgeschichte – Kulturgeschichte

3 Die Quellen – Grundlage historischer Erkenntnis 79
3.1 Was ist eine Quelle? 79
3.2 Systematisierung von Quellen 81
Überrest und Tradition – Primär- und Sekundärquellen – Textquellen – Sachquellen – Bildquellen
3.3 Quellenkunde 90
Urkunden – Akten – Publizistische Quellen – Briefe – Selbstzeugnisse – Bilder – Statistische Quellen – Befragung von Zeitzeugen
3.4 Der Zugang zu den Quellen 113
Quellensammlungen – Editionen – Archive
3.5 Quellenkritik 126
3.6 Historische Hilfswissenschaften 131
Schrift – Datierung – Maße und Gewichte – Geld – Statistik – Andere Wissenschaften

Inhalt

4 Wissenschaftliche Literatur – der gelehrte Diskurs 149
4.1 Was ist wissenschaftliche Literatur? 149
4.2 Darstellungsformen wissenschaftlicher Literatur 151
Monographien – Handbücher – Epochendarstellungen – Aufsätze –
Rezensionen – Zeitschriften – Sammelbände – Bibliographien –
Nachschlagewerke – Einführungsliteratur und Literatur zu Arbeitstechniken
4.3 Zitierregeln 176
4.4 Wichtige Spezialliteratur finden 180
4.5 Wissenschaftliche Literatur lesen 184
Kritisches Lesen – Schmökern – Studierendes Lesen – Forschendes Lesen
4.6 Die Handbibliothek fürs Studium 195

5 Informationen aus dem Internet 197
5.1 Grundsätzliches 197
Chance und Risiko – Die Struktur des Web
5.2 Informationen im Internet finden 199
Der direkte Weg zur Seite – Suchmaschinen – Kataloge
5.3 Web-Seiten bewerten 203
Der Autor – Der Betreiber der Web-Seite – Die Sitemap – Die Verlinkung –
Die Grafik und Optik – Tendenz und Absicht – Adressaten – Datum –
Wissenschaftlichkeit – Werbung – Zitierhinweise
5.4 Eine (unvollständige) Linkliste 211
Bibliothekskataloge – Einige nützliche Seiten fürs Geschichtsstudium –
Fachwissenschaftliche Seiten und Portale für Historiker – Fachbibliographien online –
Wissenschaftliche Zeitschriften – Mailinglisten – Rezensionen online –
Kommerzielle Seiten – Didaktik und Schule – Warnungen

6 Selbst wissenschaftlich arbeiten 223
6.1 Ein paar Grundregeln vorneweg 223
6.2 Die Arbeitsschritte 224
6.3 Thema und Fragestellung 228
6.4 Fußnoten 232
Wann Fußnoten setzen? – Die Form der Fußnoten – Abkürzungen
6.5 Formen wissenschaftlicher Arbeiten im Studium 237
Die Hausarbeit – Das Referat – Das Thesen- und Arbeitspapier – Die Rezension
6.6 Die Sprache wissenschaftlicher Arbeiten 252

Literaturempfehlungen 257

Wichtige Abkürzungen 259

Glossar 261

Register 265

Bildnachweis 270

Vorwort

Dieses Buch richtet sich an diejenigen, die ein Studium der Neueren Geschichte beginnen. Es soll ihnen das Ankommen an der Universität und das Zurechtfinden in Ihrem Studienfach erleichtern. Es will ihnen die Arbeitstechniken und Arbeitsmittel zugänglich machen, die sie für ihr Studium benötigen, das methodische Rüstzeug vermitteln. Es umfasst damit den Kurs und Stoff, der üblicherweise Gegenstand der Proseminare ist. Das sind erste Reflektionen über das Fach und seine Methode, die Vorstellung von Quellen und Quellenbearbeitung, von Literatur, Literaturbeschaffung und Literaturauswertung sowie das eigene wissenschaftliche Arbeiten. Ein gesondertes Kapitel zum Internet soll in erster Linie zum bewussten und kritischen Umgang mit diesem mittlerweile selbstverständlichen Medium anleiten.

Das Ankommen an der Universität will das Buch zudem dadurch erleichtern, dass es optisch und sprachlich eine Brücke schlägt zwischen alltagsüblichen Lese- und Rezeptionsgewohnheiten und dem Recherchieren, Lesen, Auswerten und schließlich Schreiben wissenschaftlicher Literatur. Es trägt auch dem Umstand Rechnung, dass Studenten heute zwar mit Eifer und Neugier ein Studium beginnen, dass die Vorkenntnisse dabei aber sehr unterschiedlich sind. Diese Einführung setzt kaum Geschichtskenntnisse voraus, vermittelt diese auch nicht, sondern soll zeigen, wo und wie man diese Kenntnisse erlangen kann. Ein Hauptziel besteht darin, die Dinge übersichtlich und strukturiert zu präsentieren. Die einzelnen Aspekte werden auch nicht erschöpfend behandelt, sondern stets mit Blick darauf, was man als Studienanfänger wissen muss, um sich zurechtzufinden, und wieviel man aufnehmen kann, ohne den Überblick zu verlieren. Ich freue mich daher, das das Buch in der Reihe UTB basics erscheint, die durch ihr optisches und gestalterisches Konzept diesem Anliegen entspricht.

Viele haben das Entstehen dieses Buches begleitet und es durch ihre Hilfe, durch Rat und Kritik befördert. Ihnen allen danke ich sehr.

Den Frankfurter und ehemaligen Frankfurter Kollegen habe ich viel zu verdanken. Ich konnte stets mit ihnen über Aufbau und Anlage des Buches und einzelner Kapitel diskutieren, erhielt Literaturhinweise, didaktisches Material aus ihren Lehrveranstaltungen, Hinweise für Abbildungen aus dem Zusammenhang ihrer For-

Vorwort

schungen, und sie haben das Manuskript ganz oder in Teilen durch kritische Lektüre und Anmerkungen verbessert. Ich danke hierfür Dr. Ralf Banken, Dr. Jan-Otmar Hesse, Dr. Carsten Kretschmann, Priv. Doz. Dr. Jürgen Müller, Dr. Henning Pahl, Dr. Oliver Ramonat, Prof. Dr. Andreas Schulz, Prof. Dr. Johannes Süßmann, Dr. Eckhardt Treichel und Prof. Dr. Gerrit Walther.

Franziska Bechtel, Ellinor Fried-Brosz, René Kayser, Lisa Niemeyer M. A., Boris Slamka und Jennifer Stähle danke ich für vielfältige technische Unterstützung bei der Literaturbeschaffung, beim Korrekturlesen, beim Erstellen der Marginalien und nicht zuletzt für Hinweise aus ihrer Sicht als Studenten und Tutoren.

Frau Monika Hahn und Frau Gerhild Müller haben mit steter Hilfsbereitschaft, mit aufmunternden Worten und netten Gesten eine angenehme Arbeitsatmosphäre hergestellt und mit mancher Tasse Kaffee zur rechten Zeit den Arbeitsprozess erheblich beschleunigt.

Prof. Dr. Lothar Gall danke ich, dass er mir die Freiheit eingeräumt hat, dieses Buch zu schreiben.

Besonderer Dank gilt Herrn Martin Bredol, der die Reihe konzipiert und das Manuskript angeregt, in seinem Entstehen begleitet und sorgfältig lektoriert hat, sowie Frau Constanze Klengel, die Bilder und Bildvorlagen beschafft hat.

Beim Schreiben dieses Buches ist mir wie beim Abhalten von Proseminaren wieder deutlich geworden, wieviel ich den Proseminaren verdanke, die ich selbst am Beginn meines Geschichtsstudiums in Frankfurt am Main bei Prof. Dr. Michael Borgolte und bei Prof. Dr. Ulrich Muhlack besucht habe. Hier habe ich die Grundlagen des Faches und das Handwerkszeug wissenschaftlichen Arbeitens gelernt und erfahren, wie viele Möglichkeiten die Geschichtswissenschaft bietet, die eigene Neugier auszuleben. Die Qualität ihrer Proseminare ist mir Vorbild und Ansporn.

Denjenigen, die bisher meine Proseminare besucht haben, habe ich ebenfalls zu danken. Sie hatte ich beim Schreiben vor Augen, ihre Fragen, Mühen und Probleme ebenso wie ihre Neugier, ihren Ehrgeiz und Arbeitseifer.

Eine Anmerkung muss zum Schluss noch erfolgen zur Zitierweise der in diesem Band häufig genannten Internetadressen. Sie

Vorwort

sollen benutzbar und praktisch sein, deshalb wurde in der Regel auf Haupt- und Startseiten verwiesen und nicht auf die oftmals sehr langen Einzeladressen, die man kaum fehlerfrei abschreiben kann. Auch wird hier nicht bei jeder Adresse das Datum ihres letzten Aufrufs angegeben, was die Regel eigentlich verlangt. Alle Seiten wurden am 15. August 2006 letztmalig aufgerufen und überprüft.

Frankfurt am Main Barbara Wolbring
im August 2006

Was heißt studieren? | 1

Überblick

Dass Universität etwas anderes ist als Schule, ist im Prinzip jedem klar. Doch worin die Unterschiede genau bestehen und welche Konsequenzen das hat, ist einem Studienanfänger meistens weniger klar. Dieses Kapitel soll Ihnen Grundzüge des Studierens und des Universitätsalltages, akademische Lehrformen und die Lehrenden vorstellen und schließlich die Verbindungen zum Berufsleben aufzeigen.

Grundsätzliches: von der Schule zur Universität | 1.1

Mit dem Studium beginnt ein neuer Lebensabschnitt. Es ist eine Zwischenstation. Sie sind der Kindheit und dem Schülerdasein entwachsen, stehen aber noch nicht in der Verantwortung, den Zwängen und Bedingtheiten des Berufslebens. Vielleicht entspricht dem auch Ihre private Situation: Wenn Sie etwa Ihre Familie verlassen, um in einer anderen Stadt zu studieren, aber noch keine eigene Familie gründen, provisorisch leben in einem Studentenwohnheim oder in einer Wohngemeinschaft.

Was macht studentisches Lernen aus? „Einsamkeit und Freiheit" fällt vielen als Stichwort ein sowie „Selbstständigkeit". Der erste Eindruck vieler Studenten an den riesigen Universitäten ist statt Einsamkeit vielleicht präziser der der Verlorenheit. Obwohl immer mehr Begrüßungs- und Einführungsveranstaltungen sowie Beratungsangebote den Anfängern die Orientierung und das Eingewöhnen erleichtern sollen, kommt doch jeder Studienanfänger an den Riesenbetrieb der heutigen Massenuniversität mit ihren meist mehreren zehntausend Studenten und fühlt sich häufig erst einmal verloren. Und ältere Semester verstärken diesen Eindruck häufig

Abb. 1 | *Der Eingang der Neuen Universität in Heidelberg.*

noch mit einführenden „Hinweisen" wie dem, dass es an der Uni niemanden interessiere, was man mache und ob man überhaupt etwas mache oder gar nicht erscheine.

Das stimmt und stimmt auch wieder nicht, und hauptsächlich kommt es wie immer darauf an, was man selber daraus macht.

Zunächst haben Sie eine sehr viel größere Freiheit als in der Schule, Ihr Studium nach Ihren Interessen zu gestalten. Das gilt noch immer, auch wenn der Spielraum durch die neuen **Studienordnungen** mit ihren vielfältigen Anforderungen und Prüfungen den Rahmen enger steckt als dies früher der Fall war. Diese **Freiheit betrifft die Auswahl** der Veranstaltungen, also die inhaltliche Schwerpunktsetzung in Ihrem Studium und reicht meist sogar in die Seminare hinein. Auch hier wird Ihnen in der Regel die Auswahl desjenigen Themas freigestellt, mit dem Sie sich intensiver wissenschaftlich beschäftigen möchten.

Die Einsamkeit ist vielleicht nicht umsonst der Partner der Freiheit in diesem Begriffspaar. Denn Freiheit von Aufsicht, Zwängen und Gängelung führt fast zwangsläufig zu einer gewissen Einsamkeit. Es schaut Ihnen niemand ständig auf die Finger, und so wird es oft auch erst spät bemerkt, wenn ein Student „abzustürzen" beginnt. Hinzu kommt der Betrieb der Massenuniversitäten – der heute eher die Regel als die Ausnahme ist – in dem nicht jeder Student einzeln über einen längeren Zeitraum kontinuierlich betreut wird, wie dies ein Fachlehrer oder gar ein Klassenlehrer über Jahre hinweg kann. Wenn Sie studieren, sind Sie jetzt in erster Linie sich selbst Rechenschaft schuldig über das, was Sie tun und lassen. Es ist durchaus nicht egal, wie Sie Ihre Zeit verbringen, doch da Sie nun erwachsen sind, wird man Ihnen nur selten eine Moralpredigt halten. Die Zeiträume, in denen Sie ein gewisses Pensum und bestimmte Leistungen zu erbringen haben, sind länger bemessen als in der Schule, gliedern sich in einzelne Semester und in die Studienabschnitte Grundstudium und Hauptstudium.

Um mit der Freiheit umgehen zu können und die Einsamkeit nicht als Qual, sondern als Voraussetzung und Bedingung wissenschaftlichen Arbeitens schätzen zu lernen, sollten Sie über ein hohes Maß an **Eigenverantwortung und Selbstständigkeit** verfügen. Sie müssen nicht zu jeder Sitzung der Vorlesung erscheinen, wenn Sie sich den Stoff lieber aus der Literatur aneignen. Ob Sie lieber tagsüber oder nachts arbeiten, ist Ihnen ebenso selbst überlassen wie die Frage, wann Sie Pause machen: lieber am Sonntag oder während der Woche, oder wo Sie lesen, ob lieber daheim oder in der Bibliothek. Sie sollten die Freiheit und das Fehlen von permanenter Kontrolle allerdings nicht als Lizenz zum Nichtstun missverstehen. Sie haben keine festen Dienstzeiten, aber deshalb eben auch nie „Dienstschluss". Im Gegenteil: Es gäbe immer noch etwas zu tun, Sie sind nie wirklich „fertig".

Selbstständigkeit wird auch in den Seminaren von Ihnen erwartet. Denn anders als in der Schule findet das Lernen an der Universität nicht hauptsächlich in den Seminaren statt, sondern in der Bibliothek oder am Schreibtisch – dort also wo Sie lesen. Ihnen das **Lesen** und den **Umgang mit Gelesenem** beizubringen, ist eine wesentliche Aufgabe der Proseminare. Konkret bedeutet dies, dass es nicht ausreicht, auf Anweisungen der **DOZENTEN** zu warten und diese mit möglichst geringem Aufwand zu erfüllen. Wenn Ihnen etwas unbekannt ist, müssen Sie darauf selbst aufmerksam werden und ihre Wissenslücke eigenständig schließen. Welche Hilfsmittel es hierfür gibt, lernen Sie in den Anfangssemestern in Pro- und Grundsemi-

DOZENT, von lat. *docere* = lehren; Hochschullehrer.

naren oder in einführender Literatur für Studienanfänger. Warten Sie nicht auf Aufgaben und Aufträge, sondern lassen Sie sich von Ihrer Neugier leiten und führen.

1.2 | Uni-Begriffe

Die bis ins Mittelalter zurückreichende Tradition der Universitäten hat sich in zahleichen lateinischen Begriffen erhalten. So nennt man das Universitätsgelände **CAMPUS**, und die Kantine heißt **MENSA**. Der Beginn einer Veranstaltung wird nicht in Stunden und Minuten angegeben, stattdessen ist die Angabe der Stunde gefolgt von dem Zusatz **s.t.** oder **c.t.** üblich.

CAMPUS, lat. = Feld; Gesamtareal einer Hochschule.

MENSA, lat. = Tisch; Speisesaal an Hochschulen und Schulen.

Eine zweistündige Veranstaltung findet während des gesamten Semesters jeweils am gleichen Wochentag zur gleichen Uhrzeit statt für jeweils 90 Minuten, also etwa Montags von 10 bis 12 Uhr, faktisch also von 10.15 bis 11.45 Uhr. Diese zweistündige Veranstaltung hat dann 2 **Semesterwochenstunden** (SWS).

Steht bei einer Lehrveranstaltung zum Zeitpunkt der Drucklegung des Vorlesungsverzeichnisses (→ Kap. 1.3.2) noch nicht fest, welcher Dozent sie durchführen wird, steht dort statt des Namens die Bezeichnung **N.N.** quasi als Platzhalter.

N.N., lat. *nomen nescio* = den Namen weiß ich nicht; oder: *nomen nominandum* = der Name ist noch zu benennen.

Studentinnen und Studenten bezeichnen sich untereinander als **KOMMILITONE** bzw. **KOMMILITONIN**, auch daran hat sich im Laufe der Zeit nichts geändert.

KOMMILITONE, von lat. *cum* = mit und *miles* = Soldat; Mitstreiter, Studienkollege.

Der **Allgemeine Studierenden Ausschuss (AStA)** ist die Vertretung der Studierenden einer Hochschule gegenüber Präsidium und Verwaltung ebenso wie nach außen. Einmal im Jahr können alle Studierenden der Universität das Studentenparlament (StuPa) wählen, das den AStA bildet. Der AStA ist insofern das oberste Exekutivorgan der Studentenschaft mit dem oder der AStA-Vorsitzenden an der Spitze.

Auf der Ebene der einzelnen Fächer, Fachbereiche oder Institute werden die Interessen der Studierenden von den **Fachschaften** vertreten. Die Fachschaft stellt auch diejenigen studentischen Vertreter, die in den Gremien und Kommissionen des Fachbereiches oder der Fakultät an der Selbstverwaltung beteiligt sind. Die Fachschaft kann für Sie eine erste Anlaufstelle sein bei allen Fragen rund ums Studium, denn hier treffen Sie Studenten aus höheren Semestern, die sich im Uni-Dickicht bereits auskennen. Die Fachschaften bieten zu Semesterbeginn Beratung für Studienanfänger an. Nutzen Sie dieses Angebot!

Der **DEKAN** bzw. die **DEKANIN** wird aus dem Kreis der Professoren eines Fachbereichs oder einer Fakultät in der Regel für ein Jahr gewählt. Der Dekan vertritt die Fakultät nach außen, auch gegenüber dem Universitätspräsidium. Der Dekan unterschreibt die Zeugnisse und Urkunden, er spricht Promotionen und Habilitationen aus. Früher lautete die Anrede des Dekans **SPEKTABILIS** oder **SPEKTABILITÄT**. Sie ist zwar offiziell abgeschafft, wird aber dennoch noch manchmal (halb im Spaß) gebraucht.

MAGNIFIZENZ ist die andere formell abgeschaffte Anrede, sie galt dem Hochschulrektor, der ja heute in der Regel ein Präsident ist.

Professoren werden nicht eingestellt, sondern berufen. Den **Ruf** erteilte früher der Minister, nach den neuen Hochschulgesetzen kann in bestimmten Bundesländern der Universitätspräsident neue Professoren berufen. Vorausgegangen ist dem Ruf ein Berufungsverfahren, an dem die Professoren der Fakultät, die wissenschaftlichen Mitarbeiter und die Studenten beteiligt waren. Sie erstellen aus den Bewerbern eine Liste mit drei Kandidaten. Der Erstplazierte erhält (in der Regel) den Ruf und verhandelt dann mit der Fakultät und dem Präsidium über die Bedingungen, unter denen er den Ruf annehmen würde. Lehnt er ab, geht der Ruf an den Nächstplatzierten.

Mit einem **NUMERUS CLAUSUS** oder kurz NC wird die Zahl der Studenten beschränkt, die zum Studium in einem Fach zugelassen werden. Meist geschieht das, indem man eine bestimmte Abiturnote als Voraussetzung festlegt. Im Sprachgebrauch ist der NC damit der Notenschnitt, den man haben muss, um für das Studium eines Faches zugelassen zu werden.

DEKAN, von lat. *decanus* = Gruppenführer; Vorsteher einer Fakultät.

SPEKTABILIS, lat. = sichtbar, ansehnlich; früher offizielle Anrede der Dekane

MAGNIFIZENZ, von lat. *magnificentia* = Herrlichkeit; früher offizielle Anrede des Rektors einer Hochschule.

NUMERUS CLAUSUS, lat. = geschlossene Zahl.

Info

Das „akademische Viertelstündchen"

▶ „sine tempore" oder „cum tempore". Darin steckt das lateinische Wort „tempus" für „Zeitspanne", gemeint ist damit das „akademische Viertelstündchen". Eine Zeitangabe „s.t." beginnt also ohne akademisches Viertelstündchen zur vollen Stunde, „c.t." mit diesem Zuschlag und also um viertel nach. 10 Uhr c.t. bedeutet folglich 10.15 Uhr. Das „akademische Viertelstündchen" ist derart selbstverständlich, dass Sie davon ausgehen können, dass Zeitangaben grundsätzlich „c.t" gemeint sind, wenn nicht ausdrücklich etwas anderes vermerkt ist. Veranstaltungen etwa beginnen in der Regel eine Viertelstunde nach der vollen Stunde. Wie in der Schule dauert die Lehrstunde dann 45 Minuten, die Doppelstunde (das ist die Regel) 90 Minuten.

Info

Titel und Anreden

▶ Die allgemeine Grundregel lautet, dass akademische Grade, also der Doktor- und der Professorentitel, Namensbestandteile sind. Akademiker untereinander sprechen sich allerdings nicht mit Titel an. Außerhalb der Universität gelten Sie zwar erst mit abgeschlossenem Studium, also nach dem Examen, als Akademiker, doch innerhalb der Hochschule gehören Sie vom ersten Semester an – gewissermaßen probeweise – dazu. Es ist deshalb üblich, die Lehrenden nur mit ihrem Namen anzusprechen. Den oder die Titel können Sie weglassen. Das gilt besonders dann, wenn Sie den Dozenten aus einer Veranstaltung bereits kennen.

Wenn also keine titelwedelnde Unterwürfigkeit verlangt wird, so werden Sie andererseits auch mit allzu flapsigen Bemerkungen befremdetes, im besten Falle nachsichtiges Kopfschütteln hervorrufen. Das gilt besonders für E-Mails. Trotz aller Modernität ist die E-Mail ein Brief, ein schriftlicher Austausch, bei dem man eher etwas weniger leger sein sollte als im direkten Kontakt. Wahrscheinlich würden Sie einen Professor auf dem Campus nicht mit „Hi" begrüßen oder mit „Hallo" ansprechen, erst recht ist es im Brief unpassend, einerlei, ob elektronisch oder auf Papier. Die Anrede „Guten Tag!" ist bisher noch dem mündlichen Umgang vorbehalten, schriftlich hat sie sich noch nicht eingebürgert. Bleiben Sie zumindest anfangs beim „Sehr geehrter Herr Soundso" oder „Sehr geehrte Frau Soundso". Wenn Sie einen Titel verwenden, sollten Sie die Anrede „Herr" oder „Frau" nicht weglassen, also „Sehr geehrte Frau Professor Schmidt", bzw. „Sehr geehrter Herr Dr. Müller".

In die Adresse des Papierbriefes, auf den Umschlag ebenso wie in das Adressfeld, gehören alle Titel hinein, unabhängig davon, ob Sie sie in der Anrede gebrauchen oder nicht. Kennen Sie jemanden, können Sie als Anrede ruhig „Lieber Herr Müller" oder „Liebe Frau Schmidt" schreiben.

Auch Ihre eigene **E-Mail-Adresse** sollten Sie der veränderten Lebenssituation anpassen. Sie sind jetzt keine Schüler mehr, sondern erwachsen. E-Mail-Adressnamen wie „Matze", „Mausi" oder selbst nur Ihr Vorname wirken im Postverkehr mit Dozenten über wissenschaftliche Themen deplaziert. Ändern Sie Ihre Kennung so, dass sie Ihren Nachnamen enthält, so ersparen Sie es den Dozenten, an „Moppelboppel" schreiben zu müssen. Die meisten Universitäten vergeben Accounts und E-Mail-Adressen für Studenten, dann können Sie Ihre alte Adresse für die Privatpost reservieren, wenn Sie an Ihrem Spitznamen hängen.

Eine Liste authentischer Abschreckungsbeispiele und Negativ-Vorbilder hat der Münsteraner Jurist Prof. Dr. Thomas Hoeren auf spiegel-online veröffentlicht.

(http://www.spiegel.de/unispiegel/wunderbar/)

Aufbau und Organisation des Studiums | 1.3

Studienvoraussetzungen | 1.3.1

Hier kann es nicht um formale **Voraussetzungen** gehen, denn die mögen sich von Universität zu Universität unterscheiden, je nachdem, ob der Zugang offen oder – etwa, indem eine bestimmte Abiturnote gefordert wird – beschränkt ist. Andererseits ist in Hessen z.B. das Abitur als Zugangsvoraussetzung zur Universität abgeschafft. Ein Meistertitel gleich in welchem Handwerk gilt als gleichwertige Eingangsqualifikation an die Universität und berechtigt zum Studium jeden Faches.

Doch das sind rein formale Voraussetzungen, die über das, was Sie tatsächlich an Voraussetzungen und Kenntnissen mitbringen sollten, wenig aussagen. Welches sind die tatsächlichen Voraussetzungen, die Sie benötigen, um ein Geschichtsstudium mit Erfolg und mit Freude durchführen und dann auch abschließen zu können?

Die knappste Formulierung lautet, Sie müssen **lesen und schreiben** können, am besten in mehreren Sprachen. „Ach so, na das kann doch jeder?" – Keineswegs, denn viele Texte, mit denen Sie während Ihres Studiums arbeiten, kann man nicht „einfach so" lesen und verstehen. Sie sind kompliziert geschrieben, hochabstrakt oder fremdwortgespickt; vielleicht sind sie in einer altertümlichen Sprache verfasst oder gleich in einer Fremdsprache. Sie müssen also die Bereitschaft mitbringen (zu den Techniken → Kap. 4), auch sprachlich und inhaltlich komplizierte, abstrakte Texte zu verstehen oder sie sich in einem manchmal mühsamen Prozess zu erschließen.

Sie brauchen **Neugier und Beharrlichkeit**. Nur, wenn Sie neugierig sind, werden Sie das, was Sie noch nicht wissen, herausfinden wollen, werden einem Problem auf den Grund gehen wollen und sich nicht vorzeitig zufriedengeben. Und bei der Suche nach Informationen, nach Fakten, Zusammenhängen, Erklärungen und Gründen werden sie manches Mal eine gehörige Portion Beharrlichkeit und vielleicht sogar detektivischen Spürsinn benötigen. Es ist gut möglich, dass das von Ihnen einige Umstellung erfordert. Im Alltag, im Umgang mit Fernsehen und Internet, dem Straßenverkehr und selbst beim Lesen vieler Tageszeitungen müssen wir zunächst eine Fülle optischer Reize und Wahrnehmungen verarbeiten und einsortieren. Schnelligkeit ist dabei vor allem gefragt sowie die Fähigkeit, verschiedene Informationen gleichzeitig wahrzunehmen und richtig zu reagieren. Die blinkende Reklametafel etwa nicht zu beachten, und stattdessen den Radfahrer wahrzunehmen, der hinten ankommt, damit wir ihn nicht beim Rechtsabbiegen übersehen. Dabei ist eine völlig andere Art von Aufmerksamkeit und Konzentration erforderlich, als am Schreibtisch, vor einem ein Buch, dessen Seiten auf den ersten Blick nur grau wirken, auf denen es außer vielleicht ein paar Überschriften kaum optische Hilfsmittel gibt, die Ihnen den Zugang zum Sinn und zur Struktur des Textes erleichtern. Diese Herausforderung zu meistern will Ihnen dieses Buch helfen, doch die Bereitschaft hierzu, Fleiß und Durchhaltevermögen müssen Sie mitbringen.

Eine Grundvoraussetzung für Ihr Geschichtsstudium ist, dass Sie gern lesen! Wenn Sie Geschichte studieren, sollten Sie sich auch für die **Politik der Gegenwart** interessieren. Dazu gehört, dass Sie regelmäßig eine überregionale Qualitäts-Tageszeitung oder Wochenzeitung lesen.

Die zweite Vorraussetzung betrifft das Schreiben: Sie sollten gerne schreiben und die grundlegenden Techniken verschiedener Darstellungsformen beherrschen: Inhaltsangabe, Bericht, Erörterung. Sie sollten wissen, dass es für eine Inhaltsangabe nicht ausreicht, Satz für Satz oder Absatz für Absatz das Geschriebene in indirekter Rede wiederzugeben. Sie sollten sicher Haupt- und Nebenaspekte herauspräparieren und darstellen, so dass Sie den Argumentationsstrang schlüssig nachzeichnen. Sie sollten in der Lage sein, einen Sachverhalt schlüssig und sachlich darzustellen und eine Argumentation ebenfalls sachlich und schlüssig aufzubauen. Es ist deshalb wichtig, dass Sie auch romanhafte und poetische Ausdrucksformen und Stilmittel kennen – um diese nämlich bei wissenschaftlichen Arbeiten nicht anzuwenden.

Sie sollten auch **Umgangssprache und Schriftsprache** sicher unterscheiden können. Bestimmte Redewendungen und saloppe Ausdrucksformen haben in einem wissenschaftlichen Text nichts zu suchen. Zugegeben: Manche Wissenschaftler benützen unnötig viele Fremdwörter und verschachteln ihre Sätze vorsätzlich und unnötigerweise, statt sich um klare und präzise Ausdrucksweise zu bemühen. Das ist Ihnen nicht zur Nachahmung empfohlen, stattdessen sollten Sie sich um ordentliches Hochdeutsch bemühen, frei von Floskeln und korrekt im Ausdruck. Selbstverständlich müssen Sie auch die Grundlage all dessen beherrschen: Rechtschreibung,

Grammatik und Zeichensetzung. Natürlich müssen Sie nicht am Anfang schon perfekt sein. Doch alle Energie, die Sie hier auf formale Aspekte und Grundlagen verwenden müssen, fehlt Ihnen für die eigentlichen Inhalte Ihres Studiums.

Eine weitere Voraussetzung für das Studium der Geschichtswissenschaften sind **Sprachkenntnisse**. Die Geschichte des 19. und 20. Jahrhunderts ist derjenige Teilbereich, in dem Lateinkenntnisse nicht unbedingt tatsächlich gebraucht werden, anders als in der Geschichte der frühen Neuzeit, des Mittelalters oder gar der Antike. Wenn Sie Latein gelernt haben, wird Ihnen trotzdem manches leichterfallen, denn die Diplomaten und die Gelehrten des 19. Jahrhunderts, auch viele Politiker, diejenigen also, mit denen Sie sich beschäftigen, konnten alle Latein (und Griechisch!). Absolut unentbehrlich sind Fremdsprachenkenntnisse in modernen Sprachen. Mindestens Englisch sollten Sie so gut können, dass Sie wissenschaftliche Texte lesen und verarbeiten können. Auch Französisch ist unentbehrlich, denn es war bis zum Ersten Weltkrieg die Diplomatensprache, in der man sich international verständigte. Erst danach wurde es allmählich von Englisch abgelöst. Darüber hinaus ergeben sich die erforderlichen Sprachkenntnisse aus Ihrem Interessengebiet: Wenn Sie sich für die Geschichte eines bestimmten Landes interessieren, müssen Sie in der Lage sein, Quellen und Literatur in dessen Sprache zu lesen.

An **Fach- und Faktenwissen** wird grundsätzlich sogenanntes „Abiturwissen" vorausgesetzt. Das ist etwa der Stoff, der in den so oder so ähnlich betitelten Lehrbüchern enthalten ist. Leider ist es in den meisten Fällen nicht das, was Sie tatsächlich auch in der Schule gelernt haben. Viele Studierende kommen mit sehr geringen Geschichtskenntnissen an die Universität. Es ist meist nicht Ihre Schuld, dennoch ist es jetzt Ihr Problem. Verantwortlich dafür, diese Wissenslücken zu schließen, sind allein Sie. Die Universität stellt Ihnen die Mittel dazu bereit, das sind die Vorlesungen – hier insbesondere solche, die eine Epoche überblicksartig behandeln – und die Bestände der Bibliotheken.

Die genannten Voraussetzungen bedürfen noch einer wichtigen Ergänzung: Die eben genannten Fertigkeiten und Kenntnisse werden erst lebendig und fruchtbar durch **Neugier und Problembewusstsein**. Neugier, ein Wissen-Wollen, das offen ist für Unbekanntes, macht es erst möglich, dass Ihr Wissenserwerb nicht mechanisch ist, sondern zu tatsächlichen Einsichten und Erkenntnissen führt.

Nur so können Sie Fragestellungen und Problemstellungen auf den Grund gehen, statt an der Oberfläche stehenzubleiben. Ein eigenes Interesse wird Sie antreiben, Ihren jeweiligen Gegenstand tatsächlich eigenständig zu durchdringen und mehr zu leisten, als mechanisch übernommene Aufgaben abzuarbeiten. Problembewusstsein ist damit letztlich ein Aspekt von Neugier. Gemeint ist die Fähigkeit, die richtigen Fragen zu stellen, das Wichtige vom Unwichtigen zu unterscheiden und so zum Kern eines Sachverhaltes vorzudringen.

Zusammenfassend sind es also folgende Kriterien, die man erfüllen sollte, um für ein Geschichtsstudium gut gerüstet zu sein:
– Sie haben ein Latinum;
– Sie beherrschen zwei moderne Fremdsprachen, in der Regel Englisch und Französisch;
– Sie verfügen über ein solides historisches Faktenwissen zu den wichtigsten Ereignissen und Entwicklungen der deutschen und europäischen Geschichte;
– Sie sind an konzentriertes Lesen gewöhnt;
– Sie lesen täglich eine seriöse Zeitung;
– Sie können sich sicher und gewandt sprachlich ausdrücken;
– Sie sind neugierig und verfügen über Problembewusstsein.

Diesem Ideal entspricht heute (bedauerlicherweise) kaum ein Studienanfänger. Selbstverständlich können Sie einzelne Wissenslücken und Defizite während Ihres Studiums ausgleichen. Jede Lücke kann man füllen, doch mit Anzahl und Größe der aufzufüllenden Wissenslücken müssen Fleiß und Energie entsprechend steigen. Am besten beginnen Sie damit sofort, denn bis zum Ende des Grundstudiums müssen Sie Ihre Rückstände aufgeholt haben.

1.3.2 Studienbeginn

Verschiedene Veranstaltungen, Angebote und Informationsschriften erleichtern Ihnen die Orientierung am Beginn des Studiums. Das Angebot ist dabei nicht an jeder Universität gleich. Wichtig ist also, sich rechtzeitig zu informieren, welche Informationen Ihnen wann und wo geboten werden. Websites ermöglichen das bequem von zuhause aus, sind allerdings nicht immer so aktuell, wie sie sein könnten. Das Neueste und Wichtigste steht deshalb auch im Internet-Zeitalter häufig immer noch auf Anschlägen und Aushängen an Schwarzen Brettern und Geschäftszimmertüren. Ein erster

Besuch an Ihrer künftigen Universität einige Wochen vor Semesterbeginn ist deshalb empfehlenswert, um wichtige Termine zu erkunden und die Örtlichkeiten bereits kennenzulernen. Notieren Sie die Termine der allgemeinen Einführungsveranstaltung und Erstsemesterbegrüßung sowie die Einführungsveranstaltung Ihres Institutes oder Seminars. Dabei können Sie sich gleich erkundigen, wann und wo Termine zur **Studienberatung** angeboten werden. An manchen Universitäten sind solche Beratungstermine sogar verpflichtend.

Bevor Sie eine Studienberatung wahrnehmen, sollten Sie die **Studienordnung** und die **Prüfungsordnung** Ihres Faches bereits kennen. Häufig gibt es hierfür zwei Möglichkeiten: Sie erwerben diese entweder auf Papier in Geschäftszimmern und Institutssekretariaten, oder Sie laden sie von den Universitätswebsites herunter. In der Studienordnung steht, wie das Studium gegliedert und strukturiert ist, welche Anforderungen Sie wann erfüllen müssen, um Scheine und Zeugnisse zu erhalten. Die Prüfungsordnung regelt alles im Zusammenhang mit den Prüfungen, die Sie im Rahmen Ihres gewählten Studiums ablegen müssen. Darin ist beispielsweise festgehalten, welche Fristen zur Anmeldung für eine Prüfung gelten, wie lange die Prüfungen dauern, wer prüft usw.

Weiterhin brauchen Sie das Vorlesungsverzeichnis. Hier sind alle Veranstaltungen des jeweiligen Semesters aufgeführt. Das **allgemeine Vorlesungsverzeichnis** enthält für alle Veranstaltungen der gesamten Universität den Titel, den Namen des Dozenten und den Termin. Der Veranstaltungsort ist hier häufig noch nicht zu finden, da die Raumplanung meist später erfolgt als die Drucklegung der Vorlesungsverzeichnisse. Neben dem allgemeinen gibt es noch das **kommentierte Vorlesungsverzeichnis**, das im Sekretariat oder Geschäftszimmer des jeweiligen Institutes oder Seminars erhältlich ist (oder auf dessen Website). Hier erläutert der Dozent das Thema der Veranstaltung und gibt zusätzliche Informationen zum Inhalt. Literaturhinweise ermöglichen Ihnen die erste Orientierung. Wichtig sind zudem organisatorische Hinweise etwa dazu, ob die Teilnehmerzahl eines Seminars beschränkt ist oder ob Voranmeldungen erforderlich sind und wann und wo diese erfolgen können.

Mit Hilfe der Studienordnung und des Vorlesungsverzeichnisses können Sie dann anfangen, sich einen Stundenplan zusammenzustellen. Es ist ratsam, diesen Stundenplan bei einer Studienberatung mit einem Dozenten zu besprechen. Je informierter Sie in eine solche Studienberatung hineingehen, um so präziser können Sie Ihre Fragen stellen und Ihre ganz spezifischen Probleme benennen.

Einer der ersten Wege mit dem neuen Studentenausweis in der Tasche sollte Sie in die Universitätsbibliothek führen. Besorgen Sie sich einen Bibliotheksausweis, mit dem Sie entleihen können und nehmen Sie an einer Führung teil, die Sie mit dem Funktionieren der Bibliothek, mit Katalogen, Lesesälen und der Ausleihe vertraut macht.

1.3.3 Grundstudium

Das Grundstudium umfasst in der Regel die ersten vier Semester Ihres Studiums, es wird mit einer Zwischenprüfung abgeschlossen. In diesen ersten Semestern lernen Sie das wissenschaftliche Arbeiten kennen und werden es anhand von Beispielen üben. Sie verschaffen sich einen **Überblick** über den Verlauf der Geschichte, also über Daten, Ereignisse, Strukturen und Persönlichkeiten, indem Sie Bücher lesen – also durch Selbststudium – und durch den Besuch von Vorlesungen. In Pro- und Grundseminaren lernen sie das Handwerkszeug und die Hilfsmittel des wissenschaftlichen Arbeitens kennen und versuchen sich auch schon selbst daran in ersten kleineren Referaten und Hausarbeiten. Zugleich lernen Sie die verschiedenen Teilbereiche der Geschichtswissenschaft kennen, denn in der Regel müssen Sie mehrere Proseminare absolvieren. Für Sie ist das zugleich die Chance herauszufinden, in welchem Teilbereich Ihre Interessen liegen. Nutzen Sie die Chance viel kennenzulernen, und seien Sie offen für unverhoffte Entdeckungen. Schon mancher, der eigentlich Zeitgeschichte studieren wollte, ist dann doch bei der Antike gelandet – und umgekehrt.

1.3.4 Hauptstudium

Was Sie im Grundstudium an systematischem und methodischem Rüstzeug erworben haben, können Sie jetzt **vertiefen** und an verschiedenen Themen und Fragestellungen erproben. Allmählich kristallisieren sich dabei Ihre Interessen und Schwerpunkte heraus, die Sie dann vertiefen. Dennoch besuchen Sie auch Veranstaltungen aus anderen Epochen und verschiedenen Teilgebieten. Wenn Sie sich also besonders für Neuere Geschichte interessieren, sollten Sie trotzdem ein Hauptseminar zum Mittelalter oder der frühen Neuzeit besuchen und verschiedene Fragestellungen, Teilbereiche und

Zugangsweisen kennenlernen, neben der Politikgeschichte etwa Wirtschaftsgeschichte, Bildungsgeschichte, Kirchengeschichte oder Wissenschaftsgeschichte, vielleicht auch die Geschichte einer Region – Osteuropas etwa oder Westeuropas. Das Studium Ihrer Nebenfächer hilft Ihnen zusätzlich, eine breite Basis zu erwerben und in mehr als einem wissenschaftlichen Gebiet zu Hause zu sein.

Examensphase | 1.3.5

An das für acht Semester konzipierte Studium schließt sich die sechs bis 12 Monate umfassende Examensphase an. Das Examen besteht in der Regel aus einer wissenschaftlichen Hausarbeit, die meist 80 bis 100 Seiten umfassen soll und für deren Abfassung Sie mehrere Monate Zeit haben, sowie aus Klausuren und mündlichen Prüfungen in Ihren Haupt- und Nebenfächern. In modularisierten Studienordnungen sind die Abschlussprüfungen durch studienbegleitende Prüfungen ersetzt; es bleibt dann am Schluss lediglich die wissenschaftliche Hausarbeit.

Auslandsstudium | 1.3.6

Ein Studienaufenthalt im Ausland ist für Ihr Studium eine fachliche und auch für Sie eine persönliche Bereicherung, die Sie einplanen sollten, wenn es sich irgendwie finanziell, zeitlich und persönlich ermöglichen lässt. Allerdings erfordert so ein Unternehmen einigen Aufwand. Sobald Sie sich an der Uni einigermaßen eingewöhnt haben, sollten sie also anfangen, sich zu erkundigen. Gibt es Austauschprogramme Ihrer Universität? Ist Ihr Institut an das **ERASMUS-PROGRAMM** angeschlossen? Kommt ein Stipendium für Sie in Frage? Die meisten Universitäten haben eine Akademische Auslandsstelle, die Sie in all diesen Fragen unterstützt.

ERASMUS-PROGRAMM, Abk. für.: *European Community Action Scheme for the Mobility of University Students*; Austauschprogramm europäischer Hochschulen; Namensgeber ist der humanistische Gelehrte Erasmus von Rotterdam (1466–1536).

Abschlüsse | 1.3.7

Die Zahl der Abschlüsse, die Sie in Geschichte erwerben können, hat erheblich zugenommen. Eine kleine Übersicht soll eine Schneise in den Dschungel schlagen.
- **Staatsexamen**: Wer Lehrer werden wollte, musste früher ein Staatsexamen ablegen. Das Staatsexamen für das Lehramt an Gymnasien war lange Zeit derjenige Abschluss, der ein wissenschaftli-

ches Geschichtsstudium in Alter, Mittlerer und Neuerer Geschichte abschloss. Es war auch für andere Anstellungen im Staatsdienst Voraussetzung, etwa den höheren Archivdienst. Das ist heute nicht mehr überall so, in einigen Bundesländern müssen künftige Lehrer statt eines Staatsexamens einen Master of Education (M. Ed) ablegen. Dieser wird in anderen Bundesländern als dem Staatsexamen gleichwertig anerkannt. Die meisten Bundesländer, in denen das Staatsexamen fortbesteht, haben durch Lehrerbildungsgesetze die Anteile der Fachwissenschaft – also der Geschichte – am Studium vermindert zugunsten von **PÄDAGOGIK** und **DIDAKTIK**. Das Staatsexamen ist damit heute in erster Linie für diejenigen interessant, die tatsächlich vorhaben, Lehrer zu werden.

PÄDAGOGIK, von griech. *paidagogoi* u. lat *paedagogus* = Erzieher, Lehrer; Theorie und Praxis der Erziehung und Bildung, Erziehungswissenschaft.

DIDAKTIK, von griech. *didache* = Lehre; die Wissenschaft vom Lehren und Lernen, also eine Art Unterrichtslehre.

– **Magister Artium** (M.A.) war bisher der Abschluss für diejenigen, die Geisteswissenschaften studieren, aber nicht Lehrer werden wollten. Dieser Abschluss wurde in den 1960er Jahren eingeführt, um die Studienzeiten zu verkürzen und einen qualifizierten Abschluss vor der Promotion zu ermöglichen. Für das Magisterstudium war in der Regel eine Dauer von acht Semestern vorgesehen, hinzu kam die Examensphase von zwei Semestern.

BACHELOR, engl. erster akademischer Abschluss, auch Junggeselle, von mittellat. *baccalaureus*.

MASTER OF ARTS, engl. Meister, Lehrer; akademischer Grad in den Geisteswissenschaften, von lat. *magister* = Lehrer.

– Derzeit wird der Magister von den neuen gestuften Prüfungen **BACHELOR of Arts (B.A.)** und **MASTER OF ARTS (M.A.)** abgelöst. Auf diese Weise sollen in ganz Europa einheitliche und damit vergleichbare Studienabschlüsse geschaffen werden, die innerhalb eines festgelegten Zeitraumes erlangt werden können. Damit verbunden ist das Ziel, die früher zum Teil sehr langen Studienzeiten von Geisteswissenschaftlern zu verkürzen und den Praxisbezug der Hochschulausbildung zu verstärken. Der Bachelor ist in drei Jahren bzw. sechs Semestern zu erreichen und soll den Regelabschluss für die Mehrzahl der Studierenden bedeuten, die mit diesem Abschluß die Universität verlassen und ins Berufsleben eintreten. Für einen Master muss man danach weitere zwei Jahre oder vier Semester studieren. Alle Leistungen, die während des Studiums erbracht werden, gehen beim Bachelor und beim Master in die Examensnote ein, so daß eine Abschlußprüfung am Ende des Studiums entfällt.

Bei den neuen, gestuften Abschlüssen Bachelor und Master entfällt die Einteilung des Studiums in Grund- und Hauptstudium.

Module (→ Kap. 1.4.7), die jeweils aus mehreren Veranstaltungen bestehen und sich auch über mehrere Semester erstrecken können, gliedern und strukturieren statt dessen das Studium.

Die einzelnen Studienleistungen werden in sogenannte **Credit Points** (CP, mancherorts auch als Kreditpunkte oder Leistungspunkte, LP, bezeichnet) umgerechnet. Sie repräsentieren den Arbeitsaufwand, der zum Erbringen dieser Leistung notwendig ist. Ein CP entspricht dabei einem geschätzten Arbeitsaufwand von 30 Stunden. Wenn ein Modul also mit 12 CP bewertet wird, bedeutet das, dass für dieses Modul im Durchschnitt insgesamt etwa 360 Stunden zu arbeiten sind. Diese Zeit umfasst die Zeit, die Sie in Vorlesungen sitzen ebenso wie die Zeit, die Sie in der Bibliothek oder am Schreibtisch verbringen. Für das Bachelorexamen sind insgesamt im Verlauf des Studiums 180 CP zu erbringen; pro Semester sollten 30 CP erworben werden. Diese Rechnungen gehen davon aus, daß Sie als Student wie ein Arbeitnehmer an 220 Tagen im Jahr jeweils etwas mehr als acht Stunden arbeiten. Auch wenn die Credit Points Arbeitsaufwand repräsentieren, werden sie Ihnen natürlich nur dann angerechnet, wenn Sie die erforderlichen Leistungen mindestens glatt ausreichend (5 Notenpunkte) erbringen.

- Die **PROMOTION** ist der letzte mögliche Studienabschnitt. Hier arbeitet man weitgehend allein an einem ausgewählten Thema, auch wenn man an einem der immer zahlreicher entstehenden strukturierte Promotionsstudiengänge oder Graduiertenkollegs teilnimmt. Hauptbestandteil der Promotion ist die **DISSERTATION** oder Doktorarbeit, eine eigenständige wissenschaftliche Untersuchung, die auch veröffentlicht wird. Hat man seine Doktorarbeit im Promotionskolloquium, der sogenannten **DISPUTATION**, erfolgreich verteidigt, wird man vom Dekan zum Doktor der Philosophie, **Dr. phil.**, promoviert. Führen darf man den Titel allerdings erst, nachdem die Arbeit veröffentlicht ist. Bis dahin darf man sich als **DR. DES.** bezeichnen. Den Dr. phil. erhalten all diejenigen, die in einer Disziplin der Geisteswissenschaften promovieren, die der alten philosophischen Fakultät angehörte. Die anderen Bezeichnungen sind: Dr. med. (Medizin), Dr. theol. (Theologie), Dr. jur. (Jurisprudenz), Dr. rer. nat. (Naturwissenschaft), Dr. rer. pol. (Wirtschaft, Politologie, Soziologie). Jeden Doktorgrad kann man einmal erwerben.

PROMOTION, von lat. *promovere* = befördern.

DISSERTATION, von lat. *dissertare* = auseinandersetzen, untersuchen.

DISPUTATION, von lat. *disputare* = genauer erwägen, erörtern.

DR. DES., Abk. von *doctor designatus*; von lat. *docere* = lehren, unterrichten und *designatus* = im Voraus ernannt, vorgesehen für.

1.4 Veranstaltungsformen

1.4.1 Vorlesungen

In Vorlesungen findet die eigentliche Vermittlung des historischen Stoffes, des Wissens auf dem neuesten Forschungsstand statt. Der Dozent – in der Regel ist es ein Professor – trägt vor. Er (oder sie) entwickelt den Gegenstand, und das Publikum hört in der Regel zu. Beamer, Overheadprojektoren oder Wandkarten werden häufig eingesetzt, um die Aufnahme des Stoffes zu erleichtern, manche Dozenten lassen auch Fragen zu, trotzdem bleibt die Vorlesung im Grunde der **gelehrte Vortrag**. Vorgetragen werden die historischen Sachfragen, das Faktenwissen, also: Was war? und die historischen Zusammenhänge: Warum war es so? Der Dozent wird zudem deutlich machen, auf welcher Quellengrundlage und mit welchen Methoden die von ihm vorgetragenen Ergebnisse entstanden sind, also welcher Weg und welche historische Methode zu diesem Wissen geführt haben. Auch das Fortschreiten der Erkenntnis, das Sich-Wandeln von Fragestellungen und Ansätzen wird in der Vorlesung sichtbar, denn sie sollte aus den Forschungen des Vortragenden erwachsen sein.

Eine gute Vorlesung kann ein intellektueller Hochgenuss sein – es gibt natürlich auch sterbenslangweilige, trockene Vorträge, in denen man weniger lernt als beim Lesen und Durcharbeiten eines guten Buches. Nutzen Sie die Freiheiten des Studiums und entscheiden Sie sich für die Art zu lernen, die Ihnen am meisten liegt.

Vorlesungen darf nur halten, wer dafür besonders wissenschaftlich qualifiziert ist, also die **VENIA LEGENDI** erworben hat, die mit der **HABILITATION** erworbene Befähigung zu selbstständiger wissenschaftlicher Lehre. Neben den Professoren sind das Privatdozenten und Hochschuldozenten – im Normalfall jedoch nicht die unhabilitierten Juniorprofessoren (→ Kap. 1.5).

Um in einer Vorlesung tatsächlich etwas zu lernen, sollten Sie nicht nur regelmäßig teilnehmen – das ist selbstverständlich die grundlegende Voraussetzung. Sie sollten sich während der Vorlesung Notizen machen, die den Gang und die Struktur der Argumentation deutlich werden lassen. Offene Fragen können Sie dann bei der Nachbearbeitung der Notizen klären; außerdem sollten Sie die Vorlesung durch eigene Lektüre ergänzen und vertiefen. Wenn Sie auf diese Art und Weise arbeiten, erwerben Sie relativ zügig

---

VENIA LEGENDI, von lat. *venia* = Erlaubnis und. *legere* = lesen, vortragen, Vorlesung halten; Lehrbefugnis an Universitäten.

HABILITATION, von lat. *habilis* = fähig; Lehrbefähigung an Hochschulen.

Abb. 2

Studenten in einem überfüllten Hörsaal der Universität Bielefeld.

Überblickswissen über bestimmte Zeitabschnitte oder Sachverhalte und können so Wissenslücken schließen.

Proseminare/Grundseminare | 1.4.2

Pro- oder Grundseminare heißen die Veranstaltungen, in denen Studienanfänger in das Fach eingeführt werden. Vor allem geht es darum, das **Handwerkszeug des Historikers** zu erlernen: Sie sollen das wissenschaftliche Arbeiten kennenlernen und an einem thematischen Beispiel üben. Das Thema des Pro- oder Grundseminars ist dabei dann häufig tatsächlich nicht mehr als ein Beispiel, anhand dessen Sie die Gegenstände, die Quellen, Literatur, Methoden und die Hilfsmittel der Neueren Geschichte kennenlernen sollen. Dazu gehört das Wissen, welche Nachschlagewerke, Handbücher und Handbuchreihen es gibt. Dazu gehören methodische Fertigkeiten in der Art, sich einen Gegenstand oder Stoff zu erschließen, ihn zu durchdringen, also tatsächlich zu verstehen, ihn zu strukturieren und zu präsentieren. Dazu gehört es zu lernen, mit wissenschaftlicher Forschungsliteratur und mit historischen Quellen umzugehen. Im Proseminar sollen Sie auch bereits selbst eine kleinere wissenschaftliche Arbeit anfertigen, also entweder ein Referat halten oder eine erste kurze Hausarbeit schreiben.

Ein Pro- oder Grundseminar erfordert deshalb in der Regel sehr viel Selbststudium, das heißt: der Großteil Ihrer Arbeit findet außerhalb des Seminarraumes in der Bibliothek oder am Schreibtisch statt.

1.4.3 Seminare/Hauptseminare

Seminare oder Hauptseminare werden im Hauptstudium besucht, wenn Sie die Techniken und Arbeitsweisen des Historikers bereits kennen. Deshalb besteht die Teilnahmevoraussetzung in der Regel darin, dass die Teilnehmer die Zwischenprüfung abgelegt haben müssen. Nun geht es darum, die im Grundstudium erworbenen Fertigkeiten an speziellen Gegenständen zu erproben und zu vertiefen. Im Hauptseminar steht das Thema, anders als im Proseminar, tatsächlich im Mittelpunkt. Sie sollen historische Themen und Gegenstände kennenlernen, sich mit ihnen forschend und fragend beschäftigen – sie **studieren**. Ebensowenig wie ein Proseminar lässt sich deshalb ein Hauptseminar mit dem Geschichtsunterricht in der Schule vergleichen. Zwar sitzt man hier in einem klassenzimmerähnlichen Seminarraum, doch es findet kein Unterricht in dem Sinne statt, dass der Dozent wie ein Lehrer den unwissenden Schülern Wissen vermittelt. Ein Seminar setzt voraus, dass die Studen-

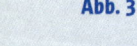

Ein Seminar im Fachbereich Erziehungswissenschaften an der Universität Lüneburg.

ten bereits einigermaßen mit dem Thema vertraut sind, dass sie sich in das Thema eingearbeitet haben. Jeder hat zudem ein Einzelthema, einen Aspekt, den er intensiv bearbeitet und in einem Referat vorstellt. Das Referat bildet dann den Ausgangspunkt der Seminardiskussion, in der die Schwerpunkte, die zentralen Fragen und methodischen Zugangsweisen des Themas erörtert werden.

Dies ist das Ideal, die Praxis sieht leider oft anders aus: Eine schweigende Masse von Studenten, die sich zwar für das Seminarthema interessiert, aber – aus unterschiedlichen Gründen – schlecht bis gar nicht vorbereitet ist, beteiligt sich nicht an der Diskussion, die deshalb zu einem quälenden Zwiegespräch zwischen dem Referenten und dem Dozenten ausartet. Für jedes noch so schlechte Referat findet der Dozent das gleiche Standardlob, das wiederum bei den Studenten den Eindruck erweckt, es komme eigentlich nicht darauf an, tatsächlich etwas zu leisten.

Übungen | 1.4.4

Vom äußeren Rahmen her gleichen Übungen den Proseminaren und den Seminaren: Eine Gruppe von Studenten, die keinesfalls mehr als dreißig Teilnehmer umfassen sollte, sitzt gemeinsam mit einem Dozenten an Tischen, die in Kreisform angeordnet sind. Während jedoch im Seminar die Studienergebnisse der Studenten gemeinsam besprochen und diskutiert werden, wird in der Übung sehr viel stärker das Ergebnis während der Sitzung im Gespräch gemeinsam erarbeitet. Grundlage sind in der Regel Texte, die natürlich von jedem gründlich gelesen und vorbereitet worden sein müssen und die nun gemeinsam besprochen und interpretiert werden. Es kann sich um Quellen handeln, die man gemeinsam intensiv analysiert oder um Texte der Forschungsliteratur, etwa zu methodischen Frage- und Problemstellungen. Sehr häufig werden in Übungen fremdsprachliche Quellen behandelt.

Tutorien | 1.4.5

Lehrveranstaltungen, die von fortgeschrittenen Studenten abgehalten werden, heißen Tutorien. Hier kann man keinen Schein erwerben, es sind also keine Pflichtveranstaltungen. Tutorien dienen dazu, den Stoff zu vertiefen, das Gehörte zu wiederholen und Nachfragen zu stellen.

1.4.6 Kolloquien/Oberseminare

Kolloquien (manche sagen auch Oberseminare) sind Veranstaltungen für Fortgeschrittene. Diejenigen, die allmählich auf das Examen zusteuern, besuchen das Kolloquium desjenigen Professors, bei dem sie sich prüfen lassen wollen. Hier werden wissenschaftliche Arbeiten, Hypothesen oder erste Ergebnisse vorgestellt und diskutiert. Für alle, die wissenschaftlich arbeiten, ist dieser Austausch sehr wichtig. Deshalb sollte jeder während der Examensphase an einem solchen Kolloquium teilnehmen und seine Staatsexamens- oder Magisterarbeit vorstellen. Hier kann man wertvolle Hinweise erhalten, wird rechtzeitig auf Schwachstellen aufmerksam gemacht und kann in der Diskussion erproben, wie tragfähig die eigenen Ergebnisse sind. Damit man von einer solchen Diskussion für die Arbeit tatsächlich profitiert, sollte man deshalb den Termin eines Vortrags im Kolloquium so wählen, dass man hinterher bis zur Abgabe auch noch ausreichend Zeit hat, die Hinweise einzuarbeiten.

1.4.7 Module

Module sind sinnvolle Studieneinheiten, die sich aus mehreren Lehrveranstaltungen zusammensetzen. Ein Modul kann sich über mehrere Semester erstrecken; es wird mit einer Gesamtnote bewertet, die sich entweder aus den verschiedenen Teilnoten zusammensetzen oder aus einer Modulabschlußprüfung ergeben kann.

Ein Modul kann etwa aus einer Vorlesung und einem Proseminar bestehen, aus einer Vorlesung, einer Übung und einem Seminar oder aus mehreren Seminaren.

1.5 Die Lehrenden

1.5.1 Professoren

Professoren stehen an der Spitze der universitären Hierarchie. Professor ist ein Titel, den man nicht durch eine Prüfung erhält, sondern als Inhaber einer Professorenstelle. Den Doktortitel erhält man demgegenüber, wenn man eine wissenschaftliche Doktorarbeit geschrieben und eine Doktorprüfung abgelegt hat. Wenn man

DIE LEHRENDEN　　　　　　　　　　　　　　　　31

Abb. 4

Früher trugen Professoren – jedenfalls bei besonderen Gelegenheiten – einen Talar. Hier sind Professoren der Friedrich-Wilhelms-Universität (heute : Humboldt-Universität) im Ornat am Schillertag auf dem Weg zum Festplatz (Foto, 1905).

den Professorentitel auch nicht durch eine Prüfung erhält, so sind dennoch in der Regel akademische Prüfungen die Vorraussetzung dafür, eine Professur und damit den Titel zu erhalten. Neben der Doktorarbeit ist das im Normalfall die Habilitation. Mit ihr verleiht der Fachbereich dem Habilitanden die *venia legendi* (→ Kap. 1.4.1), das ist die Berechtigung zu selbstständiger wissenschaftlicher Lehre und zugleich die Berechtigung, Prüfungen abzunehmen. Die Habilitation ist allerdings nicht mehr zwingende Vorraussetzung, eine Professorenstelle zu erhalten. Auch eine „gleichwertige wissenschaftliche Leistung" ist vom Gesetz her ausreichend. In den Geisteswissenschaften versteht man darunter in der Regel das sogenannten „zweite Buch", also nach der Doktorarbeit eine weitere eigenständige monographische wissenschaftliche Untersuchung.

Professoren werden nicht „eingestellt", sondern nach einem Auswahlverfahren berufen (→ Kap. 1.2). Neben diesem Normalfall gibt es eine Reihe von Sonderfällen, die für Studienanfänger zunächst schwer erkennbar sind:
– **Juniorprofessoren** sind eine Neuerung des Hochschulrechts, denn eigentlich sind sie noch keine Professoren, sie sind noch nicht habilitiert, haben ihr „zweites Buch" noch nicht geschrieben. Sie haben eine zeitlich befristete Stelle, die ihnen das Schreiben einer

Habilitation und damit den Einstieg in eine Hochschullaufbahn ermöglichen soll. Zudem lehren sie und nehmen an der universitären Gremienarbeit teil.

– **Titularprofessoren** heißen zwar Professor, führen also den Titel, haben aber keine Professorenstelle. Sie werden damit für ihre Lehr- und Prüfungsleistung an der Universität nicht bezahlt. Zu den Titularprofessoren gehört der **PROFESSOR APPELATUS**, abgekürzt **apl. Prof.**, also der „Nennprofessor"; Habilitierte erhalten an den meisten Fachbereichen nach einer gewissen Anzahl von Jahren auch dann den Professorentitel, versehen mit dem Vorsatz apl., wenn sie bis dahin keinen Ruf auf eine reguläre Professur erhalten haben. Apl. Professoren werden von der Universität nicht bezahlt, was sie an Lehrveranstaltungen anbieten und an Prüfungen abhalten, leisten sie oftmals unentgeltlich. – Wundern Sie sich also nicht, wenn ein „apl. Prof." erheblich weniger Lehrveranstaltungen anbietet als der Inhaber einer Professur.

– **Honorarprofessoren** (Prof. h.c.) haben den Professorentitel ehrenhalber erhalten, *honoris causa*, aufgrund besonderer Verdienste um das Fach oder den Fachbereich. Anders als der Titel vermuten lassen mag, erhalten auch sie kein Honorar. Sie bieten u. U. gelegentlich Lehrveranstaltungen an, sind dazu jedoch nicht verpflichtet und sind in der Regel nicht prüfungsberechtigt. Ein häufig vorkommender Fall ist der, dass der Leiter des Stadtarchivs oder des Historischen Museums an der Universität Übungen zu Hilfswissenschaften anbietet und nach einigen Jahren gewissermaßen als Dank dafür vom Fachbereich zum Honorarprofessor ernannt wird.

PROFESSOR APPELATUS, von lat. *appellare* = nennen, benennen.

1.5.2 Privat- und Hochschuldozenten

Privatdozenten (abgekürzt: Priv. Doz. oder PD) sind habilitiert und damit berechtigt, Vorlesungen zu halten und zu prüfen. Den Titel Priv. Doz. verleiht der Fachbereich zum Abschluss des Habilitationsverfahrens. Als Besonderheit gegenüber jedem anderen akademischen Titel oder akademischen Grad darf man ihn nur dann führen, wenn man auch tatsächlich lehrt. Privatdozenten müssen normalerweise eine Semesterwochenstunde unterrichten, also mindestens jedes zweite Semester eine zweistündige Veranstaltung anbieten, um ihren Titel zu behalten. Hierfür werden sie von der Universität nicht bezahlt. Darin unterscheiden sie sich von den **Hoch-**

schuldozenten (HD), die eine zeitlich befristete Dozentenstelle ausfüllen. Diese wird es allerdings bald nicht mehr geben, denn diese Art der Stelle ist im neuen Hochschulrecht nicht mehr vorgesehen. Hochschuldozenten haben ein **LEHRDEPUTAT** von in der Regel 8 Semesterwochenstunden, bieten also acht Stunden Lehre pro Woche an.

DEPUTAT, von lat. *deputatum* = Zugeteiltes; die zu erbringende Lehr- oder Forschungsleistung.

Wissenschaftliche Mitarbeiter und Assistenten | 1.5.3

Die wissenschaftlichen Mitarbeiter sind einem Lehrstuhlinhaber, also einem Professor zugeordnet, den sie in der Forschung, bei der Lehre und bei organisatorischen und administrativen Fragen unterstützen. Sie führen in der Regel Veranstaltungen im Grundstudium durch. Zudem arbeiten sie an eigenen Forschungsprojekten, an einer Doktorarbeit oder Habilitation. Die Stellen wissenschaftlicher Mitarbeiter sind meistens zeitlich befristet auf fünf Jahre.

Lehrbeauftragte | 1.5.4

Fachbereiche haben die Möglichkeit, für einzelne Veranstaltungen Lehraufträge zu erteilen. Auf diese Weise kann ein Fachbereich sein Lehrangebot ergänzen. Diese Lehrbeauftragten sind Externe, also nicht Mitglieder des Fachbereiches. Es können wissenschaftliche Mitarbeiter von Forschungsprojekten sein, die aus **DRITTMITTELN** finanziert werden, oder auch arbeitslose Privatdozenten, die auf diese Weise ein (karges) Taschengeld verdienen. Der Status und die Form der Anbindung von Lehrbeauftragten an den Fachbereich können also ganz unterschiedlich sein. Auch die Frage, ob sie prüfungsberechtigt sind, müssen Sie im Einzelfall erfragen.

DRITTMITTEL, Forschungsmittel, die nicht aus dem Etat der Universität stammen, sondern von Dritten. Es kann sich etwa um private oder öffentliche Stiftungen, Unternehmen oder Institutionen der Forschungsforderung handeln.

Emeriti und Pensionäre | 1.5.5

Nach dem alten, bis zum ersten Hochschulrahmengesetz von 1976 geltenden Dienstrecht für Hochschullehrer wurden Professoren nicht pensioniert, sondern mit 68 Jahren emeritiert, also von ihren amtlichen Pflichten entbunden. Das heißt, sie waren nicht mehr an der Selbstverwaltung der Universitäten beteiligt und mussten keine Vorlesungen und Seminare mehr geben. **EMERITI** waren dabei in der Regel noch lange nach diesem Datum am Fachbereich präsent, betreuten weiterhin ihre Doktoranden, manche hielten auch weiter

EMERITUS, pl. *Emeriti*, lat. = Ausgedienter; Hochschullehrer im Ruhestand.

Vorlesungen, – und sie schrieben weiter Bücher. Auch mit dem neuen Dienstrecht, das Professoren mit 65 Jahren pensioniert, ist diese Tradition in vielem lebendig geblieben. Auch Pensionäre verhalten sich vielfach wie frühere Emeriti, sie nehmen also noch Prüfungskandidaten und Doktoranden an, und die meisten betreiben auch ihre Forschungen weiter. – Oder sie forschen jetzt sogar noch intensiver, weil sie mehr Zeit dazu haben.

Obwohl es nach heutigem Dienstrecht formal nur noch pensionierte Professoren gibt, keine Emeriti, hat sich die Bezeichnung gehalten. Und das ist nicht so sehr der Begriffsnostalgie konservativer Akademiker geschuldet, es zeugt von einem Selbstverständnis, das die Tätigkeit eines Gelehrten, eines Forschers und akademischen Lehrers, eben nicht als Lohnberuf versteht, den man wie einen Mantel abstreift. Es ist eine Tätigkeit, die man als Person ausübt. Wissenschaftliches Arbeiten kann niemals weisungsgebunden sein, Neugier und Forschen lassen sich nur schwer in vorgegebene Bahnen lenken, ohne erheblich an Substanz zu verlieren. Eine solche äußerliche Gegebenheit ist auch die Grenze des Pensionsalters. Das Denken kennt keine Altersgrenze, und viele Gelehrte sind bis ins hohe Alter produktiv oder schreiben gerade dann Meisterwerke, die die Summe eines Gelehrtenlebens enthalten. Andere wiederum stellen das tatsächliche wissenschaftliche Forschen schon irgendwann lange vor der Pensionierung ein. Was mit der Pensionierung endet, ist die dienstrechtliche Verpflichtung, eine gewisse Menge an Lehrveranstaltungen abzuhalten und Prüfungen abzunehmen (sowie das Recht, die Hilfe von Sekretärinnen und Hilfskräften in Anspruch zu nehmen). Dies ist der für die Studenten sichtbare Teil der Tätigkeit von Professoren, es ist jedoch – das darf man nicht vergessen – der abgeleitete Teil, derjenige, der auf der wissenschaftlichen Tätigkeit aufruht und ihrer als Grundlage bedarf.

1.6 Studium und Beruf

Ist „Historiker" ein Beruf? Was kann man mit einem Geschichtsstudium dann für einen Beruf ergreifen? Im Studium werden wir alle zu Wissenschaftlern ausgebildet, obwohl doch nur ein winziger Bruchteil jemals Professor werden kann – ist das sinnvoll? Diese Fragen werden Sie sich stellen, oder Sie werden Ihnen von Freunden und Verwandten gestellt werden.

Allgemeine Studienziele

| 1.6.1

„Bildung ist die Fähigkeit, ein Problem geistig zu durchdringen und **ELOQUENT** darzustellen." Diese Formulierung des Münchener Historikers Franz Schnabel trifft den Kern dessen, was Sie durch ein Geschichtsstudium lernen sollen. Wenn Sie das können, haben Sie noch keinen Beruf gelernt, aber Sie sind in der Lage, eine Reihe von Berufen zu erlernen und gut auszufüllen.

ELOQUENZ, von. lat. *eloquentia* = Beredsamkeit.

In jedem wissenschaftlichen Studium lernen Sie, einem Problem auf den Grund zu gehen, es zu durchdringen, bis zu Ende zu durchdenken. Dabei verwenden Sie die Erkenntnisse und Ergebnisse anderer, ohne sich jedoch auf das zu verlassen, was andere gedacht und geschrieben haben. Aus eigener Anschauung und Quellenkenntnis erst entsteht wissenschaftliche Erkenntnis. Um das zu können, werden Sie lernen, sich die nötigen Informationen und Kenntnisse zu beschaffen, mit Bibliotheken, dem Internet, mit Literatur und mündlichen Auskünften umzugehen, sie kritisch, also distanziert zu bewerten und für Ihre Interessen auszuwerten. Sie werden lernen, Probleme zu erkennen und Fragestellungen zu formulieren, diese Fragestellungen dann analytisch und argumentierend zu beantworten. Ein wissenschaftliches Studium ist insofern mehr als das Lernen von „Stoff". Natürlich kommt man ohne gewisse Kenntnisse nicht aus, man muss gewisse Fakten kennen. Doch dies ist nur die selbstverständliche Grundlage, auf der das „Eigentliche" aufruht, eben **das Durchdringen eines Problems**. Nicht irgendwas zu einem Thema zu sagen, sondern das Problem zu erkennen und es tatsächlich zu durchdringen, zum Kern vorzudringen, ist damit gemeint.

Doch das Durchdringen allein reicht für Schnabel noch nicht aus. Hinzukommen muss die **eloquente Darstellung**. Nur so sind Ihre Ergebnisse und Gedanken vermittelbar. Die Fähigkeit, sich sprachlich angemessen und gewandt auszudrücken, einen Sachverhalt oder ein Problem auch zu schildern und darzulegen, zu erörtern. Wenn Sie dies können, sind Sie in der Lage, sich schnell auch in Ihnen fremde Sachverhalte einzuarbeiten, zu fundierten Urteilen zu kommen und diese anderen zu vermitteln – und solche Fähigkeiten werden an vielen Stellen und in vielen Berufen gesucht. In der Tat ist ein Geschichtsstudium keine Berufsausbildung, das kann und soll es auch nicht sein. Es ist damit auch keine Ausbildung zum „Professor". Wissenschaft ist keine Berufsausbildung, sondern eine **Berufsvorbildung**, sie befähigt Sie, das praktische Handwerkszeug bestimmter Berufe später zu erwerben.

Das Studium der Geschichtswissenschaft vermittelt Ihnen noch mehr als diese allgemeinen wissenschaftlichen Fertigkeiten. Gemeint sind nicht die Jahreszahlen und Ereignisse. Diese historischen Fakten sind nur die (allerdings unerlässliche) Voraussetzung für ein historisches Verständnis der Gegenwart, eigentlich alles dessen, was Ihnen begegnet. Der Historiker begreift die Welt als etwas „Gewordenes", etwas, das von Menschen in bestimmten Umständen, mit Zielen und Absichten gemacht wurde. Die Vergangenheit hat großen Einfluss auf unsere Gegenwart. Wenn Sie **Dingen auf den Grund gehen** können, selbstständig Probleme erfassen und Fragestellungen erkennen, wenn Sie sich Informationen und Kenntnisse verschaffen können und diese einordnen und bewerten, wenn Sie zudem ein Verständnis entwickelt haben für die Gewordenheit, die historische Bedingtheit gegenwärtiger Phänomene, werden Sie sicherlich für Arbeitgeber in ganz unterschiedlichen Bereichen ein interessanter Mitarbeiter sein können.

1.6.2 Berufsmöglichkeiten für Historiker

Historiker können prinzipiell alles Mögliche werden. Besonders häufig sind sie in folgenden Berufen anzutreffen.

Neben einer wissenschaftlichen Laufbahn – die man allerdings kaum tatsächlich planen kann – ist die Tätigkeit als **Geschichtslehrer** an einem Gymnasium diejenige Tätigkeit, die den stärksten und unmittelbarsten Bezug zum Geschichtsstudium aufweist. Auch wenn nach langer Flaute derzeit Lehrer wieder eine Chance haben, ist Ihnen von der Kombination Geschichte/Deutsch noch immer abzuraten. Sie erhöhen Ihre Chance auf eine Anstellung, wenn Sie Geschichte mit einer Fremdsprache, mit Religion, Mathematik oder einer Naturwissenschaft kombinieren.

Voraussetzung für eine Bewerbung im höheren **Archivdienst** an staatlichen Archiven war bisher formal das Staatsexamen. Da es hier wie überall mehr Bewerber als Stellen gibt, war bereits vor der Neuordnung des Staatsexamens eine Promotion sehr hilfreich, um eine der wenigen Stellen in öffentlichen Archiven zu bekommen. Künftige Archivare durchlaufen dann ebenso wie Lehrer ein Referendariat. Das Referendariat ist in der klassischen Universitätsausbildung derjenige Teil, der sich an das rein wissenschaftliche Fachstudium anschließt und in dem die tatsächliche praktische Berufsausbildung an mehreren Stationen des künftigen Berufs erfolgt. Während der Zugang zu staatlichen Archiven auf diese Weise formal geregelt ist, sind private Archive, etwa Unternehmens- und Firmenarchive bei der Auswahl der Bewerber nicht an solche formalen Laufbahnvorschriften gebunden. Manche bevorzugen Bewerber, die eine Archivarsausbildung absolviert haben, für andere spielt das nur eine untergeordnete Rolle.

Was macht ein Archivar? Archivare sammeln und bewahren die Hinterlassenschaft der Vergangenheit und machen sie der Forschung zugänglich. Die eingehenden Akten müssen zunächst bewertet werden, der Archivar entscheidet also, was aufbewahrenswert ist und was „kassiert", also vernichtet wird. Das Archivgut muss konserviert werden, das heißt geschützt vor Zerstörung und Beschädigung, und es muss so aufbereitet werden, dass Forscher es benutzen können. Hierfür werden Findmittel und Verzeichnisse erstellt, die es den Benutzern erleichtern, gezielt relevante Quellen für ihre Fragestellungen zu finden. Archivare sind in der Regel die besten Kenner der von ihnen betreuten Quellen, sie edieren Quellen und werten sie z.T. auch wissenschaftlich aus

Viele Archive geben Studenten die Möglichkeit, die Tätigkeit des Archivars während eines Praktikums kennen zu lernen. Wenn Sie Archivar werden wollen, sollten Sie unbedingt eines, besser mehrere Archivpraktika absolvieren. Aber auch, wenn Sie nicht Archivar werden wollen, ist ein Archivpraktikum empfehlenswert. Auch für Ihr Studium selbst können Sie dort wichtige Erfahrungen sammeln, denn Sie lernen die Quellen besser kennen, die ja die Grundlage aller historischen Forschung sind.

Ein weiteres klassisches Berufsfeld für Historiker ist die **Tätigkeit im Museum**. Neben den großen historischen Museen der Bundesrepublik, dem Bonner „Haus der Geschichte der Bundesrepublik Deutschland", dem „Deutschen Historischen Museum (DHM)" in Berlin und dem „Germanischen Nationalmuseum" in Nürnberg gibt es in Deutschland eine beachtliche Zahl von Stadt-, Regional- oder Landesmuseen. In historischen Ausstellungen wird Geschichte weniger durch Texte als durch geeignete Objekte einem breiten Publikum anschaulich vermittelt. Formal geregelte Wege, wie man hier eine Stelle bekommen kann, gibt es nicht. In der Regel bilden die Häuser ihren Nachwuchs in Volontariaten aus. Auch hier ist es nützlich, wenn man die Tätigkeit vor dem Examen

Abb. 5

Arbeitsplatz Museum: Die Ausstellung „Der Krieg und seine Folgen – 1945 Kriegsende und Erinnerungspolitik in Deutschland" im Deutschen Historischen Museum in Berlin (2005).

bereits in einem oder mehreren Praktika praktisch kennengelernt hat.

Auch viele **Journalisten** haben ein Geschichtsstudium absolviert. Historiker arbeiten neben Juristen und Politologen in den Politikredaktionen oder neben anderen Geisteswissenschaftlern im Feuilleton. Aber natürlich ist es auch möglich, in anderen Ressorts zu schreiben. Wer Journalist werden will, sollte möglichst frühzeitig anfangen, für eine Zeitung zu schreiben. Ein Redaktionspraktikum kann hier ein Einstieg sein, ebenso gut können Sie als freier Mitarbeiter für Ihre Lokalzeitung Berichte und Reportagen verfassen. Die Ausbildung zum Journalisten erfolgt nach dem Hochschulstudium entweder in einem Volontariat bei einer Zeitung, bei einem Rundfunk- oder Fernsehsender oder in einer Journalistenschule.

Redaktionserfahrung braucht auch, wer auf die andere Seite des Schreibtisches strebt, wer also in einer Presseabteilung oder einer Agentur für **Öffentlichkeitsarbeit** arbeiten möchte. Die Presseabteilungen der Unternehmen rekrutieren ihr Personal in der Regel in den Redaktionen von Tageszeitungen oder bei PR-Agenturen, denn wer hier gearbeitet hat, weiß, was die Journalisten brauchen. Den Weg in eine Zeitungsredaktion haben wir bereits beschrieben, PR-Agenturen vergeben in der Regel ebenfalls Volontariate. Häufig kann man auch hier in einem Praktikum erste Kontakte knüpfen und Erfahrungen sammeln.

> **Tipp**
>
> **Praktika absolvieren**

Sicher ist: Für alle Tätigkeiten gibt es derzeit weit mehr Interessenten als freie Stellen. In einem Publikum können Sie mögliche Berufsfelder kennenlernen und praktische Kenntnisse erwerben, die Ihnen nach dem Examen den Berufseinstieg erleichtern. Nicht zuletzt können Sie auch Kontakte knüpfen und mögliche spätere Arbeitgeber kennenlernen. Praktikumsplätze werden etwa auf H-Soz-u-Kult ausgeschrieben, der Seite, die sich immer mehr zum Marktplatz, zum öffentlichen Forum der Geschichtswissenschaft entwickelt. http://hsozkult.geschichte.hu-berlin.de/ chancen/
Natürlich können Sie auch von sich aus aktiv werden und sich bei dem Unternehmen bewerben, bei dem Sie gern ein Praktikum machen würden.

Die Tätigkeit als **LEKTOR** in einem Verlag ist ein weiteres, von vielen angestrebtes Berufsziel, also das Erstellen von Verlagsprogrammen, das Konzipieren von Buchreihen und Buchtiteln, das Suchen und Betreuen von Autoren, das Redigieren der Manuskripte, Überwachen der Herstellung von Büchern und schließlich deren Vermarktung. Einen festgelegten Zugangsweg gibt es auch hier nicht, viele Verlage vergeben Praktika, in denen man erste Berufserfahrung sammeln kann, die tatsächliche Berufsausbildung erfolgt in Volontariaten. Ein Praktikum dauert max. drei Monate, ein Volontariat kann auf bis zu zwei Jahre angelegt sein. Als Volontär oder Volontärin erhält man eine (bescheidene) Vergütung, Praktika werden häufig nicht bezahlt.

> **LEKTOR**, von lat. *lector* = Leser; Angestellter in einem Verlag, der u.a. Manuskripte prüft und bearbeitet.

Neben den genannten Berufsfeldern gibt es noch **viele andere Möglichkeiten**: In der Verwaltung, im Wissenschafts- und Kulturmanagement, in Organisationen, Institutionen, Parteien oder Verbänden, in Personal- oder Unternehmensberatungen, im Kulturtourismus oder in der Erwachsenenbildung. Wenn Historiker auch in diesen Berufen erfolgreich sind (und es gibt sehr viele), ist das kein „Umsatteln", sondern es liegt daran, dass die oben beschriebenen Schlüsselqualifikationen ihnen nützlich sind. Sie haben gelernt, ein Problem zu erfassen, zu strukturieren und inhaltlich zu durchdringen, indem sie sich die erforderlichen Kenntnisse und Informationen beschaffen – auch von entlegenen Stellen. Vor allem haben sie gelernt, mit diesen Informationen umzugehen, sie zu bewerten, einzuordnen und für ihr Problem nutzbar zu machen. Hinzu kommt schließlich die Präsentation der Ergebnisse in schriftlicher und mündlicher Form.

Natürlich gibt es Historiker, die keine Anstellung finden, in der sie ihre Fähigkeiten verwerten können. „Taxifahrer" steht gleichsam als Chiffre für die Notwendigkeit, sich seinen Lebensunterhalt mit Tätigkeiten zu verdienen, für die man nicht hätte studieren müssen. Doch lassen Sie sich davon nicht irre machen. Wenn Sie interessiert und fleißig sind, wird sich sicher ein Weg eröffnen – wenn nicht auf der „Hauptstraße" der oben angeführten „klassischen" Historikerberufe dann vielleicht auf „Nebenwegen".

Aufgaben zum Selbsttest

- Beschaffen Sie sich die Studienordnung für den von Ihnen gewählten Studiengang und notieren Sie sich in einem Übersichtsplan, welche Studienleistungen Sie zu welchem Termin erbracht haben müssen.
- Skizzieren Sie die Funktionen und die Unterschiede der Veranstaltungsformen, mit denen Sie es im Rahmen Ihres Geschichtsstudiums zu tun haben werden.

Literatur

Behmel, Albrecht, **Erfolgreich im Studium der Geisteswissenschaften**, Tübingen/Basel 2005.
Lingelbach, Gabriele/Rudolph, Harriet, **Geschichte studieren. Eine praxisorientierte Einführung für Historiker von der Immatrikulation bis zum Berufseinstieg**, Wiesbaden 2005.
Redder, Angelika (Hrsg.), **„Effektiv studieren". Texte und Diskurse in der Universität**, Osnabrück 2002 (Osnabrücker Beiträge zur Sprachtheorie; Beih. 12).
Rückert, Hans-Werner, **Studieneinstieg, aber richtig!** Frankfurt a. M./New York 2002.
Turner, George, **Das Fischer Hochschullexikon. Begriffe – Studienfächer – Anschriften**, Frankfurt a. M. 1994.
Wagner, Wolf, **Uni-Angst und Uni-Bluff. Wie studieren und sich nicht verlieren?** 6. Aufl. Hamburg 2002.
Zeller, Bernd, **101 Gründe, nicht zu studieren**, München/Zürich 2001.

Geschichte studieren – Was ist Geschichtswissenschaft? | 2

Überblick

Womit beschäftigen sich Historiker? Was bezeichnen sie als „Geschichte"? Was unterscheidet Geschichtswissenschaft von anderen Formen der Schilderung von Vergangenheit? Was verstehen wir unter „Geschichtswissenschaft", und wie hat sich diese Wissenschaftsdisziplin entwickelt? Wie arbeiten Historiker? Mit welchen Fragestellungen gehen sie auf ihren Gegenstand zu?

Diese grundsätzlichen Fragen stellen sich Historiker immer wieder neu. Über die Geschichtswissenschaft selbst und ihre grundsätzlichen Aspekte werden Sie in diesem Kapitel etwas erfahren.

Geschichte – Fach und Gegenstand | 2.1

GESCHICHTE heißt das Fach, die wissenschaftliche Disziplin, deren Studium Sie beginnen. Geschichte ist zugleich der Gegenstand, mit dem dieses Fach sich beschäftigt. „Geschichte an sich", also Geschichte als Geschehenszusammenhang, kann man dabei unterscheiden von „Geschichten von etwas", Geschichten, die als Erzählung oder Bericht von bestimmten Ereignissen oder Geschehnissen handeln. Diese Namensgleichheit enthält bereits einen wichtigen Hinweis auf die enge Verbindung, die zwischen dem Historiker und der Geschichte besteht. Vergangenheit wird erst durch den Historiker zu Geschichte. Dieser Zusammenhang unterscheidet die Geschichtswissenschaft von anderen Wissenschaften. Die Biologie beispielsweise untersucht die Natur. Doch diese ändert sich nicht dadurch, dass sie erforscht wird. Die Natur verhält sich nach den ihr immanenten Gesetzmäßigkeiten, unabhängig davon, ob wir diese

GESCHICHTE, von ahd. *gisciht*, mhd. *geschiht* = Ereignis, Geschehnis, seit dem 15. Jh. auch als Bericht über Geschehenes, Erzählung, seit dem 18. Jh. auch gleichbedeutend mit Historie.

kennen oder nicht. Die Photosynthese der Pflanzen ist ein Prozess, der unabhängig davon abläuft, ob Biologen die einzelnen dabei ablaufenden chemischen Reaktionen entschlüsselt haben.

Was Geschichte ist, und was **der Gegenstand von Geschichte** ist, lässt sich nicht **A PRIORI** definieren. Wir müssen daher das Thema **EMPIRISCH** erschließen. Wenn Geschichte erst durch den Historiker entsteht, leuchtet es sogleich ein, dass es hierzu unterschiedliche Positionen unter den Historikern geben kann und folglich auch gibt. Hier kann es nicht darum gehen, eine bestimmte Meinung zu vertreten in den vielen Debatten, die innerhalb des Faches um diese Grundsatzfragen geführt wurden und werden, sondern darum, einige Grundfragen anzusprechen. In diesem Kapitel werden mehr Fragen aufgeworfen als geklärt. Die Grundlage aller historischen Arbeit wird bei näherem Hinsehen wankend. Wenn Sie dies nicht abschreckt, sondern neugierig macht, haben Sie bereits einen ersten Schritt hin zum historischen Forschen getan.

A PRIORI, von vornherein, allein durch Denken, ohne Beobachtungen, gewonnene Erkenntnis.

EMPIRIE, (wissenschaftliche) Erfahrung, Beobachtung im Gegensatz zur Theorie; Erfahrungswissenschaft.

2.1.1 | Geschichte und Vergangenheit

Ist alles, was vergangen ist, auch Geschichte? Nein, denn vieles sortieren wir selbstverständlich aus: den Urknall etwa oder das Aussterben der Dinosaurier. Obwohl es sich eindeutig um Ereignisse der Vergangenheit handelt, werden Sie diesen nicht in Ihrem Geschichtsstudium begegnen. Dennoch spricht man von der „Geschichte des Sonnensystems" oder der „Naturgeschichte". Tatsächlich weisen sie ein Merkmal auf, das entscheidend ist, wenn wir von „Geschichte" sprechen: Die **Einmaligkeit** einer bestimmten **Ereignisabfolge**, die eine **Entwicklung** aufweist. Insofern haben es die Physiker, wenn sie die Entstehung und Entwicklung des Weltalls erforschen, durchaus mit einer „Geschichte" zu tun, einer einmaligen Folge von sinnvoll oder notwendig aufeinander folgenden Ereignissen, einem Geschehenszusammenhang. Auch die Evolution, die Entwicklung der Pflanzen- und Tierwelt auf der Erde weist einen einmaligen, zusammenhängenden Verlauf auf. Deshalb sprich man auch von „Naturgeschichte" im Gegensatz etwa zu Naturgesetzen, die wir beobachten, die immer gleich bleiben und die uns die präzise Vorhersage von Ereignissen erlauben. Ein ganz einfaches Beispiel ist das Gesetz der Schwerkraft. Es erlaubt Ihnen eine präzise Vorhersage dessen, was passieren wird, wenn Sie einen Bleistift in die Hand nehmen, die Hand hochheben und dann die Finger öffnen und loslassen.

Kehren wir zur Geschichte zurück. Sie weist einen **Verlaufscharakter** auf, sie handelt von vergangenen **Ereignissen und Strukturen**, aber durchaus nicht von allen. „Geschichte" handelt vom Menschen und von menschlichen Gemeinschaften. Doch die längste Zeit, in der Menschen auf der Erde gelebt haben, zählen wir nicht zur „historischen Zeit", nicht zur „Geschichte". Das betrifft etwa die Menschen der Steinzeit. „Ötzi", wie die jungsteinzeitliche Gletschermumie allgemein genannt wird, die 1991 in den Alpen gefunden wurde, ist ein Mensch, der in der Vergangenheit gelebt hat, doch er und seine Zeit werden nicht von Historikern erforscht. Ebensowenig wie die präkolumbianischen Hochkulturen Mittel- und Südamerikas, die Inkas, Mayas und Atzteken, zählen europäische Menschen der Steinzeit, der Bronzezeit etc. zur „Geschichte". Warum? Mehrere Gründe spielen dafür eine Rolle.

Wir sprechen von **PRÄHISTORISCHEN** Kulturen und Gesellschaften. Die Geschichte der Steinzeitgesellschaften wird als Vor- und Frühgeschichte bezeichnet, da es hierüber nur **archäologische Quellen** gibt, also Siedlungsreste, Scherben und Knochenfunde. Selbst wenn Wissenschaftler – wie im Falle des „Ötzi" – aus einzelnen Fundstücken (es handelt sich um Sachquellen, → Kap. 3) wertvolle Informationen gewinnen können, z.B. über Kleidung, Ernährung, Waffen, so wissen wir dennoch insgesamt wenig über die soziale und politische Verfasstheit und Organisation dieser Gemeinschaften, über ihre Herrscher, ihre Kriege, ihre Götter. Es gibt keine Schilderung, die uns dies erläutern würde. Wir haben keine schriftlichen Quellen, keine Aufzeichnungen dieser Menschen, die uns Zusammenhänge berichten. Wir wissen nichts von den Ereignissen und wenig von Veränderungen dieser Kulturen, von ihren Vorstellungen und Ideen. Ihr Wissen und Können sind nur bruchstückhaft bekannt. Wir sind auf Schlussfolgerungen angewiesen, die wir aus den archäologischen Überresten ziehen können. Man kann also sagen: Nur diejenige Vergangenheit, von der wir wissen, ist tatsächlich Geschichte. Der Beginn von „Geschichte" wird deshalb dort angesetzt, wo eine **schriftliche Überlieferung** einsetzt, und das ist bei den Schriftstellern des antiken Griechenland. Herodot (490/84 – 430/25 v. Chr.) und Thukydides (460/54 – 400 v. Chr.) gelten als die Begründer der Geschichtsschreibung.

Auf Herodot geht auch der von uns noch immer benutzte Begriff **HISTORIE** zurück, nämlich auf seine in neun Büchern erschienenen „Historien". Herodot schilderte keine lang vergangene Zeit, sondern

PRÄHISTORISCH, vorgeschichtlich.

HISTORIE, von griech. *historein* = mit eigenen Augen erkunden.

Abb. 6

Der griechische Geschichtsschreiber Herodot. Römische Kopie eines griechischen Originals aus dem 4. Jh. v. Chr. Neapel, Museo Nazionale Archeologica.

Ereignisse, die ihm von Augenzeugen berichtet wurden. Sein Ziel war es, die Taten der Griechen und Barbaren vor dem Vergessen zu bewahren und die Gründe darzulegen, warum diese gegeneinander Krieg führten. Herodot schildert also Ereignisse rivalisierender politischer Mächte aufgrund von Augenzeugenberichten, das heißt auf der Grundlage verlässlicher Quellen. Er will die Ereignisse und Entwicklungen festhalten und überliefern, doch sein zweites Motiv ist ebenso wichtig: Er sucht nach Gründen und Ursachen, er stellt die zentrale Frage: Warum?

Das Vorhandensein von schriftlicher Überlieferung ist ein wichtiges Kriterium, das über die Zugehörigkeit zur „Geschichte" entscheidet. Solche schriftlichen Zeugnisse fehlen uns von den mittel- und südamerikanischen Hochkulturen ebenso wie aus der Steinzeit. Doch selbst wenn in einer Aztekenpyramide oder in einem steinzeitlichen Dorf ein Schriftstück gefunden würde, das all diese Fragen beantwortete, das über die gesellschaftliche und politische Ordnung, das Herrschaftssystem und die Herrscherfolge berichtete, würde das wohl nicht zur Folge haben, dass diese Kultur aus der „Vor- und Frühgeschichte", der „Prähistorie", zur Geschichte geschlagen würde. Das hat vielleicht ein kleines bisschen mit den eingefahrenen Gewohnheiten der Wissenschafts- und Universitätsorganisation zu tun, mehr jedoch mit einem anderen entscheidenden Punkt: Von „Geschichte" sprechen wir, wenn eine durch Tradition begründete Verbindungslinie zwischen dieser Vergangenheit und der eigenen Gegenwart besteht. Es gibt insofern nicht die Geschichte an sich, sondern nur **Geschichte von etwas**, also die Geschichte eines Staates, einer Gesellschaft oder Kultur.

Geschichte und Gegenwart

2.1.2

In dem Gespräch zwischen Bloch und Pirenne (s. u.) wird die Verbindung zwischen Vergangenheit und Gegenwart betont. Sie sei für den Historiker ausschlaggebend und bestimmend. Als „antiquarisch" bezeichnet Pirenne den Gegenpol: eine Betrachtung von Vergangenheit um ihrer selbst willen. Nur weil etwas alt ist, wird es dadurch für den Historiker noch nicht interessant, lautet die Konsequenz. Nicht jedes winzige Detail, das man über vergangene Zeiten herausfinden kann, ist tatsächlich von Bedeutung. Diese Bedeutung, anders ausgedrückt, die **RELEVANZ**, hat zu tun mit der jeweiligen Gegenwart des Historikers, mit seinem **Standpunkt** und den sich hieraus ergebenden Fragestellungen. Man muss also zunächst einen Standpunkt in der Gegenwart haben, um sich von dort aus der Vergangenheit zuzuwenden. Das ist gemeint, wenn der berühmte Historiker zuerst das neu gebaute Rathaus sehen will. Das Rathaus als Sitz des Oberbürgermeisters und der Stadtverwaltung steht für die Form, in der sich die Stadt als politische Gemeinschaft repräsentiert.

„Geschichte" ist also eine **Ereigniskette** bzw. ein Geschehenszusammenhang, von dem wir durch gesicherte Informationen Kenntnis haben, und der zu unserer Gegenwart reicht. Diese Informatio-

RELEVANZ, von lat. *relevare* = wieder erheben; Wichtigkeit.

Quelle

Gegenwartsbezug in der Geschichte

▶ Der französische Historiker Marc Bloch (1886–1944) berichtet über ein Gespräch mit seinem Lehrer Henri Pirenne (1862–1935):
„Ich begleitete einmal Henri Pirenne nach Stockholm; kaum angekommen, sagte er: ‚Was schauen wir uns zuerst an? Angeblich gibt es ein neu erbautes Rathaus. Fangen wir damit an.' Dann, als wolle er meinem Erstaunen zuvorkommen: ‚Wäre ich Antiquar, würden mich nur alte Sachen interessieren. Aber ich bin Historiker. Deshalb liebe ich das Leben.'" (Marc Bloch, Apologie der Geschichte oder der Beruf des Historikers, München 1985, S. 38.)

Abb. 7

Der französische Historiker Marc Bloch (1886–1944).

Info

Johan Huizinga über Geschichte

▶ Der Kulturhistoriker Johan Huizinga (1872–1945) schrieb:
„Geschichte gibt es nur, insoweit ein Mensch oder eine Gesellschaft bestimmte Geschehnisse in Betracht zieht."
Huizinga gab auch eine Beschreibung oder Definition in einer berühmten Formel: „Geschichte ist die geistige Form, in der sich eine Kultur über ihre Vergangenheit Rechenschaft gibt." (Johan Huizinga, Geschichte und Kultur. Gesammelte Aufsätze, hrsg. u. eingel. v. Kurt Köster, Stuttgart 1954, S. 121 und S. 13.)

Abb. 8

Der niederländische Historiker Johan Huizinga (1872–1945).

nen ermöglichen es uns, die eigentliche und zentrale Frage, die nach dem „Warum?", also nach Gründen und Ursachen, zu beantworten. Der Geschichtsablauf wird dabei heute (anders als etwa in der Aufklärung) nicht mehr selbstverständlich mit Fortschritt, mit einer zivilisatorischen Höherentwicklung gleichgesetzt. Er bleibt aber ein Verlauf, der unumkehrbar aus der Vergangenheit in die Gegenwart führt. Zugleich entsteht Geschichte nur, indem wir aus der Gegenwart den forschenden Blick in die Vergangenheit richten und eine Verbindung zur Gegenwart herstellen.

Der Historiker Johan Huizinga unterscheidet bewusst nicht zwischen **Geschichtswissenschaft** und **Geschichtsschreibung**, also einer Geschichtsbetrachtung, die literarische Elemente mit einbezieht. Geschichte findet für ihn nicht nur im kleinen Gelehrtenkreis statt, sondern hat Bedeutung für die „Kultur". An der Definition Huizingas ist weiterhin auffällig, dass „Geschichte" hier nicht als ein Gegenstand erscheint, der tatsächlich fest umrissen und beschrieben werden könnte, sondern als eine Tätigkeit. Geschichte ist also nicht etwas Gegebenes, etwas Vorgefundenes, sondern entsteht durch das Betrachten der Vergangenheit. Geschichte ist also weniger das Objekt der Wissenschaft, sondern ist eine Tätigkeit, eine Aktion, die auch wissenschaftlich ausgeführt werden kann – dann ist es Geschichtswissenschaft. Ansonsten begegnet sie uns als **TRADITION**, Vermächtnis, Erinnerungskultur, historischer Roman oder Film und in vielen anderen Formen.

TRADITION, von lat. *tradere* = überliefern; Überlieferung, Brauch.

Eine etwas andere Formulierung stammt von dem englischen Historiker Edgar Hallet Carr: „Geschichte ist ein fortwährender Prozeß der Wechselwirkung zwischen dem Historiker und seinen Fakten, ein unendlicher Dialog zwischen Gegenwart und Vergangenheit." (Carr, S. 30)

Anders als bei Huizinga wird hier mit der Benennung des Historikers als demjenigen, der die Vergangenheit betrachtet, die Wissenschaft ins Spiel gebracht. Geschichte ist die vom Historiker, vom Wissenschaftler erfolgende **Betrachtung der Vergangenheit**. Diesen Aspekt hat Rudolf Vierhaus noch deutlicher ausgesprochen in seinem Versuch, eine ähnlich kurze Formel zu finden: „Geschichte ist die von der Gegenwart her unternommene wissenschaftliche Interpretation überlieferten menschlichen Handelns in seinen temporalen und sozialen Strukturen und im Zusammenhang einer Kontinuität, die seine Kenntnis für die Gegenwart relevant macht." (Vierhaus, S. 29)

In einer ausführlicheren und damit weniger abstrakten Version hat Vierhaus die einzelnen Aspekte noch etwas stärker ausgeführt. Er spricht den wissenschaftlichen Charakter von „Geschichte" an, den Gegenwartsbezug, und benennt als Gegenstand menschliches Handeln in mehreren Aspekten und Bezügen: „Geschichte ist ein gegenwärtiges, für die Gegenwart relevantes Wissen von der Vergangenheit – ein Wissen, das forschend gewonnen ist und zur Erkenntnis des Zusammenhangs der Gegenwart mit der Vergangenheit dienen soll. Der ‚Gegenstand', auf den sich die historische Erkenntnis richtet, ist menschliches Handeln aus Anlass naturaler, sozialer und intellektueller Herausforderung, unter den Bedingungen von Raum und Zeit, sofern es überliefert ist und sofern es über Anlass, Moment und die Absichten des oder der Handelnden hinaus erkennbare relevante Wirkungen gehabt hat." (Vierhaus, S. 24)

Geschichte als Gegenstand ist durch folgende Merkmale gekennzeichnet:
– eine Entwicklung, ein einmaliger Verlauf, ein Geschehenszusammenhang,
– sie behandelt menschliche Gesellschaften bzw. strukturierte, verfasste Gemeinschaften, menschliches Handeln,
– Struktur und Verlauf sind durch verlässliche Quellen erschließbar,
– Gegenwartsbezug und Verbindung zur Gegenwart durch Tradition.

2.1.3 | Warum Geschichte? oder: die Aufgabe des Historikers

Wofür brauchen wir historisches Wissen? Ist es zu etwas nützlich? Kann man aus der Geschichte lernen, kann man Ratschläge und Handlungsanweisungen erhalten? Sind wir sogar in unserer Geschichte gefangen? Oder ist Vergangenes im Gegenteil relativ nutzlos und für die Gegenwart jedenfalls unbrauchbar?

Zunächst ein Beispiel: Wenn zwei Menschen sich verlieben, so interessieren sie sich gewöhnlich füreinander, wollen in stundenlangen Gesprächen alles über den anderen wissen. Was erzählen sie sich? Von ihren Tätigkeiten sicherlich, dem Beruf, von Hobbies, Vorlieben, Einstellungen, Meinungen, Musikgeschmack oder Lektüre. Das kann man als strukturelle Informationen über die Gegenwart bezeichnen. Doch immer, wenn jemand „von sich" erzählt, muss etwas Weiteres hinzukommen: das Erzählen aus dem eigenen Leben, also der eigenen Geschichte. Das umfasst die Herkunft, das Land, die Region oder Stadt, Eltern und Geschwister, die Kindheit, prägende Eindrücke und Erlebnisse. Jedes Kennenlernen bliebe sonst oberflächlich. Das ist letztlich auch der Grund, warum man bei Bewerbungen stets einen Lebenslauf einreicht: Das bisherige Leben, die vergangenen (in dem Fall: beruflichen) Erfahrungen, Ausbildungsschritte etc. geben Auskunft über die Person, haben sie zu dem gemacht, was sie heute ist. Ebenso wie einzelne Menschen sind menschliche Gemeinschaften durch ihre Vergangenheit, durch Tradition und Geschichte geformt und geprägt. Wenn man sie kennen und begreifen will, muss man diese Vergangenheit kennen.

Ins Allgemeine gewendet kann man also die **Gegenwart als Resultat eines historischen Prozesses** bezeichnen. Wissen über Geschichte macht ein genaues, gründliches und tiefgehendes Verständnis der Gegenwart erst möglich. Soviel kann man in aller Kürze zur zweiten Frage sagen, zur Frage nach dem Sinn, den es hat, sich mit Geschichte zu beschäftigen, gar, dieses Fach zu studieren. Wie steht es nun mit der ersten Frage, derjenigen nach etwaigen Lehren, die die Geschichte erteile?

Wenn wir wieder auf den Vergleich mit der Biographie zurückgreifen, finden wir die Vergangenheit eines Menschen prägend, doch nicht **DETERMINIEREND**. Nur deshalb haben Ärzte und Therapeuten eine Chance, tatsächlich etwas zu bewirken, also krankmachende Prägungen aus vergangenen Erlebnissen aufzulösen. Eine festgelegte Determiniertheit des Menschen durch seine Vergan-

---

DETERMINIERT, von lat. *determinare* = festsetzen; (vorher)bestimmt.

genheit würden Psychologen deshalb ablehnen. Auch Historiker können keine Zukunftsprognosen abgeben. Sie können sagen, warum die Gegenwart so ist, wie sie ist, können sie als etwas Gewordenes beschreiben. Doch eine Vorhersage künftiger Ereignisse und Entwicklungen ist ihnen nicht möglich.

Gesetze der Geschichte | 2.1.4

Verläuft die Geschichte nach allgemeinen, überzeitlichen Gesetzen oder Regeln? Ist alles schon einmal dagewesen, oder gibt es einen Fortschritt in der Geschichte? Viele Denkschulen nehmen einen solcherart vorbestimmten Verlauf der Geschichte an. Darüber, welche Form oder Richtung der Geschichtsverlauf hat, können sie dabei unterschiedlicher Auffassung sein. Gemeinsam ist ihnen, dass sie ihre Kenntnis über die allgemeinen historischen Gesetze außerhalb der Geschichte finden. Grundsätzlich lassen sich **ZYKLISCHE** Weltbilder und **LINEARE**, **TELEOLOGISCHE** Weltbilder unterscheiden.

Zyklische Weltbilder gehen von der Wiederkehr des ewig Gleichen aus. Wir finden sie in vielen Naturreligionen, die im Kreislauf der Natur ein allgemeines Gesetz sehen: Sonnenaufgang – Sonnenuntergang, der Lauf der Jahreszeiten, Geburt und Tod. Eine „Geschichte" in unserem Verständnis wird man innerhalb eines solchen Weltverständnisses nicht schreiben, weil man keine Idee von einer Ereigniskette, von Veränderung hat. „Geschichte fängt an", heißt es bei Eward Hallett Carr, „wenn die Menschen damit beginnen, den Ablauf der Zeit nicht mehr als natürlichen Prozess aufzufassen – als Zyklus der Jahreszeiten, der menschlichen Lebensspanne –, sondern als eine Reihe spezifischer Ereignisse, an denen sie bewusst teilhaben, die sie bewusst beeinflussen können." (Carr, S. 132)

Die Annahme, dass die Ereignisse weder wahl- und ziellos geschehen, noch, dass sich alles in natürlichen Zyklen wiederholt, dass die Ereignisse vielmehr wie die Glieder einer Kette miteinander verbunden sind und eine Abfolge bilden, ist folglich Voraussetzung dafür, dass es ein Verständnis von „Geschichte" gibt. Geschichte kann es nur geben, wenn die Ereignisse einen Verlauf bilden, eine Linie, die von einem Anfangs- zu einem Endpunkt führt. Man nennt sie **lineare** oder **teleologische Weltbilder**. Nur ist damit noch nichts darüber gesagt, wie dieser Verlauf, die Verbindungslinie zwischen Anfang und Ende aussieht. Eine gerade Linie, ein Aufstieg,

ZYKLISCH, von griech. *kyklos* = Kreis.

LINEAR, lat. *linea* = Schnur, Linie; gradlinig.

TELEOLOGIE, von griech. *telos* = das Ziel; die Lehre von der Zielgerichtetheit aller Entwicklung.

Höherentwicklung oder Fortschritt oder im Gegenteil ein Abstieg, also ein Niedergang?

Einen recht geraden Verlauf nimmt das christliche Weltbild des Mittelalters an. Der Geschichtsverlauf ist darin vorbestimmt und seine Bedeutung in der Bibel vorgezeichnet: Von der Erschaffung der Welt durch Gott bis zum Ende der Welt beim Jüngsten Gericht.

Eine Aufstiegsbewegung, einen Fortschritt sah die Geschichtsphilosophie der Aufklärung im 18. Jahrhundert. Jede Generation werde sich auf die Schultern der vorhergehenden erheben, um schließlich irgendwann die wahre und vollkommene Menschennatur und die ideale, gerechte Gesellschaft zu verwirklichen. Das Wissen darüber, wie dieses Ideal aussehe, schöpfte etwa Voltaire aus der Vernunft ebenso wie seine Einsicht in Charakter und Verlauf des historischen Prozesses.

Sein Rivale Jean-Jacques Rousseau setzte dem mit einer Spur Boshaftigkeit die Figur des Naturzustandes entgegen. Er beschrieb damit die ideale Gesellschaft als die unberührte, unverbildete, also als diejenige, die vor dem Zivilisationsprozess bestanden habe. Menschliche Kultur führe keineswegs zu einer Höherentwicklung, sondern im Gegenteil zu einer Entfremdung des Menschen von seiner wahren Natur, sie beschreibe also, lautet die Konsequenz, einen Niedergang. Selbstverständlich war diese Analyse mit der Aufforderung verbunden, den Prozess des Niedergangs aufzuhalten und umzukehren, indem man sich am Naturzustand orientiere und ihn auf einer anderen Ebene neu einzurichten anstrebe. *„Historia magistra vitae"* – die **Geschichte als Lehrmeisterin des Lebens**, dies ist die Formel der Aufklärungshistorie des 18. Jahrhunderts, das den Verlauf der Geschichte, den Fortschritt zu kennen glaubte. Geschichtsschreibung diente in erster Linie der Illustrierung dieser philosophischen Einsichten.

Zu den Fortschrittsoptimisten in der Geschichte gehören auch Georg Wilhelm Friedrich Hegel und Karl Marx. Der **historische Materialismus** ist das Verlaufsgesetz, nach dem in kommunistischer Weltdeutung die Geschichte verläuft: Kurz gesagt als Aufeinanderfolge von Klassenkämpfen, die sich in Revolutionen entladen und weiterentwickeln, um schließlich in die klassenlose Gesellschaft zu münden. Historiker in sozialistischen und kommunistischen Staaten hatten dementsprechend die Aufgabe, diese Gesetze und ihre Wirkungen aufzuzeigen. Ihre Geltung stand außer Frage. Den vorbestimmten Weltlauf aufhalten oder gar umkehren zu wollen, erscheint bei solcher Weltsicht folgerichtig als Vergehen gegen absolute Wahrheiten. Und der langjährige Staatsratsvorsitzende der DDR, Erich Honecker, hat wohl ehrlich daran geglaubt. Ihm wird der alberne Reim zugeschrieben, der trotz seiner Schlichtheit den Kern dieser Weltsicht treffend zum Ausdruck bringt: „Den Sozialismus in seinem Lauf halten weder Ochs noch Esel auf."

Den genannten Geschichtsphilosophien ist gemeinsam, dass sie die Kenntnis über den Verlauf der Geschichte nicht aus der Geschichte selbst gewinnen. Im christlichen Weltbild ist es die göttliche Offenbarung, in der Aufklärung die Vernunft, die auch im Kommunismus das Medium ist, das Karl Marx dieses einem „Naturgesetz" gleichkommende historische Gesetz des Klassenkampfes hat einsichtig werden lassen. Geschichtsschreibung dient dann folglich nicht der Suche nach Erkenntnis, sondern lediglich dazu, eine allgemeine, gleichsam naturgesetzliche Wahrheit zu beweisen oder zu illustrieren.

Die Beseitigung oder wenigstens Relativierung solcher der eigentlichen Geschichtsbetrachtung vorgelagerter Geschichtsphilosophie ist deshalb eine wesentliche Voraussetzung dafür, dass sich Geschichtsschreibung zu Geschichtsforschung entwickeln konnte, eine Voraussetzung für die Etablierung von **Geschichte als Wissenschaft**, die Fragen stellt, forscht und damit neues Wissen schafft, ohne dass das Ergebnis im Vorhinein bereits feststünde. Diese Absage an die *historia magistra vitae*, an eine direkte Lehre, an praktische Schlussfolgerungen, Handlungsanleitungen etc., die aus der Geschichte abgeleitet werden können, ist verbunden mit der Ausbildung der Geschichte als wissenschaftlicher Disziplin, ja, sogar als Leitwissenschaft, die sie im 19. Jahrhundert für einige Jahrzehnte war. Leopold von Ranke (1795–1886) kommt in diesem Prozess eine herausgehobene Rolle zu. Von ihm stammt auch die Formel, die diese Absage an historische Lehren auf den Punkt bringt (→ S. 52). Sie wird übrigens meistens verkürzt zitiert und deshalb falsch interpretiert.

Sehr häufig wird lediglich der letzte Satz angeführt und dem **HISTORISMUS** damit vorgeworfen, reine Faktenhuberei betrieben zu haben. Das missversteht Rankes eigentliche Aussage. Die im Gewande der Bescheidenheit daherkommende Absage an das „Belehren" und damit an eine Lehre der Geschichte ist die Grundlage einer wissenschaftlichen Betrachtung von Geschichte. Der Blick auf die Vergangenheit ist nicht mehr Illustration oder Beispielsammlung für bereits bestehende Thesen, Lehren, oder Gewissheiten über

HISTORISMUS, Geschichtsbetrachtung, die alle Erscheinungen aus ihren geschichtlichen Bedingungen heraus zu deuten versucht; in anderem Zusammenhang: Überbewertung des Geschichtlichen und Baustil Ende des 19. Jahrhunderts, der auf ältere Stilrichtungen zurückgriff.

Quelle

Leopold von Ranke

Abb. 9

Leopold von Ranke (1795–1886), einer der Hauptvertreter des Historismus, gilt gemeinsam mit Johann Gustav Droysen als Gründervater der modernen Geschichtswissenschaft.

Im Vorwort zu seinem ersten Hauptwerk, der 1824 erschienenen „Geschichte der romanischen und germanischen Völker von 1494 bis 1535" schreibt Ranke:
„Man hat der Historie das Amt, die Vergangenheit zu richten, die Mitwelt zum Nutzen zukünftiger Jahre zu belehren, beigemessen: so hoher Ämter unterwindet sich gegenwärtiger Versuch nicht: er will bloß sagen, wie es eigentlich gewesen."

den Verlauf der Welt. Stattdessen will Ranke das Wissen darüber, wie die Geschichte sich entwickelt hat nur aus der Geschichte selbst gewinnen, ausgehend von den Fakten: „Strenge Darstellung der Tatsache, wie bedingt und unschön sie auch sei, ist ohne Zweifel das oberste Gesetz", schreibt er etwas weiter. Bei diesen Tatsachen bleibt er jedoch nicht stehen. Im nächsten Satz heißt es: „Ein zweites [Gesetz] war mir die Entwickelung der Einheit und des Fortgangs der Begebenheiten."

Das ist mehr als ein Bekenntnis zum Stoffsammeln, es ist die Aufforderung, die Fakten anstelle vorgefertigter Gewissheiten als Ausgangspunkt für die historische Analyse zu nehmen. Die Gründe für historische Entwicklungen werden somit in der Geschichte selbst gesucht, nirgendwo sonst.

Geschichtswissenschaft muss deshalb nicht das Vorhandensein allgemeiner Gesetze oder Wahrheiten leugnen. Entscheidend ist lediglich, dass wir Kenntnis dieser Gesetze und Wahrheiten nur durch die Betrachtung der Geschichte selbst erhalten können. Anders gesagt: Nur die Geschichte gibt uns Auskunft über die Geschichte. Geschichte ist eine empirische Wissenschaft.

2.1.5 Geschichte und Geschichten

Geschichte ist der Gegenstand, den die Historiker untersuchen; Geschichte heißt das Fach, die Disziplin, die sich mit Geschichte beschäftigt. Das Wort hat noch eine dritte Bedeutung, die in diesem

Zusammenhang nicht unerwähnt bleiben darf: Unter einer „Geschichte" versteht man landläufig eine **Erzählung** oder einen Bericht, also eine zusammenhängende sinnhafte Darstellung im Sinne von „eine Geschichte erzählen". Geschichte hat in diesem Zusammenhang manchmal den Beiklang von „Erfindung", gar „Lüge". So ist etwa die Ermahnung gemeint: „Erzähl keine Geschichten!"

Diese zusätzliche Bedeutungsebene von „Geschichte" ist kein Ärgernis und auch kein Zufall, sondern weist auf etwas Wichtiges hin: Geschichte ist nur das, was berichtet wird, nur das, worüber wir wissen. Nur wenn eine Geschichte erzählt wird, gibt es eine Geschichte. Und dieses Wissen muss in sprachlicher Form vermittelt werden. Der Historiker ist ein Geschichtenerzähler. Er muss einen Anfang finden, einen Hauptteil ebenso wie einen Schluss. Das Ganze muss einen Zusammenhang haben und einen Sinn ergeben, sonst wäre es eben keine Geschichte, sondern eine Aneinanderreihung von Daten und Fakten.

Man kann wiederum versuchen, sich dies am persönlichen Beispiel, an der eigenen Biographie oder Lebensgeschichte vorzustellen. Es ist unmöglich, alles zu erzählen, was im eigenen Leben bereits vorgefallen ist, also muss man zunächst eine Auswahl treffen. Diese Auswahl wird abhängig sein vom Gegenüber: Jemandem, in den man sich gerade verliebt hat, wird man anderes erzählen als einem möglichen künftigen Arbeitgeber beim Vorstellungsgespräch. Die Auswahl von Fakten, Ereignissen und Begebenheiten ist der eine Aspekt, der aus jeder Lebensbeschreibung eine „Geschichte" macht, der andere Aspekt ist die Herstellung eines Zusammenhangs, einer Deutung. Die Fakten müssen zusammenpassen, damit sie eben eine sinnvolle und plausible Geschichte ergeben, die man demjenigen erzählt, in den man sich gerade verliebt hat oder der einen einstellen soll.

Gibt es denn dann überhaupt eine Wahrheit? Oder kann man alles erzählen? Oder anders herum: Müssen wir uns eingestehen, dass alle Geschichtsschreibung nie die Vergangenheit abbildet, wie sie tatsächlich war, sondern nur, wie der Historiker sie zeichnet? Ist das Ausblenden bestimmter Fakten und Aspekte nicht immer schon eine Verfälschung? In jüngster Zeit werden diese Fragen von Historikern stärker betont. Hayden White ist ein Wortführer dieser auch als **LINGUISTIC TURN** bezeichneten Richtung, die die Bedeutung der darstellerischen Form für den Inhalt von Geschichtsschreibung hervorhebt. Auch wenn alle Fakten stimmen, so seine These, ist Ge-

LINGUISTIC TURN, engl. linguistische Wende; Vertreter des *linguistic turn* betonen die Eigengesetzlichkeit der Sprache als Zeichensystem.

schichtsschreibung immer ein literarisches Produkt. Der Historiker sei immer auch ein Schriftsteller, und allein durch die Handlungsstruktur, die Form seiner Darstellung pflanze er ihr bereits eine bestimmte Erklärung ein. Johannes Fried hat es so formuliert: „Geschichte ist Wachs in den Händen des Historikers. Er formt sie, wie er will – trotz der Rückkopplung an Quellen und des Einsatzes plausibler Methoden, doch gemäß der Unendlichkeit möglicher Perspektiven, seiner Verwendung der Sprache und seiner Einbindung in den Diskurszusammenhang seiner Gegenwart. Nicht die kleinste Geschichte schreibt sich selbst; kein allwissender und alldenkender Gott leiht ihr die Feder; keine Madame Wahrheit diktiert dem Historiker, was er zu schreiben hat. Es gibt so viele Geschichten wie Darstellungen von Vergangenheit und Phantasie heißt ihrer aller Architekt." (Fried, S. 305)

Das bedeutet nun nicht, dass man jeden Unsinn als Wissenschaft ausgeben dürfte. Selbstverständlich gehen White und Fried davon aus, dass Historiker sich an den Quellen zu orientieren haben, dass diese faktische Grenzen aufstellen, die nicht zu überschreiten sind. Doch sie betonen, dass ein Weiteres hinzukommt, das den Historikern vielleicht nicht immer bewusst ist: Fried nennt es Phantasie, White sucht mit dem Instrumentarium des Literaturwissenschaftlers nach Erzählmustern. Er weist darauf hin, dass die Deutung der Vergangenheit – und damit der Gegenwart – nicht allein durch explizite Thesen erfolgt, sondern bereits in Anlage und Struktur eines Geschichtswerkes enthalten ist.

Gemeint ist nicht so sehr die Begründung einzelner Ereignisse, sondern die Deutung großer Zeiträume und längerfristiger Entwicklungen. Diese Form der Deutung durch die Wahl des historischen Gegenstandes, des zeitlichen Ausschnittes und den Aufbau der Darstellung wird als **Erzählung** oder **NARRATIVE** bezeichnet. Setzt sich eine solche Großdeutung durch, vielleicht sogar in der breiten Öffentlichkeit, spricht man von einer **Meistererzählung**. Eine solche Meistererzählung ist beispielsweise diejenige vom deutschen Sonderweg, der in der deutschen Geschichte ein Abweichen vom „Normalweg" der Verbindung von Modernisierung, Industrialisierung und Demokratisierung sieht. Dieser Sonderweg habe in das Dritte Reich und den Zweiten Weltkrieg geführt. Eine andere Meistererzählung ist die der Erfolgsgeschichte der Bundesrepublik als „Westernisierung", das heißt als der zunehmenden Annäherung und Eingliederung in den demokratischen Westen.

NARRATIVE, engl. Erzählung, Geschichte, Schilderung.

Gibt es historische Wahrheit? oder: Objektivität und Parteilichkeit

| 2.1.6

Das bisher Gesagte enthält zwei Pole, die einander scheinbar widersprechen oder doch zumindest eine gewisse Gegenläufigkeit aufweisen: **OBJEKTIVITÄT** und **SUBJEKTIVITÄT** in der Geschichtsschreibung. Diese Frontstellung gilt es genauer in Augenschein zu nehmen.

Wir haben zwei Gründerväter von Geschichte herausgehoben, die auf verlässliche Fakten, auf genaue Kenntnis von Tatsachen besonderen Wert gelegt haben: Herodot und Ranke. Tatsächliche Begebenheiten, Fakten, Ereignisse sollen berichtet werden, um eine nüchterne Betrachtung des historischen Verlaufs zu ermöglichen. „Strenge Darstellung der Tatsache, wie bedingt und unschön sie auch sei, ist ohne Zweifel das oberste Gesetz", hat Ranke formuliert (in der Vorrede zu den „Geschichten der romanischen und germanischen Völker von 1494 bis 1535"). Diese Forderung, die Fakten oder Tatsachen aus den Quellen zu ermitteln und zum Ausgangspunkt zu nehmen, ist als das **„Objektivitätspostulat"** bekannt. Objektivität ist dabei allerdings nur das Ziel, das angestrebt wird in dem Wissen, dass man es niemals vollständig erreichen kann.

Auf der anderen Seite haben wir festgestellt, dass Geschichtsbetrachtung in der Gegenwart verankert ist, dass sie von einem bestimmten Punkt aus – das ist die jeweilige Gegenwart – den Blick zurück richtet. Dieser **Standpunkt**, der sich natürlich im Verlauf der Geschichte ebenfalls ändert, wird dann entscheidend, er bestimmt die **Perspektive**. In der Geschichtsbetrachtung verhält es sich dabei grundsätzlich genauso wie in der Natur: Wenn man ein Objekt aus verschiedener Perspektive betrachtet, ergeben sich zum Teil sehr unterschiedliche Ansichten, die jeweils nur einen Teilaspekt, ein Fragment des Ganzen zeigen.

Hinzu kommt die **Auswahl**, die der Historiker aus dem ans Unendliche grenzenden Meer von Fakten, von Ereignissen, die sich zugetragen haben, trifft. Auch die Auswahl ist bestimmt von seinem Standpunkt und seiner Perspektive, und sie beeinflusst unweigerlich das Ergebnis. Ein überspitztes, aber anschauliches Beispiel ist das Foto aus dem Reiseprospekt, das ein Hotel am wunderschönen Sandstrand direkt am Meer zeigt – jedoch nicht die Baustelle direkt nebenan. Durch die geschickte Wahl des Standortes, von dem aus das Foto aufgenommen wurde, entsteht das Bild einer Strandidylle, statt des Bildes einer Baustelle. Allerdings muss ein Fotograf immer auf irgendei-

---

OBJEKTIVITÄT, von lat. *obiectus* = das Entgegengeworfene, der Gegenstand; strenge Sachlichkeit.

SUBJEKTIVITÄT, von spätlat. *subiectum* = das mit Bewusstsein ausgestattete, handelnde Ich; persönliche Auffassung, Einseitigkeit.

nem Punkt stehen und für sein Bild immer einen Ausschnitt wählen, der notwendigerweise anderes ausschließt. Ähnliches gilt für den Historiker, so dass man fragen kann: Gibt es eine historische Wahrheit, oder sind alle Aussagen, die Historiker machen, ihrem jeweiligen Standpunkt verhaftet, resultieren sie hauptsächlich aus den mitgebrachten Absichten, Vorurteilen und Denkmustern?

Mit dieser Frage hat sich bereits im 18. Jahrhundert Johann Martin Chladenius (1710–1759) in seinem Werk „Allgemeine Geschichtswissenschaft" auseinandergesetzt und ist zu Ergebnissen gekommen, die in der Sache noch heute gültig sind. Von ihm stammt der Begriff des „Sehepunktes". Der **Sehepunkt** sei abhängig von der Person des Betrachters und seinem Standort; er sei „der innerliche und äußerliche Zustand eines Zuschauers, in so ferne daraus eine gewisse und besondere Art, die vorkommenden Dinge anzuschauen und zu betrachten, fließet". Jede Geschichte, jeder Bericht, jede Erzählung und damit auch jede Geschichtsbetrachtung erfolge notwendigerweise von einem Sehepunkt und damit aus einer bestimmten Perspektive. Dennoch hält Chladenius den Wunsch nach der „unparteiischen Erzählung oder Nachricht" für wichtig und für geboten. Unter dem „wahren Begriff einer unparteiischen Erzählung" versteht er also nicht das Leugnen des „Sehepunktes", sondern das Gebot, „die Sache [zu] erzählen, ohne dass man das geringste darin vorsetzlich [sic] verdreht oder verdunkelt: oder sie nach seinem besten Wissen und Gewissen zu erzählen: so wie hingegen eine parteiische Erzählung nichts anderes als eine Verdrehung der Geschichte ist." **Wahrhaftigkeit** ist damit das Gebot, das durch das Bewusstsein von der Standortgebundenheit nicht aufgegeben wird.

„Die Wahrheit" kann der Historiker also nicht verkünden, aber er muss in der Darstellung der Fakten und Zusammenhänge korrekt sein, unparteiisch und wahrhaftig. **Objektivität und Neutralität** sind zwar nicht tatsächlich erreichbar, aber sie bleiben dennoch als Ideal und Ziel bestehen, also als **KORREKTIV** oder regulative Idee.

KORREKTIV, von lat. *corrigere* = berichtigen; etwas, das dazu dienen kann, Mängel, Fehlhaltungen o. ä. auszugleichen.

Aufgaben zum Selbsttest

- Wodurch ist Geschichte als Gegenstand wissenschaftlicher Beschäftigung gekennzeichnet?
- Was versteht man unter einem zyklischen und einem teleologischen Weltbild?
- Erläutern sie den Begriff „Linguistic turn".

Literatur

Arnold, John H., **Geschichte. Eine kurze Einführung,** Stuttgart 2001 (zuerst engl. 2000).
Bloch, Marc, **Apologie der Geschichte oder der Beruf des Historikers,** München 1985.
Carr, Edward, **Was ist Geschichte?** Stuttgart 1963.
Cornelißen, Christoph (Hrsg.), **Geschichtswissenschaften. Eine Einführung,** Frankfurt am Main 2000.
Chladenius, Johann Martin, **Aus der ‚Allgemeinen Geschichtswissenschaft'** (1752), in: Wolfgang Hardtwig (Hrsg.), Über das Studium der Geschichte, München 1990, S. 11–17.
Fried, Johannes, **Wissenschaft und Phantasie. Das Beispiel der Geschichte,** in: Historische Zeitschrift 263/1996, S. 291–316.
Hardtwig, Wolfgang (Hrsg.), **Über das Studium der Geschichte,** München 1990.
Jarausch, Konrad H./Sabrow, Martin (Hrsg.), **Die historische Meistererzählung. Deutungslinien deutscher Nationalgeschichte nach 1945,** Göttingen 2002.
Lorenz, Chris, **Konstruktionen der Vergangenheit. Eine Einführung in die Geschichtstheorie,** Köln u. a. 1997.
Ranke, Leopold von, **Vorrede zu den ‚Geschichten der romanischen und germanischen Völker von 1494 bis 1535',** in: Wolfgang Hardtwig (Hrsg.), Über das Studium der Geschichte, München 1990, S. 44–46.
Raphael, Lutz, **Geschichtswissenschaft im Zeitalter der Extreme. Theorien, Tendenzen und Methoden von 1900 bis zur Gegenwart,** München 2003.
Vierhaus, Rudolf, **Was ist Geschichte?**, in: Ders., Vergangenheit als Geschichte. Studien zum 19. und 20. Jahrhundert, hrsg. v. Hans Erich Bödeker u. a., Göttingen 2003, S. 17–29.
White, Hayden, **Metahistory. Die historische Einbildungskraft im 19. Jahrhundert in Europa,** Frankfurt am Main 1991 (zuerst engl. 1973).

Geschichte als Wissenschaft | 2.2

Wenn die historische Wahrheit nun unter unseren Fingern zerbröselt ist, wenn Geschichte nur das vom Standpunkt der Gegenwart, des gegenwärtigen Betrachters, erfolgende Berichten über und Erzählen von Geschichte ist, kann man das Ganze dann noch guten Gewissens als Wissenschaft bezeichnen? Sie werden nicht erwarten, dass die Frage hier verneint wird, es geht also darum festzustellen, was die Geschichte zur Wissenschaft macht und was wissenschaftliche Geschichtsschreibung von anderen Formen historischer Literatur unterscheidet.

Selbst wenn man **Wahrheit** nicht in einem umfassenden Sinne versteht, sondern nur die Korrektheit, Exaktheit von Beschreibungen und Deutungen, wenn man also meint, dass etwas „stimmt", „richtig ist", wie man umgangssprachlich sagt, selbst ein solcherart reduziertes Verständnis von Wahrheit kann nicht als Kriterium von Wissenschaftlichkeit gelten. Denn Wissenschaft schließt den Irrtum mit ein, er gehört notwendig dazu. Auch ein Wissenschaftler kann trotz größter Anstrengung durchaus zu einem falschen Ergebnis kommen. Seine Kollegen werden das (hoffentlich) irgendwann aufdecken und korrigieren. Das Ergebnis oder die These sind dann widerlegt oder überholt. Dennoch handelt es sich – richtig oder falsch – um Wissenschaft.

Statt Wahrheit ist ein entscheidendes Kriterium für Wissenschaftlichkeit die **Nachprüfbarkeit** der Ergebnisse. Der Wissenschaftler darf sich nicht mit einer Behauptung begnügen, sondern muss stets angeben, worauf er sich stützt. Welche Quellen, Beobachtungen, Berichte, Tatsachen und bisherige Forschungsergebnisse etc., liegen seinen Ergebnissen zugrunde? Um die Nachprüfbarkeit zu gewährleisten, enthalten wissenschaftliche Texte in der Regel Fußnoten. In diesen Fußnoten findet der Leser die Hinweise auf Quellen und Literatur, die er braucht, um eine Aussage zu überprüfen. Besonders deutlich ist es bei wörtlichen Zitaten: Stets muss die exakte Fundstelle in der Fußnote genannt werden, damit der Leser das Zitat finden kann. Das bedeutet zugleich, dass erfundene Ausschmückungen nicht in wissenschaftliche Texte gehören und dass Vermutungen begründet und vor allem als solche klar erkennbar sein müssen. Zur Nachprüfbarkeit gehört es auch, dass der Autor eines Textes namentlich genannt wird oder anders formuliert: Wissenschaftliche Texte haben in der Regel einen namentlich genannten Autor.

Die Fakten müssen nachprüfbar, Zitate ebenso wie die Quellen und die bisherigen Forschungsergebnisse, auf die sich ein Ergebnis oder Argument stützt, durch eine exakte Angabe der Fundstelle auffindbar sein. Ein weiteres Element muss hinzukommen: Die Schlussfolgerungen, Argumente und Thesen müssen nachvollziehbar sein. Der Wissenschaftler darf ein Ergebnis nicht einfach behaupten, sondern muss den gedanklichen Weg, der das Ergebnis hervorgebracht hat, transparent machen. Eine sachliche und argumentierende Darstellung ermöglicht diese **Nachvollziehbarkeit** wissenschaftlicher Argumente und Ergebnisse. Wissenschaftliche Literatur ist gekennzeichnet durch Nüchternheit, Sachlichkeit, Argument und Analyse.

Die Wissenschaft ist keine Verkünderin von Wahrheit, haben wir gesagt. Kennzeichen von Wissenschaft, jeder Wissenschaft, ist vielmehr das Suchen nach neuem Wissen und neuen Kenntnissen. Nicht ein fertiges, abgeschlossenes Wissen zu vermitteln und weiterzugeben ist die Aufgabe der Wissenschaft im neuzeitlichen

STRIZZ-Comic vom 13. April 2005. | Abb. 10

Verständnis, Wissenschaft zeichnet sich vielmehr dadurch aus, dass auch bereits Gewusstes immer wieder in Frage gestellt werden kann mit dem Ziel, über unseren Gegenstand mehr zu erfahren, genauere Kenntnisse, ein besseres Verständnis der Zusammenhänge zu erlangen. Wissenschaft hat folglich stets den Charakter einer Untersuchung, sie ist problemorientiert und verfolgt eine **Fragestellung** mit dem Ziel, in irgendeiner Form **Neues** hervorzubringen. Natürlich kann niemand jeden Tag revolutionäre Entdeckungen machen. Es ist auch nicht sinnvoll, alles bereits Gewusste immer wieder neu zu überprüfen. Es wäre zum Beispiel Zeitverschwendung und damit vollständig sinnlos, wenn man immer wieder neu beweisen wollte, dass der Erste Weltkrieg 1914 begann. Doch bleibt das Ziel bestehen, genaueres etwa über die Gründe herauszufinden, die zum Ausbruch des Ersten Weltkrieges geführt haben.

Zur **Abgrenzung** von wissenschaftlicher Literatur lassen sich andere Darstellungsformen von Geschichte unterscheiden:

– **Romane**, bzw. romanhafte Darstellung. Es ist sehr gut möglich, dass der Autor eines historischen Romans die Fakten gut recherchiert hat, dass sie „stimmen". Dennoch ist er nicht daran gebunden. Wenn es für den Fortgang seiner Handlung oder zum Erzeugen von Spannung erforderlich ist, kann er Ereignisse und Personen erfinden, ausschmücken oder auch weglassen. Der Dichter kann die Gedanken von Personen wiedergeben, was der Historiker nicht kann: Er weiß nur, was jemand geschrieben oder gesagt hat. In Romanen werden Alltäglichkeiten hinzugefügt, die erst eine Atmosphäre entstehen lassen. Selten wird es Belege geben, ob tatsächlich ein Blumenstrauß auf dem Tisch stand, ob Kerzen flackerten oder die Seide eines Kleides raschelte. Auf diese Weise entstehen Bilder im Kopf des Lesers. Der Romanautor kann sich einfühlen in die Personen, ihnen Gedanken und Gefühle beimessen, die sie vielleicht so oder so ähnlich gehabt haben könnten. Statt des Argumentes steht hier die Atmosphäre im Vordergrund. Statt Sachlichkeit können Bilder und Metaphern eingesetzt werden, um einen bestimmten Eindruck, Stimmungen und Gefühle beim Leser zu erzeugen.

– **Populäre Darstellungen**, Schulbücher, allgemeine Lehrbücher aber auch PR-Texte und viele Web-Sites richten sich an eine breite Öffentlichkeit, an Schüler etwa oder ein geschichtsinteressiertes allgemeines Publikum. Manche von ihnen, etwa Schulbücher, sind sicherlich sachlich und argumentierend geschrieben, andere sind es durchaus nicht immer. Dagegen spielt die Nachprüfbarkeit durchgängig eine geringe Rolle. Schüler sollen ihr Schulbuch nicht in Frage stellen und überprüfen, sondern lernen, was sie dort lesen. Texte und Artikel sind oftmals nicht namentlich gekennzeichnet, häufig wird auch nicht genannt, auf welche Forschungen oder welche Quellen sich ein Autor stützt, Fußnoten fehlen. Auch geht es hier nicht darum, neues Wissen oder neue Argumente zu suchen, sondern Bekanntes didaktisch geschickt aufzubereiten, gesichertes Wissen weiterzugeben, zu vermitteln. In diesem Sinne ist auch das Buch, das sie in Händen halten, keine wissenschaftliche Literatur, sondern ein Lehrbuch (allerdings auf wissenschaftlicher Grundlage), das das Grundwissen, dasjenige, worüber weitgehende Einigkeit herrscht, bereitstellt mit dem Ziel, es Studienanfängern leicht zugänglich zu machen.

Info

▶ – Nachprüfbarkeit durch Angabe der zugrunde liegenden Quellen und der verwendeten Literatur.
– Nachvollziehbarkeit durch sachliche und argumentierende Darstellung.
– Untersuchung und Problemorientierung durch das Verfolgen einer Fragestellung.
– Ziel ist das Schaffen neuen Wissens, neuer Erkenntnis in irgendeiner Form (Ergebnis, Fragestellung, Zugangsweise, behandelte Quellen ...).

Kriterien von Wissenschaftlichkeit

Literatur

Borowsky, Peter/Vogel, Barbara/Wunder, Heide, **Einführung in die Geschichtswissenschaft. Grundprobleme, Arbeitsorganisation, Hilfsmittel**, 5. überarb. u. aktual. Ausg. Opladen 1989.
Jordan, Stefan, **Einführung in das Geschichtsstudium**, Stuttgart 2005.
Schulze, Wintried, **Einführung in die Neuere Geschichte**, 4. überarb. u. aktual. Aufl. Stuttgart 2002.
Sellin, Volker, **Einführung in die Geschichtswissenschaft**, Göttingen 2001.

Methode | 2.3

Die im vorangegangenen Kapitel genannten Kriterien erlauben es, Wissenschaft zu erkennen, doch sie sagen noch nicht, was Wissenschaft eigentlich ist. Der Duden erklärt Wissenschaft als „durch Forschung für ein bestimmtes Gebiet erarbeitetes System von Erkenntnissen; systematisch entwickelte Methode, mit der ein fachlicher Bereich erforscht wird.", anders gesagt: Wissenschaft ist ein methodisch geregeltes Vorgehen zum Gewinnen neuer Erkenntnisse. Wissenschaft definiert sich damit in erster Linie über ihre **METHODE**. Was aber ist unter „Methode" zu verstehen?

Methode ist das Verfahren, mit dem neue Erkenntnisse gewonnen werden, die nachprüfbar und nachvollziehbar sind. Ulrich Muhlack erklärt den Begriff, bezogen speziell auf die Geschichtswissenschaft so: „Die ‚Methoden historischen Erkennens' sollen uns den rechten Weg vom ‚Erkenntnisinteresse' zum ‚Urteil', vom Problem zur Problemlösung, von der Frage zur Antwort weisen: den Weg, auf dem wir zu gesicherten Auskünften über historische Ereignisse und Zusammenhänge gelangen."

METHODE, von griech. *méthodos* = Weg auf ein Ziel hin; wissenschaftliches Verfahren.

Frage	→	Antwort
Problem	**Methode**	Problemlösung
Erkenntnisinteresse	→	Urteil
Ausgangsthese		Bestätigung / Widerlegung

Wenn Methode also die Art und Weise ist, wie wir zu Antworten auf historische Fragen gelangen, zu Problemlösungen, historischen Urteilen und zur Bestätigung bzw. Widerlegung oder Infragestellung von Thesen, so hängt deren Glaubwürdigkeit und Gewicht folglich ganz direkt von der Methode ab, die sie hervorgebracht hat. Anspruch, Gewicht und Autorität der historischen Erkenntnis sind damit unmittelbar abhängig von der Methode. Jedes historische Ergebnis und Urteil bedarf auch des Nachweises, mit welcher Methode es zustande gekommen ist.

Allerdings gibt es „die" historische Methode nicht, sondern eine **Vielzahl von Methoden**. Sie haben sich im Laufe der Zeit geändert abhängig von den Fragestellungen, Gegenständen und Perspektiven der jeweiligen Historiker. Das kann hier nicht im Einzelnen dargelegt und ausgeführt werden. Hier sollen zentrale Methodenfragen an der Gegenüberstellung des Begriffspaares „Verstehen" und „Erklären" deutlich gemacht werden, in den lateinischen Fachbegriffen formuliert an der **DICHOTOMIE** von **HERMENEUTIK** und **ANALYTIK**. Die beiden Begriffe markieren dabei die Endpunkte einer Skala. Historische Literatur, die Ihnen in Ihrem Studium begegnet, wird dabei selten ganz auf einem der beiden Pole angesiedelt sein, son-

DICHOTOMIE, von griech. *dichótomos* = in zwei Teile gespalten.

HERMENEUTIK, von griech. *hermeneúein* = auslegen, verständlich machen; Kunst der Textauslegung.

ANALYTIK, von griech. *analýein* = auflösen; Zerlegung, Zergliederung eines Ganzen in seine Teile.

dern sich in dem Raum dazwischen bewegen. Doch wo genau, lässt sich leichter bestimmen, wenn man sich den Charakter der Zugangsweisen in idealtypischer Weise vor Augen führt.

Man darf bei dieser Gegenüberstellung die Bedeutung der deutschen Wörter „Verstehen" und „Erklären" nicht ganz zum Nennwert nehmen. In ihnen liegt der Unterschied der Begriffe nicht begründet, und er lässt sich von hier aus nicht erfassen. Alles, was ein Lehrer erklären kann, kann ein Schüler verstehen. Von der Wortbedeutung her kann man einen mathematischen Beweis ebenso verstehen, wie eine sprachliche Aussage oder die Gefühle eines anderen Menschen. Verstehen ist intellektuelles oder emotionales Nachvollziehen. „Erklären" findet nicht auf der Seite des Empfängers einer Botschaft statt, sondern auf derjenigen des Senders. Der Lehrer erklärt. Und prinzipiell kann man einen mathematischen Beweis oder eine chemische Formel ebenso erklären wie seine Gefühle und Empfindungen. Es ist deshalb wichtig festzuhalten, dass die hier vollzogene Gegenüberstellung nicht aus der Wortbedeutung erwächst, sondern den Worten als Fachbegriffen ein bestimmtes Konzept zuordnet. Verstehen und Erklären stehen für etwas, sie sind Fachbegriffe ebenso wie die Fremdworte **Hermeneutik** und **Analytik**.

Die Unterscheidung zwischen Verstehen und Erklären geht zurück auf Wilhelm Dilthey (1833–1911), der sich damit um eine Unterscheidung zwischen den Methoden der Naturwissenschaften und der Geisteswissenschaften bemühte: „Die Natur erklären wir, das Seelenleben verstehen wir." Dilthey wollte mit dieser Unterscheidung die Geisteswissenschaften von den Naturwissenschaften abgrenzen und zugleich die Wissenschaftlichkeit auch der Geisteswissenschaften hervorheben. Mittlerweile werden beide methodischen Verfahrensweisen in der Geschichtswissenschaft angewandt.

Hermeneutik: Verstehen | 2.3.1

Als **Hermeneutik** bezeichnet man die Kunst der Auslegung von Texten, also Textkritik und Interpretation. Texte sind von Menschen hergestellt, sie sind Ausdruck von deren Individualität, enthalten Informationen über Intentionen, Ideen und Ziele von Personen. Sie sind damit Träger von Sinn. Wer mit hermeneutischen Methoden arbeitet, sieht folglich Geschichte als von Menschen gemacht, als geprägt von deren Intentionen, Motiven, Zielen, Gedanken, Überlegungen, Wünschen. Diese Menschen treten als Personen hervor, in ihrer Individualität. Geschichte wird gemacht, könnte man sagen. „Männer machen Geschichte" hat der Historiker Heinrich von Treitschke (1834–1896) formuliert und gemeint, dass es herausragende Persönlichkeiten sind (aus heutiger Perspektive dürfen wir die Frauen getrost einschließen), die handeln und denken und damit den Gang der Ereignisse vorantreiben.

Diesen historischen Persönlichkeiten sich zu nähern, geschieht durch das Verstehen, das ähnlich wie im Gespräch zweier sich gegenübersitzender Menschen den Abstand zwischen ihnen überbrückt. Dadurch werden die Gedanken und Handlungen des einen dem anderen einsichtig, plausibel.

2.3.2 | Analytik: Erklären

Die **Analytik** ist ursprünglich die Methode der Naturwissenschaften, diesen entlehnt. Ihr Ziel besteht darin, Ursache-Wirkungs-Verhältnisse aufzuzeigen, Kausalitäten zu ermitteln, allgemeine Gesetze und Zusammenhänge zu erkennen und zu postulieren. Analytische Methoden beziehen sich auf Vorgänge, die nach **allgemeinen Gesetzen** verlaufen. Die Annahme lautet also, dass auch historische Prozesse nach solchen Gesetzen verlaufen, die einem Ursache-Wirkungs-Verhältnis folgen. Diese Gesetzmäßigkeiten aufzuzeigen, ist das Bestreben analytisch vorgehender Historiker. Es gilt, historische Phänomene und Ereignisse aus Strukturen, Bedingungen, Ursachen und Anlässen zu erklären, treibende Kräfte auszumachen. Bei einer solchen methodischen Herangehensweise spielen folglich Strukturen, Bedingungen und Prozesse eine sehr viel größere Rolle als Persönlichkeiten, etwa Monarchen oder Staatsmänner.

Historische Prozesse werden in Analogie zu natürlichen Phänomenen gesehen: Ein Wassertropfen perlt auf einem Lotusblatt ab, weil die Oberfläche des Lotusblattes eine ganz bestimmte Struktur hat, die in Verbindung mit der Oberflächenspannung des Wassers das Phänomen verursacht. Das Blatt hat keine Ziele oder Intentionen, sondern eine Struktur, aus der sich die Eigenschaften, sein „Verhalten" dem Wassertropfen gegenüber ableiten lassen. Es ist damit auch vorhersehbar, was passieren wird, wenn ein Wassertropfen auf ein Lotusblatt fällt, ebenso wie vorhersehbar ist, was mit einem Apfel geschieht, den Sie in der Hand halten und dann loslassen.

Aus den gegebenen Bedingungen (die Oberflächenstruktur des Lotusblattes, die Bipolstruktur der Wassermoleküle und die dadurch hervorgerufene Oberflächenspannung von Wasser, das auf das Blatt tropft; oder das Gewicht des Apfels in Ihrer Hand und das Gesetz der Schwerkraft) kann man deduktiv logisch auf das Ergebnis schließen. Das wird wissenschaftstheoretisch als das „*covering law*"-Modell bezeichnet, das Thomas Welskopp folgendermaßen erklärt: „Vollständige **DEDUKTIV-NOMOLOGISCHE** Erklärungen [...] schließen aus **ANTECEDENSBEDINGUNGEN** und gesetzesartigen Aussagesystemen (dem **EXPLANANS**) kausal auf das angestrebte Ergebnis (das **EXPLANANDUM**)."

Kennt man also die Ausgangsbedingungen und die wirksamen Gesetzmäßigkeiten, kann man auf das Ergebnis schließen, es vorhersagen. In der umgekehrten Perspektive kann man aus dem Ergebnis und den Ausgangsbedingungen **INDUKTIV** statistisch einen logischen Zusammenhang ableiten, der in Gesetzesform formuliert wird und eine hohe statistische Wahrscheinlichkeit beansprucht. Die Beobachtungen und damit die Ergebnisse werden objektiviert, und deshalb nimmt die analytische Methode für sich eine höhere Objektivität in Anspruch, die eben durch die Methode und nicht durch das Bemühen des Historikers entstehe. Menschliches Verhalten, so die Voraussetzung, erfolgt nicht voraussetzungslos, sondern ist eingebunden in einen Zusammenhang. Aus diesen Bedingungen, Entwicklungen und Interessen lässt sich Handeln und lassen sich Motive ermitteln, denn ihnen liegen allgemeine Gesetze zugrunde. Folglich werden besonders Strukturen in den Blick genommen, Entwicklungen verfolgt und auf ihre Ursachen zurückgeführt.

> **DEDUZIEREN**, von lat. *deducere* = ableiten; das Besondere aus dem Allgemeinen herleiten.
>
> **NOMOLOGIE**, von griech. *nomos* = Gesetz und *logos* = philosoph. Begriff; Lehre von den Denkgesetzen.
>
> **ANTECEDENSBEDINGUNGEN**, von lat. *antecedere* = vorausgehen; Ausgangsbedingungen, Voraussetzungen.
>
> **EXPLANANS**, von lat. *explanare* = erläutern, auslegen; das Erklärungsmittel.
>
> **EXPLANANDUM**, von lat. *explanare* = erläutern, auslegen; das zu Erklärende.
>
> **INDUKTIV**, von lat. *inducere* = hineinführen; vom Einzelnen zum Allgemeinen hinführend.

Gegenüberstellung der methodischen Herangehensweisen | 2.3.3

Zwei Beispiele sollen anschaulich machen, wie diese Gegenüberstellung angewandt auf konkrete Gegenstände aussehen könnte.

Bei der Beschäftigung mit Kriminalität kann man die Frage stellen: Warum wird ein Mensch zum Verbrecher? Eine Antwortvariante würde es als seine persönliche Entscheidung bezeichnen, die er auch anders treffen könnte, eine zweite würde die sozialen Umstände seiner Herkunft hervorheben oder vielleicht körperliche Eigenschaften und Veranlagungen. Die eine Antwortvariante entspräche eher der hermeneutischen, die andere eher der analytischen Zugangsweise.

	Hermeneutik/Verstehen	**Analytik/Erklären**
Charakter	IDEOGRAPHISCHE (Geistes-) Wissenschaft	NOMOTHETISCHE (Gesetzes-) Wissenschaft
bezieht sich auf	menschliches Verhalten und Handeln	nach allgemeinen Gesetzen verlaufende Vorgänge
urspr. Methode	der Geisteswissenschaften	der Naturwissenschaften
nimmt in den Blick	Intentionen, Motive, Ziele, Handlungen, Zusammenhänge, Individualität, Singularität	Vorgänge, Strukturen, Entwicklungen, Sachverhalte, Ereignisse, Phänomene, Interessen, Bedingungen, allgemeine Gesetze und Zusammenhänge
hergestellt werden soll	Plausibilität, Sinn	Kausalität, Begriff
Verfahren	Hermeneutik: Auslegung, Deutung, Interpretation von Texten	Analytik: Ursache-Wirkungs-Beziehung ist rational erschließbar
Gegenstand	Personen, besonders herausragende Persönlichkeiten, Taten, Ereignisse. Politik, Staaten	Strukturen und Bedingungen, Geographie, Bevölkerung, Gesellschaft, Wirtschaft
Objektivität	als anzustrebendes, wenngleich nicht vollständig erreichbares Ziel	Die Subjektivität des Wissenschaftlers spielt im Selbstverständnis dieser Form von Erkenntnis keine Rolle. Erklären wird aufgefasst als rationale Operation, die als unabhängig gedacht wird vom Forscher wie von seinem Gegenstand
Quellen	Texte, erweitert auf menschliche Artefakte und Äußerungen	quantifizierte Beobachtungen, Statistiken
Ziel	Sich-Einfühlen, Sich-Hineinversetzen, dadurch Überbrücken des Abstandes zwischen Historiker und Gegenstand	historisches Urteil als Annäherung an die vergangene Wirklichkeit durch rationale Analyse theoriegeleitete Erklärungsmodelle Prognosefähigkeit
Verhältnis Natur – Kultur	Unterscheidung zwischen Natur und von Menschen geschaffener Kultur als prinzipiell verschieden	Gleichsetzung von Gesellschaft und Natur
Mensch wird primär betrachtet als	Individuum	Kollektivwesen (Angehöriger einer Schicht, Klasse, Gruppe, eines Geschlechts)
Mensch ist gekennzeichnet durch	Freiheit, Intentionen, Ziele, Motive	Interessen, Bedingtheiten, Verhältnisse
Einwand	– Es gibt Grenzen des Verstehens: Vor- und Zusatzwissen ist nötig. – Ist eine andere Epoche dem Verstehen unmittelbar zugänglich? Muss nicht das grundsätzliche Anderssein mitgebracht werden?	– Das Modell ist in manchem pseudowissenschaftlich, denn nicht jeder statistische Zusammenhang ist ein Gesetz oder auch nur eine Kausalbeziehung – Gegenstand des Historikers ist der Einzelfall, nicht wiederkehrende Ereignisse (das betrifft nicht nur Ereignisse, sondern auch Strukturen und Zustände). Dieser einmalige Einzelfall gehört der Vergangenheit an.

Auf dieser abstrakten Ebene werden Sie sich nicht absolut für die eine oder andere Variante entscheiden wollen, sondern entschieden „sowohl – als auch" einfordern. Tatsächlich gibt es die beiden Methoden selten in Reinform. Die Frage ist vielmehr die, von welcher Seite man sich dem Problem „Verbrechen" nähert. Man kann etwa einen Verbrecher herausgreifen, vielleicht einen besonders spektakulären Fall wie Jack the Ripper oder den als „Kannibalen von Rothenburg" bekannten Armin Meiwes, der 2001 sein Opfer angeblich auf dessen Verlangen zerstückelt und den Körper gegessen hat. Was waren die Motive des Täters, seine Ziele? War er psychisch krank? Gibt es in seiner Kindheit besondere Erlebnisse oder Bedingungen, die seine Persönlichkeitsentwicklung möglicherweise beeinträchtigt haben? Wie hat er sein Opfer gefunden?

Eine andere Herangehensweise wäre es z.B., Kriminalitäts- oder Sozialstatistiken auszuwerten. Stammen Verbrecher häufiger aus instabilen sozialen oder familiären Verhältnissen als der Bevölkerungsdurchschnitt? Wie hoch ist der Prozentsatz von psychisch Kranken? In welchem Lebensalter werden sie straffällig? Wie hoch ist der Anteil derjenigen Täter, die ihr Opfer vor der Tat bereits kennen? etc.

Um zu sehen, wie sich unterschiedliche methodische Zugänge in der Geschichtsschreibung dann tatsächlich auswirken, lohnt sich eine **vergleichende Betrachtung** von zwei herausragenden Gesamtdarstellungen zur deutschen Geschichte im 19. Jahrhundert, die beide zur gleichen Zeit, nämlich um 1990, erschienen sind. Auf der einen Seite Thomas Nipperdeys „Deutsche Geschichte" in 3 Bänden 1990 und 1992 erschienen, auf der anderen Seite die bisher vierbändige „Deutsche Gesellschaftsgeschichte" von Hans-Ulrich Wehler, die zwischen 1987 und 2003 erschienen ist. Schon der jeweilige Titel deutet darauf hin, welcher Autor welche methodische Herangehensweise bevorzugt. Sie können es an fast jedem Gegenstand überprüfen. Hier soll es anhand der Anfänge illustriert werden. Nipperdey beginnt den ersten Band mit dem Titel „Deutsche Geschichte 1800–1866. Bürgerwelt und starker Staat" mit den Sätzen: „Am Anfang war Napoleon. Die Geschichte der Deutschen, ihr Leben und ihre Erfahrungen in den ersten eineinhalb Jahrzehnten des 19. Jahrhunderts, in denen die ersten Grundlagen eines modernen Deutschland gelegt worden sind, steht unter seinem überwältigenden Einfluß. Die Politik war das Schicksal, und sie war seine Politik: Krieg und Eroberung, Ausbeutung und Unterdrückung, Imperium und Neuordnung. Zwischen Anpassung und Widerstand verliefen

IDEOGRAPHISCH, von griech. *ideo* = Begriff, Vorstellung; *graphein* = schreiben; auf die Beschreibung von Begriffen und Ideen zielend.

NOMOTHETISCH, von griech. *nomos* = Gesetz, Ordnung; nach Gesetzen suchend.

die Handlungsmöglichkeiten der Völker und der anderen Staaten. Selten haben alle Bereiche des Lebens so sehr im Zeichen der Machtpolitik und des Drucks von außen gestanden; auch die großen Reformen, die Staat und Gesellschaft umbildeten, sind, freiwillig oder unfreiwillig, davon geprägt worden. Gewiß, die Grundprinzipien der modernen Welt sind mit der Französischen Revolution ins Leben (und ins Bewußtsein der Zeitgenossen) getreten, sie hat in der Weltgeschichte Epoche gemacht. Aber für die Deutschen ist der Umsturz der alten Ordnung reale Erfahrung erst unter Napoleon und in der Form des Militärimperiums geworden." (S. 11)

Die Persönlichkeit Napoleons wird hier hervorgehoben, sein Handeln, seine Ziele, seine Politik. Von hier aus werden die Prozesse und Strukturen in den Blick genommen, also: „Krieg und Eroberung, Ausbeutung und Unterdrückung, Imperium und Neuordnung". Auch die „Grundprinzipien" der Französischen Revolution nennt Nipperdey, aber er hebt die Verbindung der strukturellen Umwälzung zur Person Napoleons hervor.

Demgegenüber beginnt Hans-Ulrich Wehler den 1987 erschienenen ersten Band seiner „Deutschen Gesellschaftsgeschichte", der die Zeit von 1700 bis 1815 behandelt, mit einer dreißig Seiten umfassenden Einleitung, in der er sein methodisches und theoretisches Konzept erläutert, seine Fragestellung expliziert und den Aufbau des Buches begründet. Die eigentliche Darstellung beginnt unter der Überschrift „Allgemeine Strukturbedingungen und Entwicklungsprozesse" folgendermaßen: „Am Anfang steht keine Revolution. Während die Geschichte Englands, Frankreichs, der Vereinigten Staaten von Nordamerika durch ihre Revolutionen im 17. und 18. Jahrhundert in einem so fundamentalen Sinn geprägt worden ist, daß eine Darstellung ihrer modernen Entwicklung mit dieser Zäsur einsetzen kann, fehlt der deutschen Geschichte jener Zeit ein derart dramatischer Einschnitt. Eine allgemeine Konstellationsanalyse muß vergegenwärtigen, welche Bedingungen im deutschsprachigen Mitteleuropa um 1800 vorherrschten." (S. 35)

Hier kommt im ersten Absatz keine Person vor. Stattdessen wird der Schwerpunkt auf Revolution als strukturelles Phänomen gelegt, die Bedeutung des Vorhandenseins bzw. Nichtvorhandenseins von Revolution angesprochen und eine „Konstellationsanalyse" begonnen.

Es wird bereits in diesen ersten Sätzen deutlich, dass Nipperdey mehr einen hermeneutischen, Wehler dagegen stärker einen analytischen Ansatz verfolgt.

Aufgaben zum Selbsttest

- Nennen Sie wichtige Kriterien von Wissenschaftlichkeit.
- Erläutern Sie die Begriffe „Hermeneutik" und „Analytik".
- Suchen Sie zu einem von Ihnen bestimmten Thema die entsprechenden Abschnitte in den Werken von Nipperdey und Wehler und versuchen Sie eine Gegenüberstellung anhand der obigen Tabelle.

Literatur

Dilthey, Wilhelm, **Ideen über eine beschreibende und zergliedernde Psychologie**, in: Ders., Gesammelte Schriften, Bd. 5. hg. v. Georg Misch, Leipzig 1934.
Goertz, Hans-Jürgen, **Umgang mit Geschichte. Eine Einführung in die Geschichtstheorie**, Reinbek bei Hamburg 1995.
Lorenz, Chris, **Konstruktionen der Vergangenheit. Eine Einführung in die Geschichtstheorie** (Beiträge zur Geschichtskultur; Bd. 13), Köln/Weimar/Wien 1997.
Meier, Christian/Rüsen, Jörn (Hrsg.), **Historische Methode** (Theorie der Geschichte. Beiträge zur Historik; Bd. 5), München 1988.
Muhlack, Ulrich, **Verstehen**, in: Hans-Jürgen Goertz (Hrsg.), Geschichte. Ein Grundkurs, Reinbek bei Hamburg 1998, S. 99–131.
Nipperdey, Thomas, **Deutsche Geschichte**, 3 Bde., München 1990–1992.
Raphael, Lutz, **Geschichtswissenschaft im Zeitalter der Extreme. Theorien, Tendenzen und Methoden von 1900 bis zur Gegenwart**, München 2003.
Rüsen, Jörn/Jäger, Friedrich, **Historische Methode**, in: Richard van Dülmen (Hrsg.), Das Fischer Lexikon Geschichte, Frankfurt am Main 1990, S. 13–32.
Wehler, Hans-Ulrich, **Deutsche Gesellschaftsgeschichte**, 5 Bde., München 1987–2004.
Welskopp, Thomas, **Erklären**, in: Hans-Jürgen Goertz (Hrsg.), Geschichte. Ein Grundkurs, Reinbek bei Hamburg 1998, S. 132–168.

Fragestellungen und Herangehensweisen | 2.4

Das Fach Geschichte, die Geschichtswissenschaft als Disziplin, ist in verschiedene Teilbereiche gegliedert. Diese Einteilung erfolgt häufig entlang der jeweils untersuchten Gegenstände: Das können Epochen sein – die Geschichte des Altertums, des Mittelalters, der frühen Neuzeit, der neuesten Zeit oder der Zeitgeschichte –, es können Regionen sein – etwa Nordamerika, Osteuropa, Großbritannien, Frankreich, Bayern, Thüringen, einzelne Städte – oder einzelne Gegenstände – etwa Parteiengeschichte, Bildungsgeschichte, Universitätsgeschichte, Arbeitergeschichte, Alltagsgeschichte, Wirtschaftsgeschichte, Geschichte des Dritten Reiches etc. Sie werden hier nicht präsentiert, denn in groben Umrissen geht es aus den jeweiligen Bezeichnungen hervor, und ausführliche Vorstellungen würden den Rahmen dieser Einführung sprengen.

Hier wird eine Gliederung in Herangehensweisen vorgestellt, die sowohl vom jeweiligen Gegenstand als auch vom methodischen Konzept geprägt ist; – meist ist beides eng miteinander verflochten. Die verschiedenen Herangehensweisen sind zudem einer bestimmten Reihenfolge aufgetreten. Diese Reihenfolge gibt damit zugleich einen ersten Hinweis auf die methodische Entwicklung und Ausdifferenzierung de Geschichtswissenschaft, die hier im Einzelnen nicht dargestellt werden kann.

2.4.1 Politikgeschichte

Die Politikgeschichte steht hier an erster Stelle, denn tatsächlich kam ihr lange Zeit eine Vorrangstellung zu. Vielfach wurde Geschichte sogar mit politischer Geschichte gleichgesetzt. Die Beschäftigung mit vergangener **POLITIK** wurde lange Zeit als Geschichte schlechthin verstanden. Diese Gleichsetzung von Geschichte und Politikgeschichte besteht inzwischen längst nicht mehr, dennoch kommt der Politik noch immer ein zentraler, wenn nicht sogar ein herausgehobener Platz innerhalb der Disziplin und ihrer Vermittlung zu, also in den Lehrplänen von Schulen und Hochschulen oder in historischen Darstellungen verschiedener Medien und in Ausstellungen.

Im Zentrum der Politikgeschichte steht der **Staat**. Politikgeschichte hat also eine Reihe von Grundfragen zu klären: Zunächst, was ist der Staat? Wer trägt den Staat? Wie kommen Ereignisse, Entscheidungen und Handlungen im Staat zustande?

Der „Staat" ist das verfasste Gemeinwesen mit seinen Strukturen, Institutionen, Behörden und eventuellen eigenständigen Einheiten wie den Einzelstaaten des Kaiserreiches, den bundesrepublikanischen Ländern oder den Kommunen. Politikgeschichte ist insofern durchaus mehr als eine reine Ereignisgeschichte, die lediglich die Abfolge von Daten und Fakten auflisten würde. Neben Grundlagen und Strukturen verschiedener Art (etwa Geographie, Bevölkerung, politische Struktur, Rechtssystem) nimmt die Politikgeschichte die politisch Handelnden in den Blick, anders gesagt, die „Träger der politischen Willensbildung". Wer das genau war, hat sich im Laufe des 19. und 20. Jahrhunderts stark verändert. Neben Monarchen, Minister und Beamte sind Parteien und gesellschaftliche Gruppen getreten sowie das Wahlvolk als neue, erst seit Einführung des allgemei-

---

POLITIK, von griech. *polis* = der Stadtstaat; das Gemeinwesen betreffendes Handeln.

nen Wahlrechts bestehende Einflussgröße. Politikgeschichte fragt zudem auch nach den „Leidenden", nach denjenigen, die Objekte von Regierungs- und Behördenhandeln werden.

Politik lässt sich unterteilen in Innen- und Außenpolitik – und die Frage, welche davon die Wichtigere sei, ist zeitweise heftig umkämpft gewesen. Militär, Kriege und Schlachten, internationale Beziehungen, Diplomatie, Verträge und Allianzen gehören zur Außenpolitik ebenso wie supranationale Organisationen wie beispielsweise die Vereinten Nationen. Innenpolitik umfasst die Auswahl und Abfolge der Herrschenden, die Gesetzgebung, die öffentliche Ordnung. Die Grenzen zwischen der politischen, öffentlichen und der privaten Sphäre sind dabei nicht absolut, sondern beruhen auf Übereinkunft, anders gesagt auf Konvention, und sind damit der Veränderung unterworfen.

Die im 19. Jahrhundert gegründeten allgemeinen historischen Zeitschriften haben wie das Fach insgesamt ihr Themenspektrum von der Politikgeschichte ausgehend inzwischen thematisch und methodisch erweitert. Das betrifft die **Historische Zeitschrift** (HZ) ebenso wie ihre Pendants in England (**English Historical Review**), Frankreich (**Revue Historique**), USA (**American Historical Review**) oder Italien (**Rivista Storica Italiana**).

Literatur

Borowsky, Peter, **Politische Geschichte**, in: Hans-Jürgen Goertz (Hrsg.), Geschichte. Ein Grundkurs, Reinbek bei Hamburg 1998, S. 475–488.
Cornelißen, Christoph, **Politische Geschichte**, in: Ders. (Hrsg.), Geschichtswissenschaften. Eine Einführung, Frankfurt am Main 2000, S. 133–148.
Schorn-Schütte, Luise, **Historische Politikforschung. Eine Einführung**, München 2006.
Thamer, Hans-Ulrich, **Politische Geschichte**, in: Fischer Lexikon Geschichte, hrsg. v. Richard van Dülmen, Frankfurt am Main 1990, S. 52–65.

Einige Beispiele für Werke
Churchill, Winston S., **Der Zweite Weltkrieg**, Frankfurt am Main 2003 (zuerst 1948–1954).
Gall, Lothar, **Bismarck. Der weiße Revolutionär**, Frankfurt am Main/Berlin/Wien 1980.
Hildebrand, Klaus, **Das vergangene Reich. Deutsche Außenpolitik von Bismarck bis Hitler**, Stuttgart 1995.
Ranke, Leopold von, **Die großen Mächte**, hrsg. v. Ulrich Muhlack, Frankfurt am Main 1995 (zuerst 1833).
Winkler, Heinrich August, **Der lange Weg nach Westen**, 2 Bde., München 2000.

Zeitschriften
Internationale Politik (bis 1995 Europa-Archiv), hrsg. v. d. Deutschen Gesellschaft für Auswärtige Politik, Bielefeld/Bonn.
Vierteljahrshefte für Zeitgeschichte (VfZ).
Zeithistorische Forschungen/Studies in Contemporary History.

2.4.2 Geistes- und Ideengeschichte

Nicht in erster Linie das Handeln, sondern das dem Handeln zugrunde liegende Denken, also **Ideen und Leitvorstellungen**, stehen im Zentrum der Ideengeschichte, die traditionell auch Geistesgeschichte genannt wird. In der Geschichtswissenschaft sind in erster Linie solche Ideen gemeint, die sich auf den Staat, auf das Gemeinwesen beziehen, die seine Struktur, seine Ziele und Aufgaben reflektieren. Die Idee der Nation etwa ist eine solche Idee, die für das 19. und auch für das 20. Jahrhundert besonders wichtig ist. Was ist „Nation"? Die klassische Geistesgeschichte ging dieser Frage nach, suchte nach intellektuellen Vorbildern und Vorläufern, nach der Entwicklungsgeschichte von Ideen. Moderne Ideengeschichte versucht darüber hinaus, die Ideen aus dem rein geistigen Bereich herauszuholen und mit dem tatsächlichen politischen Geschehen zu verbinden. Eine Frage könnte dann etwa lauten: Warum wird zu bestimmten Zeiten an bestimmten Orten der Begriff „Nation" unterschiedlich inhaltlich gefüllt? Denn auch Denker lesen Zeitung, sind in vielfältige politische, soziale und wirtschaftliche Zusammenhänge eingebunden. Sie sind nicht nur von intellektuellen Vorläufern beeinflusst, sondern auch von Strukturen und Ereignissen, die sie reflektieren. Der Einfluss des Tagesgeschehens auf Ideen ist eine

Literatur

Schorn-Schütte, Luise, **Ideen-, Geistes- und Kulturgeschichte**, in: Hans-Jürgen Goertz (Hrsg.), Geschichte. Ein Grundkurs, Reinbek bei Hamburg 1998, S. 489–515.
Raphael, Lutz (Hrsg.), **Ideen als gesellschaftliche Gestaltungskraft im Europa der Neuzeit. Beiträge für eine erneuerte Geistesgeschichte**, München 2006.

Einige Beispiele für Werke
Alter, Peter, **Nationalismus**, Frankfurt am Main 1985.
Langewiesche, Dieter, **Nation, Nationalismus, Nationalstaat in Deutschland und Europa**, München 2000.
Leonhard, Jörn, **Liberalismus. Zur historischen Semantik eines europäischen Deutungsmusters**, (Veröffentlichungen des Deutschen Historischen Instituts in London; 50) München 2001.
Sheehan, James, **Der deutsche Liberalismus. Von den Anfängen im 18. Jahrhundert bis zum Ersten Weltkrieg 1770–1914**, München 1983.

Zeitschriften
Deutsche Vierteljahrsschrift für Literaturwissenschaft und Geistesgeschichte (DVjs).
History of European Ideas: official journal of the International Society for the Study of European Ideas.
Journal of the History of Ideas (JHI).

Frage, eine andere zielt umgekehrt auf den Einfluss, den Ideen auf das politische Handeln haben. Ideengeschichte ist damit nicht ein Feld abstrakter Reflexion neben der Ereignisgeschichte, sondern vielfach mit ihr verbunden und durch den besonderen Schwerpunkt herausgehoben.

Geistes- und Ideengeschichte kommt ohne hermeneutische Methoden nicht aus (→ Kap. 2.3.1). Hier kommt den Texten, programmatischen Schriften, die interpretiert und analysiert werden, herausragende Bedeutung zu. Dabei handelt es sich in der Regel um Schriften der führenden Denker und Schriftsteller, herausragender Gelehrter. Das Denken, die Überzeugungen oder Werthaltungen von Gruppen, Schichten oder Klassen zu untersuchen, zählt nicht zur Geistes- und Ideengeschichte, es wird als **Mentalitätsgeschichte** bezeichnet.

Sozialgeschichte | 2.4.3

Sozialgeschichte nimmt Menschen nicht in erster Linie als Individuen in den Blick, sondern als Angehörige **sozialer Gruppen**. Diese Kollektive stehen im Mittelpunkt sozialhistorischen Interesses. Die Grundannahme lautet, dass solche Gruppen durch Gemeinsamkeiten verbunden sind. Solche Gemeinsamkeiten sind etwa eine ähnliche ökonomische Situation, ähnliche Lebensverhältnisse und Familienstrukturen, vor allem aber gemeinsame ökonomische und politische Interessen.

Die Arbeiterschaft, das Bürgertum oder der Adel sind Gegenstand sozialhistorische Untersuchungen geworden, ebenso die Angestellten, die Studenten oder die Professoren und viele andere Gruppen sowie natürlich auch die Gesellschaft insgesamt. Eine sozialhistorische Untersuchung fragt **QUANTIFIZIEREND** nach bestimmten Kriterien, etwa sozialer oder regionaler Herkunft, Bildungsgrad, Einkommen, Zugehörigkeit zu einer Berufsgruppe, Partei oder Religion, die für die Fragestellung ausgewertet werden. Einzelfälle, Ereignisse oder Personen werden dann vor allem zur Illustration, als Beispiel herangezogen, um einen allgemeinen Befund anschaulich zu machen.

QUANTIFIZIEREN von lat. *quantitas* = Menge, Zahl; zählen, messen.

In der beschriebenen Form ist Sozialgeschichte als eine Zugangsweise, eine Fragerichtung oder Betrachtungsform von „allgemeiner" Geschichte etabliert. In der Zeit ihrer Ausbildung, den 1950er und 1960er Jahren, war Sozialgeschichte demgegenüber mit der Wirtschaftsgeschichte verbunden und stand als Randfach neben einer

„allgemeinen" Geschichte, die sich als Politikgeschichte verstand. Die begriffliche Kombination der „Sozial- und Wirtschaftsgeschichte" oder anders herum „Wirtschafts- und Sozialgeschichte" ist noch immer anzutreffen und ein Überrest dieser Entwicklung.

Eine gesonderte Erwähnung verdient die **„Historische Sozialwissenschaft"**. Sie versteht sich nicht als Teilbereich neben anderen Sektoren, sondern als eine Zugangsweise, die die allgemeine Geschichte, die Geschichte insgesamt aus sozialgeschichtlicher Perspektive in den Blick nimmt. Es geht ihr darum, „Geschichte als Historische So-

Abb. 11

Titelblatt der Zeitschrift „Geschichte und Gesellschaft".

zialwissenschaft" zu betrachten, und das heißt, nicht den Staat, sondern die Gesellschaft und die Wirtschaft in den Mittelpunkt des Interesses zu stellen, die historische Entwicklung von hier aus zu erschließen. Dann treten Einzelpersonen gegenüber Interessengruppen und Kollektiven in den Hintergrund, Ereignisse werden weniger wichtig als Strukturen und längerfristige Prozesse. Für das Selbstverständnis der Historischen Sozialwissenschaft ist eine **Opposition zum Historismus** kennzeichnend, demgegenüber eine methodisch kontrollierte Verwendung von Theorien und Modellen eingefordert wird, die der Soziologie entlehnt sind. Historische Sozialwissenschaft ist analytischen Methoden verpflichtet (→ Kap. 2.3.2).

Literatur

Kocka, Jürgen, **Sozialgeschichte. Begriff – Entwicklung – Probleme**, Göttingen 1977.
Schieder, Wolfgang/Sellin, Volker (Hrsg.), **Sozialgeschichte in Deutschland**, 2 Bde., Göttingen 1986.
Wehler, Hans-Ulrich, **Historische Sozialwissenschaft. Eine Zwischenbilanz nach dreißig Jahren**, in: Ders., Die Herausforderung der Kulturgeschichte, München 1998.

Einige Beispiele für Werke
Kocka, Jürgen, **Angestellte zwischen Faschismus und Demokratie. Zur politischen Sozialgeschichte der Angestellten; USA 1890–1940 im internationalen Vergleich** (Kritische Studien zur Geschichtswissenschaft; 25), Göttingen 1977.
Kocka, Jürgen, **Weder Stand noch Klasse. Unterschichten um 1800**, Bonn 1990.
Wehler, Hans-Ulrich, **Deutsche Gesellschaftsgeschichte**, 4 Bde., München 1987–2003.
Welskopp, Thomas, **Arbeit und Macht im Hüttenwerk. Arbeits- und industrielle Beziehungen in der deutschen und amerikanischen Eisen- und Stahlindustrie von den 1860er bis zu den 1930er Jahren**, Bonn 1994.

Zeitschriften
Archiv für Sozialgeschichte (AfS).
Geschichte und Gesellschaft (GG).

Kulturgeschichte

| 2.4.4

Denken Sie bei dem Begriff „Kulturgeschichte" nicht gleich an Oper und Museum – denn der Kulturgeschichte geht es nicht um die Erforschung von Personen oder Institutionen der Kunst und Literatur. Fast könnte man sagen, im Gegenteil, denn nicht „Hochkultur" ist Gegenstand der Kulturgeschichte, sondern **Denkstrukturen, Lebensauffassungen und Mentalitäten**. Ähnlich wie die Sozialgeschichte richtet die Kulturgeschichte den Blick auf Gruppen, Klassen oder Schichten. Nicht herausragende Persönlichkeiten stehen im Mittelpunkt, sondern typische, durchschnittliche Menschen als Vertreter ihrer

Abb. 12

Titelblatt der Zeitschrift „Historische Anthropologie".

Zeit, ihres Standes oder Geschlechts. Während die Sozialgeschichte das Hauptaugenmerk auf die wirtschaftliche Situation, die materiellen Bedingungen und die daraus sich ergebenden Interessen richtet, fragt die Kulturgeschichte nach dem Denken, den Gewissheiten und Überzeugungen, religiösen Gefühlen und Bindungen. Dabei hat man methodische Anleihen bei Philosophen wie Michel Foucault oder bei der **Ethnologie** gemacht, also bei derjenigen Wissenschaft, die fremde Völker und Kulturen beobachtet, von denen keine schriftlichen Zeugnisse, keine programmatischen Texte und Erklärungen vorliegen. Aus dem beobachteten Handeln werden dabei Muster und Strukturen von Sozialbeziehungen und grundlegenden Überzeugungen abgeleitet. Ein solcher gewissermaßen ethnologischer Blick wird von der Kulturgeschichte auf die Gesellschaften der Vergangenheit gerichtet. Anstelle von Parteiprogrammen und Ministerdenkschriften würden dann etwa politische Rituale und Symbole, Denkmäler oder Feierlichkeiten in den Blick genommen und daraufhin befragt, welche Struktur der Gesellschaft, welche Leitideen und Werthaltungen hier zum Ausdruck kommen.

Der englische Historiker David Blackbourn hat beispielsweise Religiosität im Kaiserreich untersucht, besonders den Kulturkampf, also die Auseinandersetzung zwischen dem säkularen Staat und der katholischen Kirche. Nicht die Gesetze, mit denen der Einfluss der Kirche auf den Staat verringert werden sollte, oder die flammenden Hirtenbriefe deutscher Bischöfe, noch die päpstlichen Enzykliken hat er in den Mittelpunkt seiner Darstellung gerückt, sondern einen kleinen Wallfahrtsort im Saarland, Marpingen, der eine Zeit lang als das „deutsche **LOURDES**" galt, weil dort von Marienerscheinungen berichtet wurde. Die Volksfrömmigkeit also ist sein Gegenstand, die nicht von der Amtskirche angeleitet oder gar gesteuert war, denn im Gegenteil betrachteten die Vertreter der Kirche den sich in Marpingen entwickelnden Kult mit großem Misstrauen.

LOURDES, katholischer Wallfahrtsort in Südwest-Frankreich.

In seiner „Marpingen"-Studie nehmen die einfachen Leute, deren Denken untersucht wird, eine zentrale Stellung ein, besonders die Frauen. Das ist in gewisser Weise typisch für die Kulturgeschichte, die gerade Randgruppen, Minderheiten und Ausgeschlossenen den Blick zuwendet. Dennoch gilt dies nicht ausschließlich. Es ist auch möglich Außenpolitik, also das traditionelle der klassischen Themen, mit einem kulturgeschichtlichen Ansatz zu betrachten. So ist beispielsweise Johannes Paulmann vorgegangen, der für seine Studie „Pomp und Politik. Monarchenbegegnungen in Europa zwischen Ancien Régime und Erstem Weltkrieg" Monarchenbesuche untersucht. Von ihrer Inszenierung, ihrem Ablauf und der Art ihrer Aufnahme durch die Öffentlichkeit gewinnt er neue Einsichten über die internationalen Beziehungen im 19. Jahrhundert.

Literatur

Literatur
Burke, Peter, **Was ist Kulturgeschichte?** Frankfurt am Main 2005.
Daniel, Ute **Kompendium Kulturgeschichte. Theorien, Praxis, Schlüsselwörter**, 2. Aufl., (Suhrkamp-Taschenbuch Wissenschaft; 1523), Frankfurt am Main 2001.
Hübinger, Gangolf, **Die „Rückkehr" der Kulturgeschichte**, in: Christoph Cornelißen (Hrsg.), Geschichtswissenschaften. Eine Einführung, Frankfurt am Main 2000, S. 162–177.
Lutter, Christina (Hrsg.), **Kulturgeschichte. Fragestellungen, Konzepte, Annäherungen**, (Querschnitte; 15), Innsbruck u. a. 2004.
Wunder, Heide, **Kulturgeschichte, Mentalitätengeschichte, Historische Anthropologie**, in: Fischer Lexikon Geschichte, hrsg. v. Richard van Dülmen, Frankfurt am Main 1990, S. 65–86.

Literatur

Einige Beispiele für Werke
Blackbourn, David, **Wenn ihr sie wieder seht, fragt wer sie sei. Marienerscheinungen in Marpingen. Aufstieg und Niedergang des deutschen Lourdes**, Reinbek bei Hamburg 1997.
Davis, Natalie Zemon, **Die wahrhaftige Geschichte von der Wiederkehr des Martin Guerre**, Frankfurt am Main 1989.
Ginzburg, Carlo, **Der Käse und die Würmer. Die Welt eines Müllers um 1600**, Frankfurt am Main 1983.
Hettling, Manfred (Hrsg.), **Der bürgerliche Wertehimmel. Innenansichten des 19. Jahrhunderts**, Göttingen 2000.
Paulmann, Johannes, **Pomp und Politik. Monarchenbegegnungen in Europa zwischen Ancien Régime und Erstem Weltkrieg**, Paderborn 2000.

Zeitschriften
Historische Anthropologie. Kultur – Gesellschaft – Alltag.
Archiv für Kulturgeschichte.

Aufgabe zum Selbsttest

- Beschreiben Sie die Fragestellungen der Politikgeschichte, der Geistes- und Ideengeschichte, der Sozialgeschichte und der Kulturgeschichte.

Die Quellen – Grundlage historischer Erkenntnis | 3

Überblick

Quellen sind die Grundlage historischer Erkenntnis, das Ausgangsmaterial der wissenschaftlichen Untersuchung. Das Kapitel erläutert zunächst, was unter dem Begriff „Quelle" zu verstehen ist. Dann wird die Systematisierung nach Quellengruppen und Arten von Quellen vorgestellt. Im Weiteren erfahren Sie, wie Sie Quellen für Ihre Fragestellung finden. Schließlich geht es darum, wie man aus ihnen wissenschaftliche Erkenntnis gewinnt, wie man Quellen also zum Sprudeln bringt.

Was ist eine Quelle? | 3.1

Der Historiker hat es mit **Vergangenheit** zu tun, unter welchen Aspekten, mit welchen Fragen auch immer sie betrachtet wird. Sein Untersuchungsgegenstand ist damit zugleich ganz zwangsläufig selbst nicht da. Wir können die Vergangenheit nicht unters Mikroskop legen, wir können keine Experimente mit ihr machen und deshalb auch niemals eine gesicherte Antwort geben auf die Frage „Was wäre gewesen, wenn?"

Woher können wir dann etwas über die Vergangenheit wissen? Wenn unser Gegenstand selbst uns nicht direkt zugänglich ist, so ist er es doch indirekt, durch das, was von ihm übriggeblieben ist. Vergangene Zustände, Geschehnisse, die handelnden Personen und Gruppen haben Spuren hinterlassen. Absichtlich oder unabsichtlich, unterschiedlich in ihrer Aussagekraft und zum Teil sogar irreführend. Manchmal liegen die Informationen auf der Hand, dann wieder müssen sie mühsam rekonstruiert werden. Diese **Hinterlassenschaften der Vergangenheit** werden als Quellen bezeichnet.

Der Begriff „Quelle" bezeichnet damit die Funktion von sehr unterschiedlichen Dingen, die möglicherweise nur eines gemeinsam haben: Sie geben Auskunft über einen bestimmten historischen Vorgang, eine Begebenheit, über Strukturen oder Zustände der Vergangenheit.

Definition

▶ „Quellen sind alle Texte, Gegenstände oder Tatsachen, aus denen Kenntnis der Vergangenheit gewonnen werden kann."
(Paul Kirn, Einführung in die Geschichtswissenschaft, Berlin 5. Aufl. 1968, S. 29.)

Die mittlerweile klassische Definition von Paul Kirn umfasst die verschiedenen Quellengattungen, und sie weist zudem auf einen vielleicht sogar noch wichtigeren Umstand hin: Wenn gesagt wird, dass aus einer Quelle „Kenntnis der Vergangenheit gewonnen werden kann", so liegt die Betonung nicht allein auf „Kenntnis", sondern mindestens ebenso auf dem Wörtchen „kann". Das soll heißen: Von sich aus sagt eine Quelle in der Regel wenig. Sie muss befragt, also untersucht, eingeordnet und interpretiert werden, erst dann gibt sie das in ihr enthaltene Wissen preis. Der Begriff „Quelle" ist deshalb eigentlich irreführend, denn anders als die Quelle eines Baches sprudeln historische Quellen nicht ohne unser Zutun. Was wir als „Quelle" bezeichnen, ähnelt eher einem Brunnen, aus dem wir Wissen über die Vergangenheit erst schöpfen müssen. Welche Erkenntnis, welches Wissen wir aus dem historischen Brunnen schöpfen, hängt denn auch nicht allein von der Ergiebigkeit des Brunnens, sondern mindestens ebenso sehr von der Tauglichkeit, der Art und Beschaffenheit unserer Schöpfgefäße ab, oder, wieder in der Terminologie der Geschichtswissenschaft: von der historischen Methode (→ Kap. 2).

Literatur

Borowsky, Peter / Vogel, Barbara / Wunder, Heide, **Einführung in die Geschichtswissenschaft. Grundprobleme, Arbeitsorganisation, Hilfsmittel**, 5. überarb. u. aktual. Ausg. Opladen 1989.
Brandt, Ahasver von, **Werkzeug des Historikers. Eine Einführung in die historischen Hilfswissenschaften**, 10. Aufl. Stuttgart u. a. 1983.
Opgenoorth, Ernst / Schulz, Günther, **Einführung in das Studium der Neueren Geschichte**, 6. vollst. überarb. Aufl. Paderborn u. a. 2001.
Sellin, Volker, **Einführung in die Geschichtswissenschaft**, Göttingen 2001.

Systematisierung von Quellen | 3.2

Die Definition des Quellenbegriffs hat bereits aufscheinen lassen, dass es verschiedene Arten und Formen von Quellen gibt. Die Einteilung in Raster und Rubriken erleichtert die Orientierung und den Umgang mit Quellen. Mehrere dieser Raster unterschiedlicher Größe sollen hier vorgestellt werden. Am Anfang steht die Einteilung in Überrest und Tradition, die sich auf die Intentionalität der Quelle bezieht. Die Einteilung in Quellengattungen erfolgt grob in Texte, also schriftliche Quellen, Sachquellen, also Gegenstände, und Bilder. Diese Großgruppen können jeweils noch in kleinere und damit präzisere Gattungen untergliedert werden, von denen hier nicht alle, sondern lediglich die für das 19. und 20. Jahrhundert häufigsten Quellengruppen vorgestellt werden.

Überrest und Tradition | 3.2.1

Eine der allgemein üblichen Einteilungen von Quellen ist diejenige in „Tradition" und „Überrest", die auf Johann Gustav Droysen (1808–1884) und Ernst Bernheim (1850–1942) zurückgeht. Als **Überrest** wird dabei alles das bezeichnet, was unmittelbar von den Begebenheiten übriggeblieben ist. Gegenstände oder Schriftstücke, die Zwecke in ihrer jeweiligen Gegenwart hatten und an diese gerichtet waren, nicht an die Nachwelt. Als **Tradition** werden solche Quellen bezeichnet, in denen ein Geschehen bereits durch Schilderung und Darstellung aufbereitet ist mit der Absicht, über dieses Geschehen zu berichten.

Um sich den Unterschied deutlich zu machen, kann man ihn mit der Unterscheidung vergleichen, die bei polizeilichen und gerichtlichen Ermittlungen zwischen Indizien und Zeugenaussagen gemacht wird. Indizien sind gleichsam polizeiliche Überrestquellen, die absichtslos während der Tat entstanden sind. Faserspuren, Fuß- und Fingerabdrücke, Reifenspuren oder Haut- oder ähnliche Körperspuren mit DNA-Material sind unbestechlich, ihr Vorhandensein muss logisch erklärt werden können. Sie geben jedoch häufig Rätsel auf, denn sie liefern noch keinen Zusammenhang. Ohne Zeugenaussagen sind sie allein oft nicht aussagekräftig. Zeugen berichten von einem Zusammenhang, können Motive und Hintergründe erhellen – oder aber verdunkeln. Zeugen können zum Beispiel absichtsvoll lügen, vielleicht haben sie aber auch

Abb. 13

Johann Gustav Droysen (1808-1884) legte in seiner „Historik" die Grundlagen der modernen Geschichtswissenschaft. Dieses Werk gibt noch heute gültige Antworten auf die Grundfragen des Faches.

nicht alles gesehen, oder ihr Bericht ist durch Erinnerungslücken verfälscht.

Alltagsgegenstände, Münzen, Kleidungsstücke sind typische **Quellen mit Überrestqualität**. Sie geben Auskunft über die Vergangenheit, aber sie sind nicht zu diesem Zweck entstanden, nicht, um uns zu informieren, sondern als Gebrauchsgegenstände ihrer jeweiligen Gegenwart. Ebenso ist es bei Akten, denn auch sie sind im Zuge des Verwaltungshandelns von Behörden, Unternehmen oder Institutionen entstanden. **Zeitungsberichte und Politikermemoiren** hingegen haben **Traditionsqualität**, denn hier wird ein Geschehen im Zusammenhang geschildert für eine „Nachwelt" (hier ist sie nur vom nächsten Tag), die nicht selbst am Geschehen beteiligt war, sondern es aus zeitlicher und räumlicher Distanz beobachtet. Der Autor trifft dabei eine Auswahl aus den Fakten und lässt eine Deutung mit einfließen.

Ein Beispiel: Der genaue Verlauf einer Parlamentsdebatte ist in den Protokollen dokumentiert, etwa den „Stenographischen Berichten über die Verhandlungen des Deutschen Reichstages" für das Kaiserreich. Die Reden sind von den Parlamentsstenographen wörtlich mitgeschrieben, auch Zwischenrufe und Wortgefechte sind hier vermerkt. Diese stenographischen Protokolle kann man als „Überreste" bezeichnen. Das gleiche gilt für die Fernsehaufzeichnung einer Parlamentsdebatte. Der Zeitungsbericht vom nächsten Tag ist demgegenüber eine „Traditionsquelle", denn hier wird das Ereignis – in unserem Falle die Parlamentsdebatte – bereits sprachlich verarbeitet, um darüber zu informieren. Der Zeitungsartikel, gleiches gilt für den Fernsehbericht der Nachrichtensendung, enthält bereits eine Auswahl. Hier steht nicht alles, sondern dasjenige, was der Journalist für berichtenswert, was er für das wichtigste hält. Nicht alle Redner werden zitiert und von den Redebeiträgen auch nicht der gesamte Inhalt wiedergegeben, sondern die zentralen Aussagen herausgestellt. Diese Informationen sind bereits gefiltert, verändert und vielleicht sogar verfälscht, etwa, wenn der Reporter nicht richtig zugehört hat. Der Bericht ist zudem mit Blick auf ein Publikum entstanden und richtet sich auch nach dessen Erwartungen und Bedürfnissen. So berichtet eine Lokalzeitung anders als ein überregionales Blatt, die Massenpresse anders als die Qualitätszeitungen, und die Ausrichtung der Parteizeitungen schlägt sich selbstverständlich ebenfalls nieder.

Die **Unterscheidung in Überrest- und Traditionsquellen** ist in erster Linie für Historiker wichtig, die sich mit lange vergangenen Zeiten beschäftigen, für die es wenig Quellen gibt. So macht es natürlich einen Unterschied, ob die Verleihung von Stadtrechten im Mittelalter durch eine **URKUNDE** belegt ist oder ob eine Jahrzehnte wenn nicht Jahrhunderte später entstandene **CHRONIK** berichtet, der Stadt sei das Marktrecht zu einem bestimmten Zeitpunkt verliehen worden. Der Bericht kann der Wahrheit entsprechen, es ist jedoch wahrscheinlicher, dass sich in der Zeit, die zwischen dem Ereignis und der Abfassung des Berichtes vergangen ist, Veränderungen in der Erinnerung oder der Überlieferung eingeschlichen haben. Auch eine bewusste Verfälschung von Tatsachen ist möglich. So etwa, wenn die Chronik verfasst wird, um in der Rivalität mit einer anderen Stadt die eigenen, älteren Rechte zu betonen. In einem solchen Fall sagt der Bericht des Chronisten möglicherweise mehr über seine Gegenwart, kündet von den politischen Spannungen, Strategien der Durchsetzung bestimmter Interessen als von der Vergangenheit, über die er zu berichten vorgibt.

Mit solchen Fällen haben wir es im 19. und 20. Jahrhundert allerdings nur äußerst selten zu tun, da es sehr viel mehr Quellen gibt, die **Quellendichte** also höher ist als bei jeder vorhergehenden Epoche. Wenn wir wissen wollen, ob ein Redner in der Parlamentsdebatte etwas wirklich so gesagt hat, wie es in der Zeitung zitiert wird, oder ob hier möglicherweise durch Verkürzung eine Verfälschung entstanden ist, dann können wir das eben anhand der Protokolle leicht überprüfen. Für Quellen des 19. und 20. Jahrhunderts ist es deshalb oft nicht wichtig, jede Quelle einzusortieren, sie formal entweder als Überrest oder als Tradition zu qualifizieren. Sie müssen nicht jeder Quelle einen Stempel aufdrücken, aber anhand der Unterscheidung von „Überrest" und „Tradition" kann man versuchen sich darüber klarzuwerden, in welchem Zusammenhang und mit welcher Absicht eine Quelle entstanden ist.

URKUNDE,
→ Kap. 3.3.1

CHRONIK, von griech. *chrónos* = Zeit, lat. *chronica* = Chronik; Geschichtsbuch; eine Aufzeichnung geschichtlicher Ereignisse in zeitlicher Reihenfolge.

> **Info**
>
> **Quellenarten**
>
> ▶ **Überrestquellen** sind im Zusammenhang mit einem Geschehen entstanden und zeugen davon.
> **Traditionsquellen** sind für eine Nachwelt geschaffen worden, der sie von einem Geschehen berichten.

3.2.2 Primär- und Sekundärquellen

Hier muss zunächst vor Verwechslungsgefahr gewarnt werden, denn aus dem Deutschunterricht oder aus der Germanistik ist Ihnen sicherlich die Unterscheidung in **Primär- und Sekundärliteratur** geläufig. Sie entspricht der Einteilung in Quellen und Literatur. Wenn Romane, Gedichte, Novellen, philosophische Texte oder sogar Werke der Geschichtsschreibung Gegenstand der Untersuchung sind, also im Grunde als Quelle genutzt werden, bezeichnet man sie als Primärliteratur. Das Ergebnis der Untersuchung, Interpretation oder Deutung ist dann Sekundärliteratur. Thomas Manns Roman „Die Buddenbrooks" ist Primärliteratur genauso wie Immanuel Kants „Kritik der reinen Vernunft" oder Leopold Rankes „Geschichte der romanischen und germanischen Völker". Sekundärliteratur sind Arbeiten über diese Werke, so zum Beispiel:
– Joachim Rickes, Die Romankunst des jungen Thomas Mann. „Buddenbrooks" und „Königliche Hoheit", Würzburg 2006.

Oder für Ranke:
– Johannes Süßmann, Geschichtsschreibung oder Roman? Zur Konstitutionslogik von Geschichtserzählungen zwischen Schiller und Ranke (1780–1824), Stuttgart 2000.

Primärliteratur ist also von der Sache her eine Quelle, Sekundärliteratur ist hingegen wissenschaftliche Literatur, also eine Untersuchung auf der Grundlage von Quellen bzw. Primärliteratur.

Bei der Unterscheidung in **Primär- und Sekundärquellen** handelt es sich in beiden Fällen um Quellen. Eine Sekundärquelle ist die Wiedergabe einer Quelle in einer anderen Quelle. Primärquelle einer Parlamentsrede sind etwa die Stenographischen Protokolle der Parlamentsdebatte. Ist die Rede ganz oder in Auszügen in einer Tageszeitung abgedruckt, handelt es sich dabei um eine Sekundärquelle. Auch diese Unterscheidung ist für diejenigen Historiker, die sich mit länger zurückliegenden Zeiten beschäftigen bedeutender als für das 19. und 20. Jahrhundert. Ein berühmtes Beispiel ist der griechische Philosoph Sokrates, der selbst keine Schriften hinterließ. Was wir über seine Philosophie wissen, stammt aus der Feder seines Schülers Platon. Dessen Aufzeichnungen sind die Quelle, aber eben nicht die originale, nicht die primäre Quelle. Solche Fälle kommen bei der Beschäftigung mit dem 19. und 20. Jahrhundert selten vor, aber ganz ausgeschlossen sind sie nicht.

Ein Beispiel einer wichtigen Art von Sekundärquellen für das 19. und 20. Jahrhundert sind Geschichtskalender, die Tag für Tag den Gang der Ereignisse anhand ausgewählter Zeitungsartikel, Parlamentsreden oder anderer Quellen nachzeichnen, etwa: Schulthess' europäischer Geschichtskalender. Neue Folge, hrsg. v. Ernst Delbrück [u.a.; zuletzt v. Ulrich Thürauf] 26/1885–82/1941, Nördlingen [Bd. 30ff. München] 1886–1965. Einen solchen Geschichtskalender kann man als Wegweiser zu Quellen nutzen, um das Original, also die Pri-

Der erste Jahrgang des Geschichtskalenders von H. Schulthess. | **Abb. 14**

märquelle aufzufinden und diese zu benutzen. Falls dies nicht möglich ist oder einen unverhältnismäßig großen Aufwand erfordern würde, können Sie z.B. einen Zeitungsartikel auch nach dieser Sekundärquelle zitieren. Aber Sie müssen dabei berücksichtigen, dass die Sekundärquelle bereits eine Wiedergabe ist, die eventuelle Abschreib- oder Wiedergabefehler enthalten kann. Zudem bedeutet die Auswahl der Ausschnitte bereits eine gewisse inhaltliche Aussage.

3.2.3 Textquellen

Texte sind die Quellenart, mit der es Historiker immer noch am häufigsten zu tun haben – für Studienanfänger gilt das ganz besonders. Die Texte können von verschiedener Form, Gattung und Herkunft sein, und mit unterschiedlicher Absicht entstanden sein: Texte können ebenso Überrest- wie Traditionsquellen sein. Beispiele sind Protokolle von Versammlungen, Sitzungen und Parlamentsdebatten, Urkunden, Tageszeitungen, **DENKSCHRIFTEN**, Parteiprogramme, Flugschriften, Geschäfts- und Verwaltungsakten, Briefe, Tagebücher, Memoiren, diplomatische Berichte, Gesetzestexte und vieles mehr. Aus diesen verschiedenen Texten erfahren wir von vergangenen Ereignissen, von Begebenheiten, Zuständen und Strukturen. Wir können die Gründe für das Handeln von Menschen erfahren und etwas über die Auswirkungen von Zuständen oder Ereignissen. Wir erfahren, wer die Handelnden und welches ihre Motive und Ziele waren.

> **DENKSCHRIFT**, an eine offizielle Stelle gerichtete Schrift über eine wichtige (meist öffentliche) Angelegenheit.

Wenn wir uns also für die politische Struktur des Deutschen Reiches von 1871 interessieren, schauen wir uns dessen Verfassung an. Über die tatsächlichen politischen Kräfteverhältnisse können wir aus den Protokollen der Reichstagsdebatten etwas erfahren, aber auch aus Zeitungsberichten. Auch die Memoiren von Politikern des Kaiserreichs sind hierfür eine Quelle, ihre Reden, politischen Denkschriften und Aufsätze sowie ihre Korrespondenz.

3.2.4 Sachquellen

Sachquellen, also Gegenstände, die von vergangenen Zeiten übriggeblieben sind, können ebenfalls manches mitteilen. Kleider, Schmuck, Häuser, Möbel, Denkmäler sind Beispiele für **Sachquellen**. Sie können etwa über den Alltag der Menschen anschaulich informieren, auch über Handwerk und Technik liefern erhaltene Werkzeuge und Werkstücke oft präzisere Informationen als Beschreibungen. Sehr häufig werden Sachquellen als ergänzende Quellen hinzugezogen, um Textquellen zu konkretisieren und anschaulich zu machen.

Eine prachtvolle Villa etwa zeigt, dass ihr Erbauer sehr reich gewesen ist und das auch zeigen wollte. Häufig lässt sich am Bau selbst einiges über seine Geschichte erkennen: Wann wurde die Villa gebaut, wann wurden möglicherweise An- oder Umbauten

Info

Eine Sachquelle – ein Pompadour-Täschchen in den Farben schwarz-rot-gold als Meinungsäußerung

▶ Clotilde Koch-Gontard klagte 1848 in einem Brief an Karl Mittermaier über die politische Unmündigkeit der Frauen: „Doch höre ich Sie sagen: Es ist mit dem Weibergeschwätz wieder kein Ende, in die Kinderstube und an den Strickstrumpf gehört die Frau, der Mann nur ist berufen zum Handeln nach außen. Jetzt weniger als jemals noch mag ich meine Stellung in dieser Beziehung begreifen, und es macht mir recht viel Mühe, die Küche als den Hauptschauplatz meiner Tatkraft anzusehen."
(Aus: Lothar Gall (Hrsg.): FFM 1200. Traditionen und Perspektiven einer Stadt. Sigmaringen 1994, S. 222)

| Abb. 15

Mit diesem Pompadour-Täschchen, das eine unbekannte Frankfurter Demokratin 1848 aus schwarzem, rotem und goldfarbenem Garn häkelte, bekundete sie öffentlich ihre Zustimmung zur demokratischen Revolution und zum Paulskirchenparlament. Was man dem Objekt allein jedoch nicht ansieht, ist die Tatsache, dass den Frauen kaum andere Möglichkeiten der öffentlichen politischen Meinungsäußerung zur Verfügung standen, auch das Wahlrecht nicht. Ein Brief von Clotilde Koch-Gontard, die fast täglich die Parlamentssitzungen besuchte und einen bedeutenden Salon führte, an Karl Mittermaier, den Herausgeber der Deutschen Zeitung, zeigt den wachsenden Unmut der Frauen über diese untergeordnete Position. Im Lichte dieses Briefes gewinnt das Täschchen eine noch größere Bedeutung: Es ist ein Bekenntnis zur demokratischen Nation und zur Frauenemanzipation.

vorgenommen. Auch über das Selbstverständnis des Bauherrn, seine Art zu repräsentieren und seinen Geschmack können wir beim Betrachten der Villa einiges erfahren. Mehr erfahren wir, wenn wir die Zeichnungen des Architekten, den Bauvertrag, die Rechnungen der Handwerker usw. hinzuziehen. Schriftliche Quellen brauchen wir auch, um zu erfahren, wer der Bauherr war und wie er sein Vermögen verdient hat.

Sachquellen bedürfen einerseits häufig der Ergänzung durch Textquellen, um verständlich zu sein. Andererseits sind sie anschaulicher als Texte und werden deshalb etwa in historischen Ausstellungen eingesetzt, um ein plastischeres Bild der Epoche zu vermitteln.

3.2.5 | Bildquellen

Bildquellen werden in der Geschichtswissenschaft immer stärker als eigenständige Quellengattung ernst genommen und nicht mehr ausschließlich als Illustration verwendet. Das Medium Bild hat sich dabei im neunzehnten und zwanzigsten Jahrhundert durch den technischen Fortschritt stark verändert bzw. erweitert. Zu Zeichnungen, Stahlstichen, Holzschnitten und Gemälden sind Fotografien, Film- und Fernsehaufnahmen hinzugekommen.

Ein Porträt – ob nun eine Fotografie oder ein Ölgemälde – kann uns Informationen über eine Person vermitteln, die über das hinausgehen, was schriftliche Quellen aussagen. Zum Beispiel verraten Kleidung, Haltung und Accessoires häufig sehr viel über Selbstbild und Selbstdarstellung des Porträtierten. So ist auf den vielen Darstellungen Kaiser Wilhelms II. trotz aller Porträtähnlichkeit kaum zu erkennen, dass sein linker Arm verkrüppelt war. Selbst auf Fotografien ist diese Behinderung des Kaisers nur selten sichtbar. Sie wurde gezielt kaschiert, weil sie dem Bild des strahlenden, tatkräftigen Monarchen widersprach, das dieser von sich verbreiten wollte.

Literatur

Beck, Friedrich/Henning, Eckardt (Hrsgg.), **Die archivalischen Quellen. Mit einer Einführung in die Historischen Hilfswissenschaften**, 4. Aufl. Köln u. a. 2004.
Brandt, Ahasver von, **Werkzeug des Historikers**. Eine Einführung in die historischen Hilfswissenschaften, 10. Aufl. Stuttgart u. a. 1983.
Schulze, Winfried, **Einführung in die Neuere Geschichte**, 4. überarb. u. aktualisierte. Aufl. Stuttgart 2002.
Sellin, Volker, **Einführung in die Geschichtswissenschaft**, Göttingen 2001.

Abb. 16

Wilhelm II., deutscher Kaiser und König von Preußen von 1888–1918. Photochrom einer Aufnahme von Ferdinand Keller (1893).

Aufgaben zum Selbsttest

- Erläutern Sie die Begriffe „Überrest" und „Tradition".
- Primärquellen und Sekundärquellen, Primärliteratur und Sekundärliteratur: Unterscheiden Sie die Begriffe.

3.3 Quellenkunde

Im Folgenden sollen diejenigen Quellenarten etwas ausführlicher vorgestellt werden, denen Sie im Studium – und besonders an dessen Anfang – besonders häufig begegnen werden.

3.3.1 Urkunden

URKUNDE, abgeleitet von ahd. *urchundi* = das schriftliche Zeugnis; rechtsgültiges Dokument.

Das Wort **URKUNDE** ist erst seit dem Mittelalter gebräuchlich, als man begann, auch in deutscher Sprache zu urkunden. Zuvor hatte man das lateinische Wort *littera*(e) verwendet, also die direkte Übersetzung von *littera*, Brief. Die Bedeutung von Brief als Urkunde hat sich bis heute erhalten, etwa in Redewendungen wie „jemandem Brief und Siegel geben", im Verb verbriefen, was ja beurkunden bedeutet, oder in Zusammensetzungen wie Adelsbrief, Meisterbrief, Freibrief, Frachtbrief oder Kreditbrief. All das sind keine Briefe im Sinne von Korrespondenz, sondern offizielle, gerichtsgültige Dokumente eines Rechtszustandes, sei es der Standeszugehörigkeit, der Aufnahme in eine Zunft oder der Feststellung einer Kreditaufnahme.

Urkunden sind eine der wichtigsten Quellengattungen der neueren Geschichte. Das zeugt von der zunehmenden Bedeutung des Rechts im öffentlichen und privaten Leben – **Verrechtlichung** gilt als einer der Schlüsselbegriffe der neueren Geschichte insgesamt. Man muss bei der Arbeit mit Urkunden also beachten, dass sie als Rechtsdokumente in der Sprache und Begrifflichkeit der Juristen abgefasst sind.

In Urkunden wird eine Rechtstatsache in offiziell gültiger, gerichtsverwertbarer Weise schriftlich festgehalten. Die Rechtskraft der Urkunde entsteht durch die Beglaubigung. Die Beglaubigung erfolgt durch Unterschrift und eventuell durch zusätzliche Stempel oder Siegel der ausstellenden Behörde, von Amtspersonen, wie einem Staatsbeamten oder einem Notar, oder bei Privaturkunden

Definition

▶ „Die Urkunde ist ein unter Beobachtung bestimmter Formen ausgefertigtes und beglaubigtes Schriftstück über Vorgänge von rechtserheblicher Natur."
(Ahasver von Brandt, Werkzeug des Historikers. Eine Einführung in die historischen Hilfswissenschaften, 10. Aufl. Stuttgart u. a. 1983, S. 82.)

wie Kaufverträgen oder Wechseln, von den Vertragspartnern und eventuellen Zeugen. In Urkunden wird stets Ort und Datum ihrer Ausfertigung angegeben. Besonderes Papier, ausgesuchte Schriftarten o.ä. unterstreichen gelegentlich einen feierlichen Charakter der Urkunde.

Eigenständigkeit ist ein weiteres Kennzeichen von Urkunden. Sie müssen aus sich heraus verständlich sein, für sich allein stehen können. Der beurkundete Tatbestand muss aus dem Dokument klar und eindeutig hervorgehen. Etwa, wer wen wann wo geheiratet hat, wer als Kind von welchen Eltern wann wo geboren wurde, wer von wem wann welchen Titel, welches Privileg oder wieviel Geld erhalten bzw. zu welchen Konditionen geliehen bekommen hat, welches Gesetz wer erlassen hat, was dessen genauer Inhalt ist und von wann an es wo in Kraft ist. Natürlich stehen Urkunden stets in einem inhaltlichen Kontext, gibt es Akten, die das Entstehen eines Gesetzes dokumentieren. Wenn der Historiker Glück hat, gibt es etwa Aufzeichnungen, ob Tagebücher oder Eheverträge, die das Zustandekommen einer Heiratsverbindung, die Motive der Ehepartner bzw. deren Eltern erschließen. Dennoch muss die Urkunde für sich stehen können, muss also inhaltlich und formal eindeutig und präzise sein, denn sie soll ja vor Gericht Bestand haben können.

Beispiele für Urkunden sind neben Gesetzen und Staatsverträgen Geburts- und Heiratsurkunden, Schul- und Prüfungszeugnisse, Testamente, notariell ausgefertigte Kauf- oder Kreditverträge oder Wechsel, ebenso Ausweise, Fahrscheine, Frachtbriefe und ebenso jeder Kassenbon. Urkunden dokumentieren einen Kauf, Schenkungen, Stiftungen, die Verleihung von Privilegien, Rechten, Orden und Titeln. Urkunden können in Form und Inhalt bedeutend und feierlich sein. Es kann etwa ein Staatsvertrag zwischen zwei souveränen Staaten sein, der auf wertvollem Papier ausgefertigt wird und neben den Unterschriften der Staatsoberhäupter mit Bändern, Siegeln und Hoheitszeichen versehen ist, – oder eine schlichte Busfahrkarte.

Es wird unterschieden zwischen **KONSTITUTIVEN** und **DEKLARATORISCHEN** Urkunden.
– In einer **konstitutiven Urkunde** wird die Rechtstatsache durch die Urkunde erzeugt, also konstituiert. Ein Gesetz etwa erlangte im 19. Jahrhundert Gültigkeit durch die Unterschrift des Königs als des Staatsoberhauptes und Inhabers der obersten legislativen

KONSTITUIEREN, von lat. *constituere* = hinstellen, aufstellen; erzeugen, hervorbringen.

DEKLARIEREN, von lat. *declarare* = deutlich machen; etwas angeben, bezeichnen, benennen.

Abb. 17

Die Beitrittsurkunde Badens zum Deutschen Bund (1815).

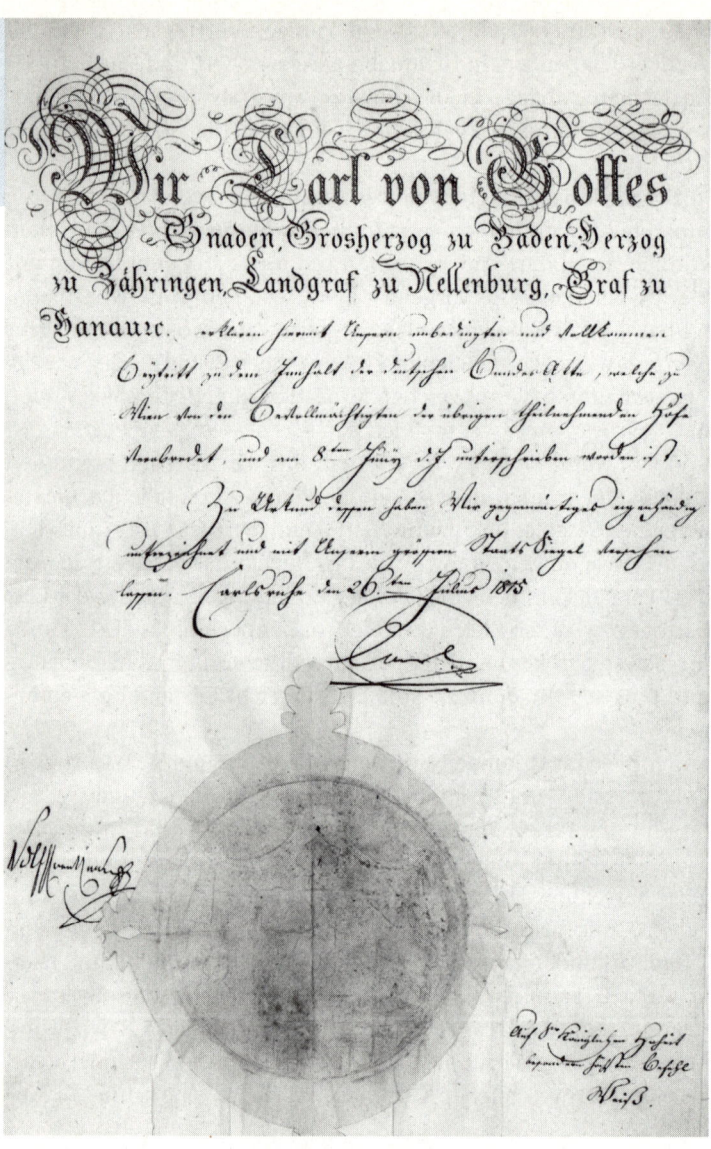

und exekutiven Staatsgewalt sowie durch die Gegenzeichnung, die ebenfalls erforderliche Unterschrift des leitenden Ministers. Durch diese beglaubigte Ausfertigung und die Veröffentlichung trat es zum festgesetzten Zeitpunkt in Kraft. Auch ein Kaufvertrag wird mit der Unterschrift geschlossen und also gültig.

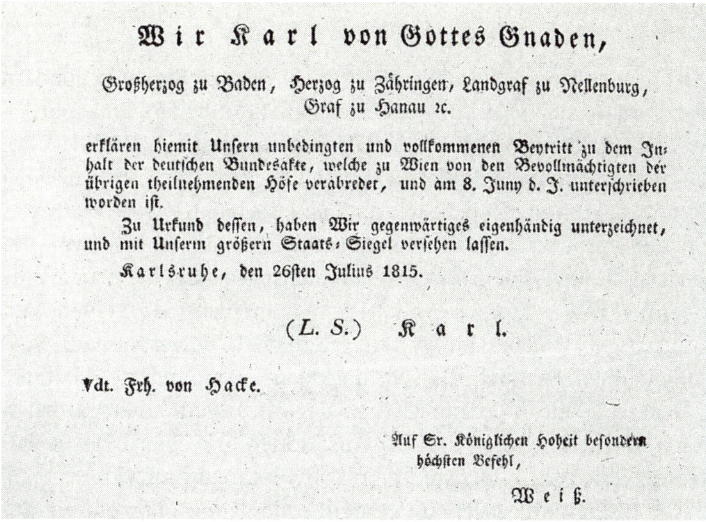

Abb. 18

Die gedruckte Fassung der Beitrittsurkunde Badens zum Deutschen Bund, in: Protokolle der Deutschen Bundesversammlung, Frankfurt am Main 1816. Die Stelle, an der in der Originalurkunde das Siegel eingeprägt ist, wurde durch das Kürzel LS für locus sigulum (lat.: Stelle des Siegels) markiert.

> **Wir Karl von Gottes Gnaden,**
> Großherzog zu Baden, Herzog zu Zähringen, Landgraf zu Nellenburg, Graf zu Hanau ꝛc.
>
> erklären hiemit Unsern unbedingten und vollkommenen Beytritt zu dem Inhalt der deutschen Bundesakte, welche zu Wien von den Bevollmächtigten der übrigen theilnehmenden Höfe verabredet, und am 8. Juny d. J. unterschrieben worden ist.
> Zu Urkund dessen, haben Wir gegenwärtiges eigenhändig unterzeichnet, und mit Unserm größern Staats-Siegel versehen lassen.
> Karlsruhe, den 26sten Julius 1815.
>
> (L. S.)   Karl.
>
> Vdt. Frh. von Hacke.
>
> Auf Sr. Königlichen Hoheit besondern höchsten Befehl,
>
> Weiß.

- In einer **deklaratorischen Urkunde** wird die Rechtstatsache lediglich dokumentiert, also bezeugt. Eine Heirat etwa ist ein mündlicher Vertrag, der durch die Zustimmung der Vertragspartner, das sogenannte „Jawort", zustande kommt. Dieser Vertrag ist bereits in Kraft, wenn er durch die Heiratsurkunde schriftlich dokumentiert wird. Die Heiratsurkunde begründet nicht die Ehe, sondern dient als schriftlicher Beweis, deshalb wird sie auch nach der „eigentlichen" Hochzeit, nach der Feststellung, „hiermit erkläre ich Sie zu rechtmäßig getrauten Eheleuten" vom Standesbeamten ausgefertigt und als Zeichen des Einverständnisses von den Eheleuten und den Zeugen unterzeichnet. Die Heiratsurkunde kann man damit als eine deklaratorische Urkunde bezeichnen.

In jedem Fall kommt der Urkunde Beweischarakter zu. Urkunden sind, ob in der öffentlichen oder der privaten Sphäre, juristische Dokumente.

Info

Urkunden

▶ – Sind Rechtsdokumente,
– konstituieren oder dokumentieren eine Rechtstatsache,
– sind stets beglaubigt,
– haben bestimmte Formvorschriften zu erfüllen,
– können öffentlicher oder privater Natur sein,
– sind eigenständig.

3.3.2 Akten

AKTE, von lat. *acta* = Handlungen, Verhandlungen.

KONVOLUT, von lat. *convolere* = zusammenrollen; Bündel oder Zusammenstellung von verschiedenen Schriftstücken oder Drucksachen.

Anders als Urkunden, halten **AKTEN** nicht nur das Ergebnis, sondern den Verlauf von Verwaltung oder Geschäftsführung fest. Eine Akte besteht deshalb aus mehreren Aktenstücken, sie ist ein **KONVOLUT** von zusammengehörigen Aktenstücken oder Aktenblättern. Die einzelnen Aktenstücke sind oft nicht selbstständig, sie bedürfen des Kontextes der Akte, um verständlich zu sein. Die Akte als Konvolut von unselbstständigen Aktenstücken zu einem Gegenstand kann auch eine oder mehrere Urkunden enthalten. So kann die Akte zu einem Vertragsabschluss neben Entwürfen, Protokollen, Korrespondenz, Stellungnahmen, Denkschriften etc. auch den Vertrag selbst enthalten.

Akten fallen in der staatlichen Verwaltung an, aber natürlich auch in Unternehmen und Organisationen und ebenso bei Privatleuten. Eine Akte bildet somit ein Konvolut mehrerer Aktenstücke, deren Einheit äußerlich am gemeinsamen Umschlag, einem Einband o.ä. sichtbar ist. Dieser Umschlag enthält Informationen zur Herkunft der Akte, also der aktenführenden Stelle (einer bestimmten Dienststelle, Behörde, Abteilung oder einem Büro) bzw. dem Besitzer, einen Betreff oder Informationen zum Inhalt der Akte und die Laufzeit, also das Datum des ältesten und das des jüngsten Schriftstücks. Die Ordnung der Akten erfolgt natürlich nach den Vorschriften und Erfordernissen ihrer Benutzer, nicht nach den Bedürfnissen der Historiker.

Akten ermöglichen es, den **historischen Prozess** sichtbar werden zu lassen, der zu bestimmten Handlungen oder in Urkunden festgehaltenen Rechtstatsachen geführt hat. Das kann etwa heißen, ein Gesetz als Ergebnis eines historischen Prozesses sichtbar werden zu lassen, sein Zustandekommen aus verschiedenen Quellen, Absichten und Zielen, die Veränderungen, mögliche Widerstände und die Suche nach Einigung oder Kompromissen aufzuzeigen. Ein anderes Beispiel wäre die Kontaktaufnahme der Verkaufsabteilung einer Firma mit möglichen Kunden, Angebote, Verhandlungen,

Info

Akten
- – Bestehen aus mehreren in sich unselbständigen Schriftstücken,
- – stehen in einem Zusammenhang,
- – dokumentieren den Geschäfts- oder Verwaltungsgang,
- – können Urkunden enthalten.

Quellenkunde

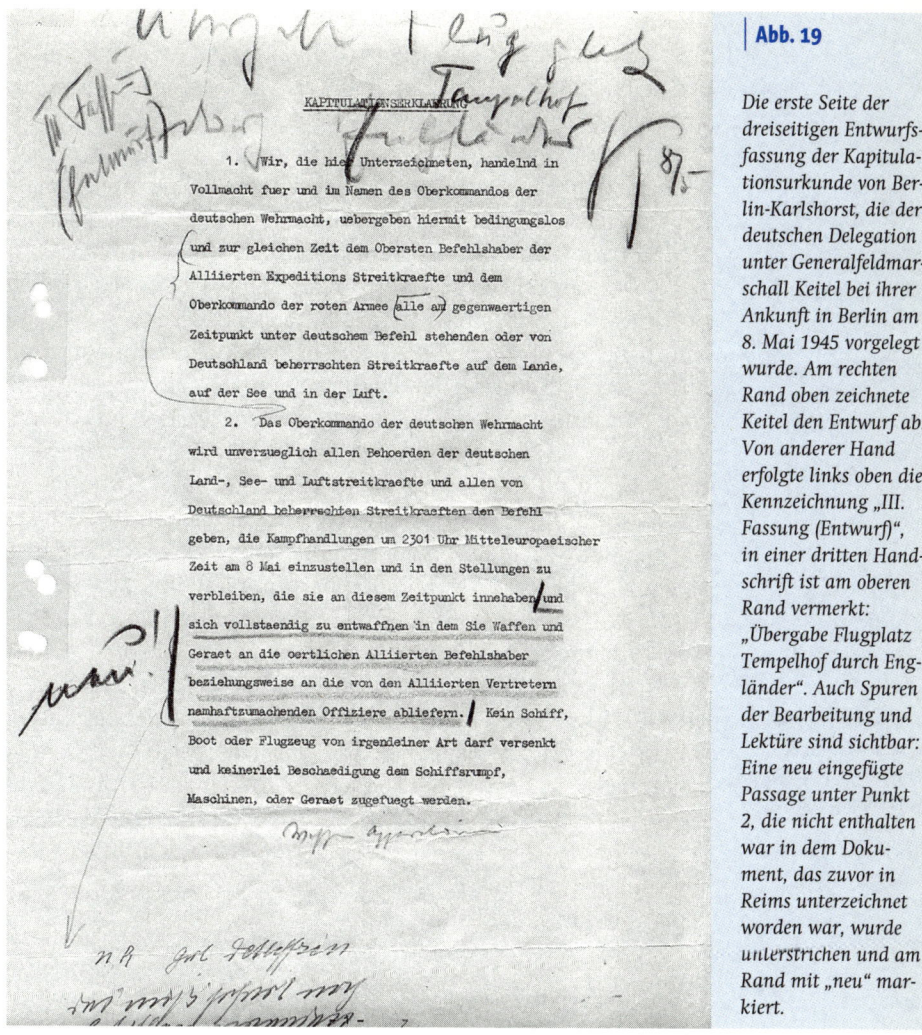

Abb. 19

Die erste Seite der dreiseitigen Entwurfsfassung der Kapitulationsurkunde von Berlin-Karlshorst, die der deutschen Delegation unter Generalfeldmarschall Keitel bei ihrer Ankunft in Berlin am 8. Mai 1945 vorgelegt wurde. Am rechten Rand oben zeichnete Keitel den Entwurf ab. Von anderer Hand erfolgte links oben die Kennzeichnung „III. Fassung (Entwurf)", in einer dritten Handschrift ist am oberen Rand vermerkt: „Übergabe Flugplatz Tempelhof durch Engländer". Auch Spuren der Bearbeitung und Lektüre sind sichtbar: Eine neu eingefügte Passage unter Punkt 2, die nicht enthalten war in dem Dokument, das zuvor in Reims unterzeichnet worden war, wurde unterstrichen und am Rand mit „neu" markiert.

Rückfragen, die dann möglicherweise zu einem Kaufvertrag geführt haben.

Publizistische Quellen

3.3.3

Quellen müssen nicht unbedingt – womöglich handgeschriebene – Einzelstücke, also Unikate sein. Es kann sich ebensogut um Druckschriften handeln, um bereits Veröffentlichtes, das in mehr oder weniger hoher Auflage Verbreitung gefunden hat, das also publiziert worden ist. Zeitungen, Zeitschriften, Flugblätter, Broschüren und selbst Bücher gehören in diese Gruppe, aus der Zeitungen als wohl wichtigste Quelle vorgestellt werden.

ZEITUNGEN sind Druckschriften, die regelmäßig – meist täglich oder werktäglich – erscheinen und über aktuelle Ereignisse berichten. Bereits zu Beginn des 19. Jahrhunderts waren Zeitungen das Medium der bürgerlichen Öffentlichkeit, zu der jedoch zunächst nur ein kleiner Teil der Bevölkerung Zugang hatte. Das änderte sich im Laufe des 19. Jahrhunderts grundlegend. Zu dieser Veränderung trugen die Eisenbahn und der Straßenbau bei, die Kommunikation und Transport verbesserten und beschleunigten. Die Entwicklung der Rotationspresse (1845) ermöglichte Massenauflagen für eine am Ende des 19. Jahrhunderts fast vollständig alphabetisierte Bevölkerung, die zu Zeitungen und Zeitschriften als Mittel der Informationsbeschaffung, der Meinungsäußerung, auf der Suche nach Belehrung und zunehmend auch Unterhaltung griff. Die „öffentliche Meinung" erhielt immer stärkeres Gewicht für politische Prozesse. Dem begegneten die Regierungen mit Pressezensur und Versuchen, die Presse und die Journalisten zu lenken und zu steuern.

Für Historiker sind Zeitungen, Zeitschriften sowie politische **PAMPHLETE** und Flugschriften, wie sie etwa während der Revolution von 1848 in großen Mengen gedruckt und verbreitet wurden, in vielerlei Hinsicht interessante Quellen. Hieran lässt sich die Entwicklung der Öffentlichkeit studieren, die Stimmung und öffentliche Meinung wird sichtbar. Sie sind für politikgeschichtliche Fragestellungen relevant, daneben aber auch für wirtschafts-, sozial-, alltags- und mentalitätshistorische Zugriffe.

3.3.4 Briefe

Briefe sind schriftliche Kommunikationsmittel zwischen einem Absender und dem Empfänger über eine räumliche Distanz. Sie sind ein Gesprächsersatz immer dort, wo die direkte mündliche Kommunikation aufgrund der Entfernung nicht möglich ist. Vor der Erfindung des Telefons, als zudem das Reisen noch sehr viel länger dauerte, kam dem Brief sehr große Bedeutung zu. Der Brief ist meist nicht als Einzelgänger anzutreffen, sondern wird ergänzt durch einen Antwortbrief. Möglicherweise liegt sogar ein **regelmäßiger Briefwechsel** vor, eine sich über einen längeren Zeitraum erstre-

---

ZEITUNG, von mhd. *tidinge* = Nachricht. Daraus bildete sich seit etwa 1300 das Wort *zidunge* = Nachricht, Botschaft. Bis ins 19. Jahrhundert wurde „Zeitung" in der Bedeutung von „Nachricht von einer Begebenheit" gebraucht.

PAMPHLET, eine politische Schmähschrift, Streitschrift, verunglimpfende Flugschrift.

ckende Korrespondenz zwischen zwei Briefpartnern. Sie können politischen Inhalt haben, wie etwa **DEPESCHEN** oder diplomatische **NOTEN**, geschäftliche Mitteilungen enthalten, wie der Geschäftsbrief eines Unternehmens, oder als Privatbrief persönlichen Inhalt und Charakter aufweisen. Offizielle, behördliche sowie geschäftliche Korrespondenz findet sich häufig in Akten. Dort können sie in einen Sachzusammenhang eingebettet oder als Korrespondenzakte gesondert geführt werden. Privatkorrespondenz hingegen wird bei den persönlichen Schriften verwahrt und findet sich dementsprechend in Nachlässen.

> **DEPESCHE**, von frz. *la dépêche* = Eilnachricht, Telegramm.
>
> **NOTE**, von lat. *notare* = feststellen, auf etwas hinweisen; diplomatisches Schriftstück.

Der Charakter des **Briefes als Gesprächsersatz** hat dazu geführt, dass die Häufigkeit von Briefen mit der Einführung des Telefons erheblich zurückgegangen ist, seit es nämlich möglich ist, auch über größere Distanz Gespräche zu führen. Die Nähe des Briefes zum Gespräch bedingt zugleich, dass Briefe stärker persönlich geprägt sind als andere Schriftstücke. Sie lassen die Persönlichkeit des Adressaten aufscheinen durch Formulierungen, Wendungen und zum Teil die Handschrift. Den Brief durchweg als private Quelle zu bezeichnen, wie es in der Literatur zum Teil geschieht, ist jedoch unzutreffend und irreführend.

Privatbriefe sind für den Historiker allerdings von hohem Quellenwert. Hier ist ein Einblick möglich nicht allein in die private Welt, den Alltag, die Gedanken und Gefühle des Briefschreibers. Briefwechsel etwa zwischen Gelehrten oder Literaten ermöglichen einen vertieften Einblick in deren Gedankenwelt, das Entstehen und die Entwicklung wissenschaftlicher oder literarischer Werke. Für Politiker etwa hofft der Historiker darauf, offizielle Stellungnahmen, Schriften oder Entscheidungen durch Äußerungen zu ergänzen, die Aufschluss über Motive, Intentionen und Ziele des Briefschreibers geben. Dabei ist natürlich das Verhältnis der Korrespondenzpartner zu berücksichtigen. Denn man schreibt anders an einen Jugendfreund als an einen Kabinettskollegen, an den Gleichgesinnten oder Parteigenossen anders als an den politischen Gegner. Dies sind jeweils Aspekte, die die Quellenkritik zu berücksichtigen hat (→ Kap. 3.5).

Briefe sind bei aller Vielfalt durch gewisse **formale Gemeinsamkeiten** gekennzeichnet. Diese formalen Gemeinsamkeiten ergeben sich aus den Konventionen des Zusammenhangs und der jeweiligen Zeit. Folgende formale Elemente finden sich üblicherweise in einem Brief:

Abb. 20

Leopold von Ranke nahm mit diesem Schreiben vom 25. März 1825 seinen Ruf an die Berliner Universität an. Er war gerichtet an das „hohe Minsterium" und wurde seit dem 27. März 1825 vom Geheimen Oberregierungsrat im Kultusministerium, Johannes Schulze, bearbeitet.

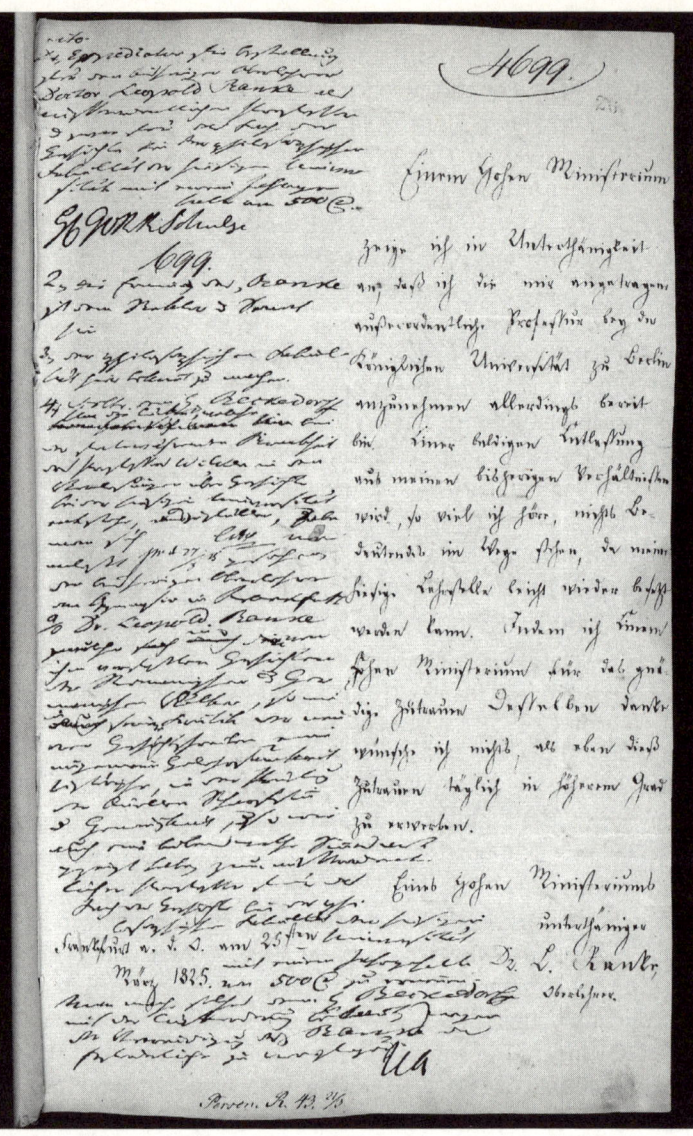

- der Name bzw. die genaue Bezeichnung des Empfängers, des Adressaten, und
- der Name bzw. die genaue Bezeichnung des Absenders. Bei Privatbriefen ist dies zum Teil auf dem Umschlag oder Kuvert vermerkt und auf dem Brief selbst nicht wiederholt. Bei Geschäfts-

briefen sind alle diese Informationen schon aus Gründen der leichteren Aktenführung auf dem Brief selbst vermerkt.
- Ort und Datum der Ausfertigung des Briefes,
- Geschäftsbriefe enthalten teilweise eine Angabe des Betreffs, also des Sachzusammenhanges oder des Vorganges, auf den sich das Schreiben bezieht,
- eine Anrede,
- eine Grußformel,
- die Unterschrift.

Anrede und Grußformel folgen in der Regel festen Konventionen, die manchmal Hinweise auf das Verhältnis der Korrespondenzpartner ermöglichen. So lautet die Anrede eines Rangniederen an einen Ranghöheren im 19. Jahrhundert noch anders als umgekehrt, in Privatbriefen sind die Anrede- und Grußformeln anders als in offiziellen Briefen. Das gilt selbst heute. Offizielle Schreiben und Geschäftsbriefe etwa beginnen mit der Anrede „Sehr geehrte(r)" und enden „mit freundlichen Grüßen", selbst wenn das Finanzamt von Ihnen eine Steuernachzahlung fordert oder die Bank Ihnen den Dispokredit kündigt. Sie würden nicht annehmen, dass der Absender Sie tatsächlich besonders ehrt oder gar Ihnen tatsächlich besondere Grüße übermittelt. In einem Privatbrief würden sie hingegen Ihre Schwester mit „liebe Anna" anreden auch dann, wenn Sie etwa seit Kindertagen im Streit lägen und sich durchaus nicht tatsächlich lieben.

Selbstzeugnisse | 3.3.5

Selbstzeugnisse oder **Ego-Dokumente** sind solche Quellen, in denen Autoren über sich selbst schreiben. Sie berichten von Erlebnissen und Ereignissen, reflektieren ihre Gedanken und Gefühle.

Tagebücher sind diejenigen Ego-Dokumente, an die man zuerst denkt – zu Recht. In ihnen notiert der Autor seine Erlebnisse, Beobachtungen, Gedanken oder Empfindungen möglichst unmittelbar. Diese Nähe der Schilderung zum Erlebten, der noch frische Eindruck macht den besonderen Wert von Tagebüchern aus. Im Idealfall wird es täglich geführt, daher der Name, doch häufig erfolgen Einträge auch im Abstand einiger Tage, oder sie weisen sogar längere Lücken auf. Veröffentlichte Tagebücher können nachträglich überarbeitet worden sein. Auch sonst können sich Tagebücher in vielerlei Hinsicht unterscheiden. Für den Historiker ist es wichtig zu wissen, mit welchem Ziel der Autor das Tagebuch geführt hat: Allein für sich, als Grundlage für später zu veröffentlichende Memoiren oder als Ideen- und Materialsammlung für andere, wissenschaftliche oder literarische Veröffentlichungen? Tagebücher können auch als Quelle der Alltagsgeschichte interessant sein, können das, was wir über das Leben der Menschen vergangener Zeiten im Allgemeinen wissen, konkret und anschaulich machen. Das gilt für die Tagebücher berühmter Persönlichkeiten ebenso wie für unbekannte, „einfache" Menschen. Waren sie Zeugen bedeutender historischer Ereignisse, von Feldzügen etwa oder Revolutionen, so können ihre Berichte der Geschichte eine Perspektive gewissermaßen „von unten" und eine persönliche Note hinzufügen, können abstrakte Vorgänge dadurch anschaulich machen.

> **MEMOIREN**, von frz. *mémoire* = Erinnerung; Gedächtnis; zeitgeschichtlich interessante (Lebens-)erinnerungen.

Als **MEMOIREN** bezeichnet man die Erinnerungen von bedeutenden Persönlichkeiten, häufig Politikern, die nach dem Ende ihrer aktiven Laufbahn rückblickend Bilanz ziehen, Motive und Ziele des eigenen Handelns offenlegen oder erläutern. Sie können auf Tagebuchaufzeichnungen gestützt sein, doch ist die Form der einzelnen Eintragungen in der Regel zugunsten einer zusammenhängenden Darstellung aufgegeben. Hier ist bereits eine Auswahl getroffen, nicht alles wird Tag für Tag berichtet, stattdessen wird das Wichtige, Erinnernswerte festgehalten. Aus diesem Grund heißen sie manchmal „Denkwürdigkeiten". Das bedeutet zugleich, dass diese Quellenart nicht nur Fakten mitteilt, sondern auswählt, gewichtet, interpretiert und reflektiert. Beachten muss man, dass diese Reflexionen vom Zeitpunkt der Niederschrift der Memoiren stammen, nicht (unbedingt) aus der Zeit der Ereignisse, die geschildert werden. Das kann den Vorteil eines abgewogeneren Urteils bedeuten, es kann aber auch zur Folge haben, dass nicht die tatsächlichen Motive und Ziele des geschilderten Handelns angegeben werden, sondern stärker die Intentionen deutlich werden, die der Autor zu dem Zeitpunkt hatte, als er die Memoiren schrieb. Dabei kann es sich um Rache an einstigen Weggefährten oder Gegnern ebenso handeln wie darum, das eigene Handeln nachträglich zu rechtfertigen, um das Urteil der zum Zeitpunkt der Veröffentlichung lebenden Zeitgenossen oder der Nachwelt positiv zu beeinflussen. Memoiren können auch dazu dienen, etwaige Nachfolger oder Erben zu belehren, ihnen die eigene Erfahrung als Auftrag mitzuteilen. Sie sind damit klassische Traditionsquellen. Memoiren beziehen sich in der Regel auf den öffentlichen, politischen oder beruflichen Teil des Lebens. Über Kindheit und Jugend geben sie nicht immer Auskunft, auch das Privatleben nimmt keinen oder einen geringen Rang ein. Es soll ja nicht um die eigene Person gehen, sondern um die Erinnerung an bedeutende Ereignisse, die der Autor miterlebt oder sogar mitgestaltet hat.

Liegt der Schwerpunkt bei Memoiren auf der Darstellung der öffentlichen bzw. beruflichen Tätigkeit (meist ist es eine politische Tätigkeit), stehen bei **AUTOBIOGRAPHIEN** die Person selbst und ihr Lebensweg im Mittelpunkt. Hier geht es häufig gerade darum, den Privatmenschen hinter einer öffentlichen Person sichtbar werden zu lassen. Politiker, Unternehmer oder Künstler treten mit Autobiographien hervor, wenn vor allem ihr Schicksal mehr als ihr Handeln ein Publikum interessiert. Die Autobiographie hat der Beschriebene selbst verfasst, sie ist deshalb in der Regel in Ich-Form geschrieben. Eine Biographie stellt demgegenüber das Leben aus der Feder und Perspektive eines Außenstehenden dar und ist dementsprechend in der dritten Person geschrieben.

AUTOBIOGRAPHIE, von griech. *autós* = selbst, *bios* = Leben, *graphein* = schreiben; die Schilderung des eigenen Lebens.

Zu den Selbstzeugnissen gehören auch **Reiseberichte**. Autobiographien enthalten häufig ausführliche Beschreibungen aller unternommenen Reisen. Sie können in Tagebuchform während der Reise oder als nachträglicher Bericht verfasst sein, für die persönliche Erinnerung geschrieben und unveröffentlicht sein oder veröffentlicht. Sie können politische, wirtschaftliche, soziale oder kulturelle Beobachtungen im bereisten Land in den Mittelpunkt stellen oder die Beschreibung von Landschaft und Kultur zum Zentrum haben, wenn die Reise der Persönlichkeitsformung, der „Bildung", dem Sammeln von Eindrücken diente.

Natürlich gibt es hier Mischformen. Ein berühmtes Beispiel ist Johann Wolfgang von Goethes „Italienische Reise". Der Reisebericht über Goethes Reise von Karlsbad nach und durch Italien, die er in den Jahren 1786 bis 1788 unternommen hat, kommt in der Form eines Tagebuches daher. Die Eintragungen sind mit Ort und Datum versehen, nicht immer täglich, doch im Abstand weniger Tage erfolgt. Und doch ist die „Italienische Reise", die wir lesen, in erster Linie Literatur. Zunächst deshalb, weil Goethe seine Aufzeichnungen gründlich überarbeitet und redigiert hat, bevor sie dreißig Jahre später veröffentlicht wurden, nämlich 1816 und 1817 die beiden ersten Bände, der dritte sogar erst 1829. Zudem sind es nur bedingt Reiseberichte, denn Goethes Gegenstand ist weniger Italien als vielmehr er selbst. Er schildert weniger die Landschaft, Kultur und Geschichte Italiens an sich, sondern die Wirkung, die diese auf ihn hatten, die Veränderung, die sie in ihm bewirkten. Genau darin wurden sie dann Vorbild für viele seiner Leser. Das gebildete Bürgertum reiste auf Goethes Spuren und in der Nachempfindung seiner Gefühle. Das konnte es aber natürlich erst nach der Veröffentlichung, also dreißig Jahre später. Die „Italienische Reise" ist ein **Reisebericht in Tagebuchform**, von einem Schriftsteller lange Zeit nach der Reise literarisiert. Als Quelle würde man es wohl weniger dann zu Rate ziehen, wenn man sich über Italien im 18. Jahrhundert informieren will, sondern wenn man sich für Goethes Persönlichkeitsentwicklung interessiert oder für die Bildungsreise im 18. und 19. Jahrhundert.

3.3.6 Bilder

Bilder bieten einen unmittelbaren Zugang zum Geschehen, sie scheinen leichter zugänglich, unmittelbarer in ihrer Aussage als Worte und Texte. Sie wurden von der Geschichtswissenschaft – wenn überhaupt – lange Zeit fast ausschließlich zur Illustration eingesetzt, um die Erkenntnisse anschaulich zu machen, die man aus anderen, schriftlichen Quellen gewonnen hatte. Das ist mittlerweile anders. Bilder haben ihren Platz als eigenständige Quellengattung eingenommen. In ihr gibt es eine Reihe von Untergruppierungen, die jeweils anders zu behandeln sind und andere Erkenntnisse liefern können, also einen anderen Quellenwert haben. Die Gruppe der Bilder hat sich seit dem 19. Jahrhundert durch technische Innovationen verändert und erweitert. Zu den traditionellen Gruppen Malerei, Druckgrafik (wie Kupferstich und Holzschnitt) und Karikatur traten Fotografie und später der Film hinzu.

Ölgemälde von historischen Ereignissen oder von Schlachten sind niemals absichtslose Relikte, niemals Überrest, sondern eine Traditionsquelle *par excellence*. Das heißt: Sie sind nicht im Moment des Geschehens entstanden. Ein Ölgemälde ist Wochen, manchmal sogar Monate oder Jahre nach dem dargestellten Ereignis gemalt worden, in der Regel nicht am Ort der dargestellten Handlung, sondern im Atelier. Wenn es auch auf Zeichnungen und Skizzen beruhen mag, die im Moment des Geschehens angefertigt wurden, so ist es doch eine bewusste Komposition, die stets eine bestimmte Aussage transportiert. Als Urheber dieser Bildaussage ist neben dem Maler selbst auch der Auftraggeber des Gemäldes zu berücksichti-

▶ Anton von Werner, der Hofmaler der Hohenzollern, wurde am Morgen des 9. März 1888 in den Palast gerufen, um den kurz zuvor verstorbenen Kaiser Wilhelm I. auf dem Totenbett zu zeichnen. Auf der Grundlage dieser Zeichnung komponierte Werner zehn Jahre später ein Gemälde, das den Moment des Sterbens zeigt – den er ja genau genommen nicht erlebt hatte. Das Gemälde zeigt rechts neben dem Bett den Leib- und Generalarzt Dr. von Lauer, der auf die Uhr blickt, um den genauen Zeitpunkt des Todes festzuhalten. Am Fußende stehen ergriffen Moltke und Bismarck, die politischen und militärischen Wegbegleiter des Verstorbenen, und der Großherzog von Baden mit seiner Gemahlin und seiner Tochter. Der Thronfolger, der Wilhelm I. nun als Friedrich III. nachfolgte, hielt sich zur Kur in Italien auf. Er wird zwar nicht selbst abgebildet, aber doch indirekt mit einbezogen, indem Werner den Großherzog von Baden so malt, dass eine gewisse Porträtähnlichkeit zu Friedrich III. entsteht. Doch der Thronfolger war zu diesem Zeitpunkt bereits an Kehlkopfkrebs erkrankt und hatte nur noch wenige Monate zu leben. Für die politische Aussage des Bildes war er deshalb weniger wichtig als sein Sohn, der spätere Wilhelm II. Dieser wird dann auch herausgestellt, wie er sich über den Sterbenden beugt, um seine letzten Worte, im übertragenen Sinne sein politisches Testament, zu vernehmen. Das Gemälde legt den Akzent auf die nur 88 Tage nach dem Tod Wilhelms I. erfolgende Nachfolge Wilhelms II., indem es gleichsam eine Herrschaftsübergabe vom Großvater an den Enkel zeigt. Das Gemälde ist für den Historiker also eine Quelle für diese politische Aussage und nicht für die tatsächlichen Ereignisse während des Sterbens von Wilhelm I.

Info

Wilhelm der I. auf dem Sterbebett

| Abb. 21

Kaiser Wilhelm I. auf dem Totenbett. Unten rechts ist handschriftlich vermerkt: „Gez. v. A. Werner im Kgl. Palais 9. März 1888 früh 9 Uhr eine halbe Stunde nach dem Hinscheiden Sr. Majestät des Kaisers Wilhelm".

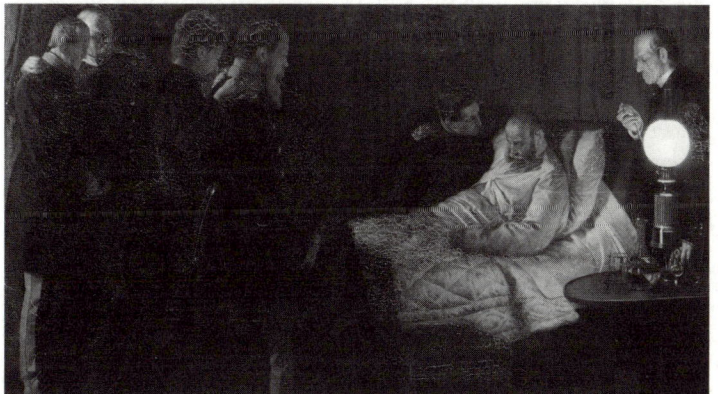

| Abb. 22

Anton von Werner: Kaiser Wilhelm I. auf dem Sterbebett. Ölgemälde, 189,5 cm × 284 cm, 1898. Niedersächsisches Landesmuseum Hannover.

gen. Das bedeutet, dass sich nicht unbedingt alles so zugetragen haben muss, wie es auf dem Bild dargestellt ist, dass der Maler aus inhaltlichen oder ästhetischen Gründen Details verändert haben kann. Diese Abweichungen von dem tatsächlichen Verlauf der Ereignisse sind meist besonders interessant, denn sie bezeugen häufig besonders augenfällig, welche Aussage mit dem Bild transportiert werden sollte. Ölgemälde waren wertvolle Unikate, die sich im 19. Jahrhundert aus technischen Gründen nicht leicht vervielfältigen und damit einem breiten Publikum zugänglich machen ließen. Für große Auflagen und damit eben für das Publikum wurden **Drucke** angefertigt, zum Teil wurden auch Gemälde in einen Kupfer- oder Stahlstich übertragen.

Als besondere Untergruppe der Druckgraphik sind **KARIKATUREN** zu behandeln. Hier steht ganz offenkundig nicht die Abbildung im Vordergrund, sondern die Interpretation und der Kommentar, die durch bewusste Verzerrung, Überzeichnung, Schaffung einer fiktiven oder komischen Situation entstehen.

KARIKATUR, von ital. *caricatura* = Überladung; eine übertriebene, komisch verzerrte Darstellung charakteristischer Eigenschaften von Personen oder Sachen.

Während es bei Ölgemälden unmittelbar einleuchtet, dass sie eine Interpretation beinhalten, wirken **Fotografien,** als seien sie ein authentisches Abbild einer Situation. „Schnappschüsse" waren jedoch im 19. Jahrhundert aufgrund der technischen Entwicklung noch kaum möglich. Eine Fotokamera war groß, schwer und unhandlich, die Belichtungszeit war lang, so dass Fotografien meist eben doch bewusst inszenierte Bilder darstellen. Gruppen stellten sich auf und mussten eine gewisse Zeit stillstehen, damit das Foto gelingen konnte. Auch nachträglich konnte man Fotos noch verändern, retuschieren und auch fälschen, selbst wenn es technisch schwieriger war als heute mit Hilfe der digitalen Bearbeitungsmöglichkeiten.

Fotos scheinen zwar unmittelbar zum Betrachter zu sprechen, doch häufig sind sie durchaus sehr erklärungsbedürftig. Das kann die Frage der abgebildeten Personen betreffen, den Zeitpunkt und Anlass der Aufnahme, ebenso den Ort. Oft ist die genaue Kenntnis der Umstände eines Bildes notwendig, um es angemessen interpretieren zu können.

Neben den bisher genannten Bildquellen, die zum Teil künstlerischer Natur sind, existieren auch profanere Bildquellen, die im Zusammenhang von Verwaltungshandeln entstanden sind. **Landkarten** etwa, die Katasterbehörden erstellt haben, technische oder **Architekturzeichnungen** oder **Stadtansichten.**

▶ Einer der berühmtesten **Fälschungen**, wohl auch, weil sie technisch gelungen war, hat der sowjetische Diktator Stalin veranlasst. Auf einem Foto vom 5. Mai 1920 sieht man Lenin, der von einem Holzpodest herab eine Rede hält zu Einheiten der Roten Armee auf dem Swerdlow-Platz in Moskau. Das Foto wurde in hohen Auflagen gedruckt und auch als Postkarte verbreitet. Es wurde eine Ikone der siegreichen Revolution. Das Bild zeigt außer dem Redner Lenin seine Weggefährten Trotzki und Kamenew, die auf den Stufen der Rednertribüne stehen. 1927 schloss die kommunistische Partei Trotzki aus, zwei Jahre später wurde er des Landes verwiesen und 1940 sogar durch einen Agenten umgebracht. Stalin wollte auch die Erinnerung an Trotzki auslöschen und ließ ihn und Kamenew deshalb aus dem berühmten Foto vom Mai 1920 herausretuschieren.

Info

Ein Foto – zwei Versionen

Abb. 23

Lenin spricht auf dem Swerdlow-Platz in Moskau zu Rotarmisten vor deren Abmarsch an die Bürgerkriegsfront, 5. Mai 1920. Rechts auf der Treppe zur Tribüne stehen Trotzki und Kamenew.

Abb. 24

Lenin spricht auf dem Swerdlow-Platz in Moskau zu Rotarmisten vor deren Abmarsch an die Bürgerkriegsfront, 5. Mai 1920. Auf dieser Fassung des Fotos wurden Trotzki und Kamenew auf Befehl Stalins herausretuschiert.

Info

Der alte Kanzler und der junge Kaiser

▶ Dieses Bild des Reichskanzlers Otto von Bismarck und Kaiser Wilhelms II. wird erst interpretierbar, wenn man den Ort und das Datum der Aufnahme kennt. Sie wurde in Friedrichsruh gemacht, dem Gut in der Nähe von Hamburg, das Bismarck als Wohnsitz diente. Datum der Aufnahme ist der 30. Oktober 1888. Es handelte sich bei der Begegnung gewissermaßen um den „Antrittsbesuch" des jungen Kaisers beim Reichskanzler. Erst kurz zuvor, am 15. Juni des Jahres, hatte Wilhelm mit gerade 29 Jahren den Thron bestiegen, denn sein Vater Friedrich III. war nach nur 88 Tagen auf dem Thron an Kehlkopfkrebs gestorben. Bismarck hingegen füllte das Amt des Reichskanzlers seit 1871 aus und amtierte noch viel länger, nämlich seit 1862, als preußischer Ministerpräsident. Natürlich handelt es sich bei dem Bild nicht um einen zufälligen Schnappschuss im Garten. Auch hier sollte es eine politische Botschaft transportieren. Die Tatsache, dass der Kaiser Bismarck aufsuchte statt ihn zu empfangen, zudem der harmonische Verlauf dieser Begegnung sollten nach außen hin dokumentieren, dass der junge Monarch sich ebenso wie sein Großvater Wilhelm I. auf Bismarck zu stützen gedenke, sie waren ein Signal der Kontinuität und ein Vertrauensbeweis.

Neben dieser gleichsam offiziellen Bildaussage, enthält diese Fotografie weitere Informationen. Und diese Informationen sind wiederum nur bei einem Foto mög-

Abb. 25

Wilhelm II. besucht Otto von Bismarck in Friedrichsruh am 30. Oktober 1888, Foto.

lich: Die Körpersprache der Abgebildeten erlaubt Interpretationen, die diese angestrebte Lesart unterlaufen. Der betagte Reichskanzler scheint ein wenig von oben herab auf den 29jährigen Wilhelm II. zu blicken, seine Körperhaltung drückt die Distanz aus, die zwischen dem bereits legendären „Reichsgründer" und dem jungen Monarchen bestand. Dieser nimmt die Pose des überlegenen Schülers ein: Er steht auf einem Bein, das rechte Bein angewinkelt, das strahlt Lässigkeit und zugleich Dynamik aus, während der gleichmäßig auf beiden Beinen stehende Bismarck ruhiger, aber auch schwerfälliger wirkt. Wilhelm II. unterstreicht das Dynamische seiner Haltung, indem er den Oberkörper leicht nach vorn beugt und den Blick selbstbewusst, fast herausfordernd geradeaus richtet. Die auf dem Bild sichtbare Körpersprache stützt damit das, was wir über das Verhältnis des alten und erfahrenen Kanzlers zu dem fast fünfzig Jahre jüngeren Monarchen wissen. Der sich überlegen fühlende Bismarck wollte auch weiterhin die Macht ungeschmälert in Händen halten und fühlte sich dazu nach dem Thronwechsel sogar in besonderer Weise berufen, denn er sah die Schwächen des forschen, sich selbst oft überschätzenden und zugleich unsteten Monarchen. Er beobachtete das auftrumpfende Gebaren des „jungen tatenlustigen Herrn", als den er Wilhelm noch in seiner Kronprinzenzeit einmal bezeichnet hatte, nicht ohne Sorge. Für diesen jedoch war Bewunderung Bismarcks durchaus nicht gleichbedeutend mit der Bereitschaft, sich dauerhaft dem „Eisernen Kanzler" unterzuordnen. Bereits zu diesem Zeitpunkt hatte er die Idee, in nicht allzu ferner Zukunft die Regierung selbst in die Hand zu nehmen. Tatsächlich sollten noch anderthalb Jahre bis zur tatsächlichen Entlassung Bismarcks vergehen, doch die Grundlinien des Konfliktes zwischen beiden werden auf diesem Bild vom 30. Oktober 1888 sichtbar. Der Kaiser setzt seine Jugend, seine Dynamik und seinen Tatendrang dem sicheren, erfahrenen, aber eben auch alten und unbeweglicheren Kanzler entgegen.

Info

Der alte Kanzler und der junge Kaiser

Statistische Quellen

3.3.7

Zur Beschreibung und Untersuchung **großer Mengen** braucht man Zahlen. Bei der Beschäftigung mit Staaten, Gesellschaften und sozialen Gruppen sowie der Wirtschaft kommt man ohne Zahlen nicht aus. Sind sie nach den wissenschaftlichen Methoden der Statistik erhoben und aufbereitet worden, nennt man sie Statistiken. Sie erscheinen in Form von Prozentangaben, Zahlenreihen, Tabellen, Diagrammen, Grafiken, Schaubildern u. ä. Da sie ständig in den Zeitungen und den Nachrichtensendungen vorkommen, ist der Umgang mit Statistiken inzwischen fast zu einer Selbstverständlichkeit geworden.

Mit Zahlenreihen oder Statistiken kann man das Wahlverhalten, Geburts- und Sterbeziffern, das Heiratsalter etc. über gewisse Zeiträume verfolgen, um dann etwa Trends oder Beziehungen zu Strukturen oder Ereignissen herzustellen. Auch zur Beschreibung von Wirtschaft – und damit auch von Wirtschaftsgeschichte – sind Statistiken unverzichtbar. Sie geben das Wirtschaftswachstum an, die Zahl der Arbeitslosen sowie die der Beschäftigen, Produktionszahlen oder die Höhe der Staatsverschuldung. Weiter gibt es Indizes wie das Bruttoinlandprodukt oder die Inflationsrate, die aus zuvor erhobenen Daten mit statistischen Methoden berechnet werden.

Statistiken beschreiben große Gruppen, für den **Einzelfall** sind sie nur bedingt aussagefähig. Vier Prozent der Akademiker sind arbeitslos gegenüber 22 Prozent derjenigen, die keinen Beruf gelernt haben. Das mag Sie ermutigen, doch es ist natürlich trotzdem keine Jobgarantie. Umgekehrt spielen tausende Menschen Lotto und man hört auch immer wieder davon, dass jemand sechs Richtige hatte, obwohl die Chancen hierfür bei etwa 1 zu 14 Millionen liegen.

Vorsicht ist auch bei Durchschnittszahlen geboten. Nehmen wir die Lebenserwartung: 1871 lag sie bei 35,6 Jahren für männliche Neugeborene und 38,5 für weibliche. Das heißt nun nicht, dass man zur Zeit der Reichsgründung mit 40 schon eine Methusalem war. Wer das Erwachsenenalter erreichte, konnte auch damals sechzig Jahre alt oder älter werden. Die niedrigen Durchschnittszahlen entstehen zum Teil dadurch, dass die Kinder- und Säuglingssterblichkeit hoch war, dass also viele Babys nicht einmal den ersten Geburtstag erlebten.

Statistiken wirken sachlich und nüchtern, sogar objektiv mit ihren Zahlen, Zahlenreihen oder ihren Säulendiagrammen. Doch tatsächlich sind sie keineswegs objektiver als andere Quellen, als Texte oder Bilder. Statistiken sind gemacht, es sind genauso wie Texte produzierte Quellen, sie sind von bestimmten Personen oder Institutionen hergestellt mit ganz bestimmten Fragestellungen und Zielen. Die **Scheingenauigkeit von Zahlen** flößt allerdings zunächst einmal Respekt ein. So finden wir in der amtlichen Statistik eine Tabelle der Sterbefälle mit Angabe der Todesursache (→ Abb. 25). Bis

Definition

▶ Statistik ist der „Inbegriff theoretisch fundierter, empirischer, objektivierter Daten" (G. Menges), die mit bestimmten Messverfahren aus der Realität gewonnen werden.

1900 tauchen hierin viele der heute häufigsten Todesursachen gar nicht auf: weder Krebs, noch Herzinfarkt oder Schlaganfall. Die mit Abstand am häufigsten genannte Todesursache ist Tuberkulose. 122 152 Tuberkuloseopfer werden für das Jahr 1892 gemeldet, von 1 143 411 Gestorbenen insgesamt. Das klingt exakt und objektiv. Allerdings wird nur für ein knappes Drittel der Gestorbenen überhaupt eine Todesursache angegeben. Von 806 900 Menschen wissen wir die Todesursache nicht. Es wäre also möglich, dass – anders als die Tabelle nahelegt – Tuberkulose nicht die häufigste Todesursache war, sondern eine andere Krankheit, nach der aber nicht gefragt wurde. Zudem wissen wir heute nicht, ob damals die Todesursache immer richtig festgestellt wurde, denn häufig war kein Arzt zugegen. Es können also durchaus ein paar Menschen mehr oder weniger an Tuberkulose gestorben sein als die genannten 122 152. Ist die Tabelle damit wertlos? Zumindest können wir diesen Zahlen nicht genau entnehmen, woran die genannten 1 143 411 Toten von 1892 tatsächlich gestorben sind. Wir sehen aber durchaus, dass es im Kaiserreich viele Opfer der Tuberkulose gab, der damals sogenannten Schwindsucht. Und dann stellen wir ernüchtert fest, dass wir das auch ohne die Tabelle schon wussten, denn in der Kunst und der Literatur dieser Zeit ist die Schwindsucht ein häufiges Thema. Was die Tabelle auch zeigt, ist ein kontinuierliches Zurückgehen der Tuberkulose in den folgenden Jahrzehnten.

Häufig liegt die Tücke einer Statistik weniger in den Zahlen selbst als in den **Bezugsgrößen**, die diesen Berechnungen zugrundeliegen. So meldete die Bundesregierung in ihrem Armutsbericht 2005, dass 13,5 Prozent der Bevölkerung arm seien. Die zentrale Frage, um diese Zahl interpretieren zu können, lautet: Wie wird in diesem Bericht Armut definiert? Als arm gilt hier, wer über weniger als 60 Prozent des Durchschnittseinkommens verfügt, also 2005 weniger als 938 Euro im Monat hatte. Statt 60 Prozent könnte man ja theoretisch auch 50 oder 40 Prozent als Armutsgrenze wählen. Die Ergebnisse sähen dann natürlich entsprechend anders aus. Wie auch immer man die Grenze festsetzt, es handelt sich hierbei um einen relativen Armutsbegriff, der Armut als soziale Kategorie auffasst. Ein anderer Armutsbegriff ist der sogenannte absolute Armutsbegriff, der das Existenzminimum zugrundelegt. Gemeint ist der Betrag, den man zum Überleben braucht, für Nahrung, Kleidung, Wohnung, Gesundheitspflege etc. Die Weltbank beispielsweise legt die-

Abb. 26 | Sterbefälle nach ausgewählten Todesarten in Deutschland. In: Bevölkerung und Wirtschaft 1872 – 1972. Herausgegeben anläßlich des 100 jährigen Bestehens der zentralen amtlichen Statistik vom Statistischen Bundesamt, Stuttgart/Mainz 1972, S. 120.

III. Gesundheitswesen
2. Sterbefälle nach ausgewählten Todesursachen
a) Grundzahlen
Insgesamt

Jahr	Gestorbene insgesamt	Darunter Gestorbene an nachstehenden Todesursachen							
		Tuberkulose	Krankheiten des Kreislaufsystems³)		Lungenentzündung	Krankheiten der Verdauungsorgane	Müttersterbefälle	Altersschwäche	Selbstmord	Unfälle einschl. Vergiftungen
			Bösartige Neubildungen	dar. Hirngefäßkrankheiten³) insgesamt						

Reichsgebiet

1892	1 143 411	122 152	.	.	69 846	.	7 350	109 658	9 681	17 824
1893	1 177 213	124 075	.	.	77 514	.	8 839	114 243	9 864	17 750
1894	1 088 623	123 904	.	.	63 618	.	7 223	100 226	10 316	18 176
1895	1 101 971	123 159	.	.	60 602	.	6 505	105 071	9 791	18 570
1896	1 062 082	119 111	.	.	67 558	.	6 513	100 038	10 365	19 677
1897	1 109 383	120 324	.	.	65 934	.	6 167	110 016	10 563	20 289
1898	1 087 662	113 561	.	.	67 490	.	6 270	107 260	10 459	20 450
1899	1 152 057	117 419	.	.	76 764	.	6 669	116 100	10 303	21 504
1900	1 201 579	122 048	.	.	76 497	.	6 455	120 246	10 936	22 326
1901	1 148 572	117 596	.	.	73 373	.	6 668	111 914	11 496	22 217
1902	1 098 525	116 316	.	.	78 310	.	6 663	114 759	11 959	21 017
1903	1 153 791	119 439	.	.	77 196	.	6 843	115 199	12 516	21 586
1904	1 147 139	118 946	.	.	77 601	.	7 152	111 955	12 229	22 282
1905	1 177 843	121 992	43 334	122 701	38 170	89 317	182 455	6 802	114 848	12 625	23 077
1906	1 099 771	113 432	44 213	122 021	36 992	82 794	165 049	6 316	104 492	12 348	23 087
1907	1 104 647	112 690	45 750	130 935	38 373	88 924	146 576	6 326	112 926	12 674	23 757
1908	1 121 913	110 602	46 727	135 952	39 386	89 532	153 019	6 576	110 657	13 640	24 234
1909	1 081 440	105 910	47 924	137 283	39 170	89 290	142 171	6 595	106 617	14 091	22 425
1910	1 033 229	104 322	50 419	137 121	38 426	81 076	130 880	6 243	104 044	13 847	22 978
1911	1 117 292	103 470	51 850	143 785	39 832	85 908	187 602	6 584	108 181	14 064	25 832
1912	1 016 500	100 302	52 855	147 784	40 387	85 579	111 103	6 510	109 194	14 645	25 365
1913	992 645	94 927	54 253	146 657	40 244	75 550	119 462	6 314	101 748	15 396	25 247
1914	1 241 103	92 916	52 205	150 032	40 333	74 195	134 160	6 373	107 770	14 376	
1915	1 399 087	96 661	50 368	148 191	40 635	80 366	98 591	5 332	114 534	11 294	
1916	1 253 511	105 258	51 535	145 337	38 790	83 763	77 209	4 477	124 596	11 849	
1917	1 317 441	133 227	51 071	163 227	41 131	95 567	91 409	4 120	150 214	10 819	
1918	1 584 509	147 740	51 872	154 062	37 322	157 809	65 894	4 545	140 899	10 247	
1919	966 974	131 264	52 414	142 102	36 355	83 385	63 279	6 455	120 698	11 501	34 768
1920	909 420	92 902	52 325	135 688	34 696	76 488	76 342	7 865	98 736	13 143	28 513
1921	857 843	83 783	55 056	139 081	35 826	72 206	85 116	7 690	93 990	12 729	26 885
1922	878 294	86 713	57 502	149 805	39 295	77 886	66 569	7 054	103 404	13 317	24 353
1923	856 004	93 074	58 291	145 813	36 214	67 112	70 294	6 745	100 474	13 149	24 447
1924	759 075	74 484	60 664	149 731	40 329	55 863	58 372	6 711	87 740	14 338	22 759
1925	744 691	66 505	63 564	151 030	41 061	58 283	58 402	6 414	79 726	15 273	23 601
1926	734 359	61 408	66 255	151 397	39 388	55 548	56 980	6 041	80 904	16 480	23 384
1927	757 020	59 037	68 945	160 662	40 803	60 414	52 703	6 081	81 499	15 974	24 943
1928	739 520	55 672	72 329	167 881	41 416	59 438	52 659	6 532	75 341	16 036	26 403
1929	805 962	55 544	74 641	178 995	42 723	69 986	55 776	6 347	80 704	16 665	27 679
1930	710 850	50 646	76 767	167 639	40 608	52 305	50 443	6 050	66 327	17 880	25 720
1931	725 816	50 863	79 018	177 452	41 874	52 331	47 683	5 250	72 365	18 625	22 835
1932	699 620	48 688	87 131	164 816	57 552	45 735	46 508	5 165	71 633	18 934	22 512
1933	729 499	47 676	90 379	171 498	58 178	51 829	43 897	5 216	72 636	18 723	22 192
1934	716 957	47 179	92 907	172 261	57 750	50 201	46 877	5 916	65 417	18 801	24 870
1935	792 018	48 679	97 077	190 935	61 678	59 975	49 204	6 135	74 600	18 422	27 400
1936	795 793	47 507	98 693	197 776	64 722	59 368	50 032	6 074	71 542	19 288	28 916
1937	794 367	46 922	95 539	203 823	65 262	57 077	50 928	5 412	68 731	19 614	31 427
1938¹)	799 220	42 697	100 546	212 376	68 676	57 643	52 431	4 934	67 799	19 415	33 219

Bundesgebiet

1949²)	550 049	25 345	85 473	159 439	57 850	29 387	32 344	1 929	43 492	10 383	26 021
1950²)	519 634	19 934	85 325	171 618	62 928	23 833	31 691	1 633	36 577	9 943	21 413
1951²)	534 482	18 926	88 208	183 656	67 705	24 518	30 844	1 430	34 716	9 498	24 305
1952²)	536 398	14 168	90 796	195 690	78 391	21 561	28 638	1 468	35 037	9 264	24 529
1953²)	567 785	11 313	91 302	205 700	81 866	26 098	29 397	1 312	34 860	9 555	27 261
1954²)	546 029	10 796	93 274	212 847	85 762	20 016	28 892	1 209	32 395	10 311	27 452
1955²)	571 650	10 792	95 765	224 969	89 927	21 153	29 819	1 257	33 164	10 335	29 637
1956	599 413	10 620	101 501	240 167	95 378	22 617	31 352	1 191	32 292	10 226	31 190
1957	615 016	10 340	103 033	244 686	96 197	24 183	33 381	1 136	29 483	10 136	30 798
1958	597 305	9 423	105 099	238 493	94 158	21 639	32 799	1 071	27 792	10 670	29 150
1959	605 504	9 216	108 686	243 158	95 845	20 345	34 328	1 034	28 562	10 639	30 866
1960	642 962	9 223	112 005	256 173	98 286	22 665	36 042	1 030	29 995	10 832	31 174
1961	627 561	8 200	114 012	259 531	99 209	17 235	36 519	989	28 439	10 928	32 419
1962	644 819	8 005	116 867	267 182	100 227	18 498	36 995	887	28 999	10 509	33 442
1963	673 069	8 239	120 751	273 688	102 676	22 432	37 821	873	27 156	11 141	33 425
1964	644 128	7 390	123 773	269 473	101 311	16 095	38 335	739	22 859	11 707	35 295
1965	677 628	7 574	127 310	288 897	107 716	16 261	40 448	724	23 646	11 779	35 044
1966	686 321	7 138	129 770	293 796	108 663	15 611	41 113	684	23 850	12 201	36 056
1967	687 349	6 424	129 935	297 485	104 869	14 970	41 529	593	21 088	12 743	36 931
1968	734 049	6 298	133 577	317 030	107 865	18 945	41 126	500	18 034	12 393	36 118
1969	744 359	5 850	134 084	328 916	108 958	18 527	41 055	480	14 178	12 705	36 378
1970	734 843	5 047	134 301	324 095	106 740	19 658	40 074	420	12 480	13 046	38 997
1971⁵)	730 672	4 363	136 893	333 433	108 577	16 013	40 071	393	11 742	12 756	38 416

Fußnoten siehe S. 123.

sen Armutsbegriff zugrunde, der für internationale Vergleiche am häufigsten verwendet wird. Danach gelten diejenigen als arm, die, übersetzt in die Kaufkraft vor Ort, über weniger als einen Dollar pro Tag verfügen. Mit einem solchen Armutsbegriff gäbe es in Deutschland eine verschwindend geringe Armut. Eine veränderte Bezugsgröße führt damit zu einem vollständig anderen Ergebnis.

Daten, Datensammlungen und damit Statistiken wurden in der Geschichte schon sehr früh erhoben – denken Sie etwa an die biblische Weihnachtsgeschichte, in der die Volkszählung des Kaisers Augustus vorkommt. Sie veranlasste den Zimmermann Josef aus Nazareth, mit seiner Verlobten Maria in seinen Geburtsort Bethlehem zu ziehen, wo dann Jesus geboren wurde. Die Ergebnisse dieser Volkszählung sind allerdings nicht überliefert. Der Beginn der amtlichen Statistik, die von staatlichen Ämtern erhoben wird – und auf deren Daten wir zugreifen können –, liegt erheblich später, im 19. Jahrhundert. Den Anfang machte Preußen, das 1805 das Königliche Statistische Bureau in Berlin gründete, aus dem später das Preußische Statistische Landesamt hervorging, Bayern folgte relativ bald, die anderen Staaten richteten erst seit den 1850er Jahren Statistische Ämter ein. Nach der Reichsgründung wurde dann 1872 mit dem Statistischen Reichsamt auch eine nationale Institution eingerichtet, die bis 1945 bestand. Die deutsche Teilung fand natürlich auch auf dem Gebiet der amtlichen Statistik statt, ebenso wie die Wiedervereinigung.

Nicht immer können Historiker auf vorhandenes statistisches Material zurückgreifen. Für viele Fragestellungen muss man solche Statistiken selbst erstellen – und dafür die geeigneten Quellen finden. Unternehmen haben im 19. Jahrhundert häufig nicht genau über ihren Umsatz buchgeführt. Auch Gewinn und Verlust oder die Zahl der Beschäftigten wurden häufig nicht festgehalten. Wirtschaftshistoriker müssen Umsatztabellen deshalb oftmals mühsam nachträglich aus den Akten erstellen.

▶ – Ermöglichen die Beschreibung und Analyse großer Mengen,
– haben für den Einzelfall nur begrenzte Aussagekraft,
– werden mit bestimmten mathematischen Verfahren hergestellt,
– sind nicht objektiver als andere Quellen,
– liegen etwa in Form der amtlichen Statistiken vor oder
– werden vom Historiker aus geeigneten Quellen erstellt.

Info

Statistische Quellen

3.3.8 Befragung von Zeitzeugen

Der Zeithistoriker hat eine zusätzliche Chance, die dem Historiker weiter zurückliegender Epochen unmöglich ist: Er kann Personen, die ein Ereignis oder eine Epoche miterlebt haben, befragen. Er kann damit seine Quelle im Grunde selbst herstellen. Man kann Persönlichkeiten befragen, die wichtige Ereignisse mitgestaltet oder in nächster Nähe miterlebt haben, und sie um Auskunft bitten. Der Interviewer kann dann auch Fragen stellen, die der Befragte möglicherweise in selbstverfassten Memoiren nicht oder sehr viel kürzer angesprochen hätte – die Regie der Mitteilung liegt weniger stark beim Auskunftgebenden als beim Interviewer.

Vor allem aber können Personen befragt werden, deren Erlebnisse und deren Wissen ohne eine Befragung der Geschichtswissenschaft nicht zugänglich werden würden: Zum Beispiel einfache Leute, die über ihr Leben keine Aufzeichnungen gemacht oder hinterlassen hätten. Die Alltagsgeschichte etwa verdankt der sogenannten **ORAL HISTORY** wesentliche Impulse. Durch die Befragung wird es möglich, neue Perspektiven zu erschließen: Neben den „Handelnden" der Geschichte, den „Großen Männern", die in den offiziellen schriftlichen Quellen vorkommen, ist es möglich, Geschichte aus der Perspektive derjenigen zu schreiben, auf die die Politik Auswirkungen hatte: Wie haben die Bewohner eines Dorfes, vielleicht Ihres Dorfes oder Stadtviertels, die Währungsreform oder

ORAL HISTORY, engl. = mündlich überlieferte Geschichte

Aufgabe zum Selbsttest

- Skizzieren Sie in Stichworten die verschiedenen Arten von Quellen, die für die Beschäftigung mit der Geschichte der Neuzeit und der Zeitgeschichte besonders wichtig sind.

Literatur

Beck, Friedrich/Henning, Eckardt (Hrsgg.), **Die archivalischen Quellen. Mit einer Einführung in die Historischen Hilfswissenschaften**, 4. Aufl. Köln u. a. 2004.
Maurer, Michael (Hrsg.), **Aufriß der Historischen Wissenschaften**, Bd. 4: Quellen. Stuttgart 2002. [Enthält quellenkundliche Artikel mit vielen Literaturhinweisen zu verschiedenen Quellenarten, nach Epochen gegliedert.]
Meisner, Heinrich Otto, **Archivalienkunde vom 16. Jahrhundert bis 1918**, Göttingen 1969.
Opgenoorth, Ernst/Schulz, Günther, **Einführung in das Studium der Neueren Geschichte**, 6. vollst. überarb. Aufl. Paderborn u. a. 2001.

die Studentenproteste von 1968 erlebt und wahrgenommen? Wie erlebten die Insassen der nationalsozialistischen Konzentrationslager oder der Kriegsgefangenenlager ihr Schicksal?

Der Zugang zu den Quellen | 3.4

Auf der Grundlage von Quellen können historische Fragestellungen beantwortet werden, aus ihnen können wir gesicherte Kenntnis der Vergangenheit erlangen. Nur: Welche Quellen? Und wo kann man sie finden?

Wo und wie man Quellen findet, hängt zunächst davon ab, ob es sich um veröffentlichte oder unveröffentlichte Quellen handelt. Als Student und ganz besonders als Studienanfänger werden Sie es höchstwahrscheinlich zunächst mit gedruckten, also mit veröffentlichten Quellen zu tun haben. Diese liegen entweder von vornherein gedruckt vor, z. B. bei Politikermemoiren, Parlamentsprotokollen, Büchern, Zeitungen und Zeitschriften. Man kann sie in der Bibliothek ausleihen oder dort benutzen. Oder sie sind später von Historikern veröffentlicht worden, um sie leichter zugänglich zu machen. Hier muss man unterscheiden zwischen Quellensammlungen und Quelleneditionen.

Quellensammlungen | 3.4.1

In Quellensammlungen hat ein Herausgeber Quellen zusammengestellt, die er für eine Epoche oder ein Thema für wichtig und aussagekräftig hält. Häufig kommt es vor, dass aus Quellen nur Ausschnitte in eine Quellensammlung aufgenommen werden. Oftmals handelt es sich um sogenannte Studienausgaben, die Studenten und Schülern (bzw. deren Lehrern) den Zugang und die Auswahl erleichtern. Solche Auslassungen sind in einer wissenschaftlichen Quellensammlung stets kenntlich gemacht mit drei Punkten in eckiger Klammer: [...]

Es ist nützlich, einige wichtige Quellensammlungen zu kennen. Dazu gehören:
Als vielleicht wichtigste die sogenannte **„Freiherr-vom-Stein-Gedächtnisausgabe"**. Es gibt fünf Reihen. Neben der Reihe „Ausgewählte Quellen zur deutschen Geschichte des Mittelalters" sind das die jeweils vielbändigen Reihen:

- Ausgewählte Quellen zur deutschen Geschichte der Neuzeit: Freiherr-vom-Stein-Gedächtnisausgabe, Darmstadt. (Diese Reihe umfasst bisher 47 Bände.)
- Quellen zum politischen Denken der Deutschen im 19. und 20. Jahrhundert: Freiherr-vom-Stein-Gedächtnisausgabe, Darmstadt. (Bisher 11 Bände.)
- Quellen zu den Beziehungen Deutschlands zu seinen Nachbarn im 19. und 20. Jahrhundert: Freiherr-vom-Stein-Gedächtnisausgabe. Begr. v. Winfried Baumgart. Darmstadt. (13 Bände.)
- Quellen zur Alltagsgeschichte der Deutschen [vom Mittelalter bis heute]: Freiherr-vom-Stein-Gedächtnisausgabe, hrsg. v. Franz Josef Schmale, Darmstadt. (In dieser jüngsten Reihe ist bisher nur Band 7 erschienen, der die Zeit von 1871 bis 1914 umfasst: Jens Flemming (Hrsg.), Quellen zur Alltagsgeschichte der Deutschen [vom Mittelalter bis heute] Bd. 7: 1871–1914. (Freiherr-vom-Stein-Gedächtnisausgabe), Darmstadt 1997.

Deutsche Geschichte in Quellen und Darstellungen, hrsg. v. Rainer A. Müller, Stuttgart. Die Reihe ist im Reclam Verlag erschienen und daher sehr günstig. Von den insgesamt 11 Bänden umfassen sechs das 19. und 20. Jahrhundert.

Deutsche Geschichte seit 1945. Darstellung und Dokumente in vier Bänden, hrsg. v. Rolf Steininger, Bd. 1 und 2, Frankfurt am Main 1996.

Quellensammlung zur Kulturgeschichte, Göttingen u. a.

Neben diesen Reihen, die stets mehrere Einzelbände zu verschiedenen Themen und Epochen enthalten, gibt es eine Fülle von **Quellensammlungen zu Einzelthemen**. Hier können nur einige Beispiele genannt werden, um das Spektrum aufscheinen zu lassen. Literaturangaben finden Sie in dem von Winfried Baumgart herausgegebenen „Bücherverzeichnis zur deutschen Geschichte" sowie in der ebenfalls von ihm herausgegebenen „Quellenkunde zur deutschen Geschichte" (→ Kap. 3.4.2).
- Ernst Rudolf Huber (Hrsg.), Dokumente zur deutschen Verfassungsgeschichte, 4 Bde. u. Registerband. 3. neubearb. u. verm. Aufl. Stuttgart 1978–1997.
- Hagen Schulze (Hrsg.), Europäische Geschichte. Quellen und Materialien, München 1994.

- Gerhard A. Ritter (Hrsg.), Wahlgeschichtliches Arbeitsbuch: Materialien zur Statistik des Kaiserreichs 1871–1918, München 1980.
- Wolfgang Mommsen (Hrsg.), Deutsche Parteiprogramme. Eine Auswahl vom Vormärz bis zur Gegenwart, 2. Aufl. München 1960.
- Lothar Gall/Rainer Koch (Hrsg.), Der europäische Liberalismus im 19. Jahrhundert. Texte zu seiner Entwicklung, 4 Bde., Frankfurt a.M./Berlin/Wien 1981.

Statistische Quellen finden Sie in den Sozialpolitischen Arbeitsbüchern, einer Reihe, die fünf Bände zu verschiedenen Abschnitten des 19. und 20. Jahrhunderts umfasst.
- Wolfram Fischer/Jochen Krengel/Jutta Wietog, Sozialgeschichtliches Arbeitsbuch Bd. I. Materialien zur Statistik des Deutschen Bundes 1815–1870 (Statistische Arbeitsbücher zur neueren deutschen Geschichte), München 1982.
- Gerd Hohorst/Jürgen Kocka/Gerhard A. Ritter, Sozialgeschichtliches Arbeitsbuch Bd. II. Materialien zur Statistik des Kaiserreiches 1870–1914 (Statistische Arbeitsbücher zur neueren deutschen Geschichte), München 1975.
- Dietmar Petzina/Werner Abelshauser/Anselm Faust, Sozialgeschichtliches Arbeitsbuch Bd. III. Materialien zur Statistik des Deutschen Reiches 1914–1945 (Statistische Arbeitsbücher zur neueren deutschen Geschichte), München 1978.
- Ralf Rytlewski/Manfred Opp de Hipt, Die Bundesrepublik Deutschland in Zahlen 1945/49–1980. Ein sozialgeschichtliches Arbeitsbuch (Statistische Arbeitsbücher zur neueren deutschen Geschichte), München 1987.
- Ralf Rytlewski/Manfred Opp de Hipt, Die Deutsche Demokratische Republik in Zahlen 1945/49–1980. Ein sozialgeschichtliches Arbeitsbuch (Statistische Arbeitsbücher zur neueren deutschen Geschichte), München 1987.
Die Tabellen und Zahlenreihen der Sozialpolitischen Arbeitsbücher beziehen sich lediglich auf die jeweilige Epoche und schließen nicht ohne weiteres aneinander an. Längere Tabellenreihen, die vom 1872, also vom frühen Kaiserreich bis in die Bundesrepublik, nämlich bis 1971 reichen, bietet der Tabellenteil der Festschrift des Statistischen Bundesamtes:
- Bevölkerung und Wirtschaft 1872–1972. Herausgegeben anlässlich des 100jährigen Bestehens der zentralen amtlichen Statistik, hrsg. v. Statistischen Bundesamt Wiesbaden, Stuttgart/Mainz 1972.

3.4.2 Editionen

Editionen sind auch Zusammenstellungen von Quellen, die veröffentlicht sind – meist also in Buchform gedruckt, doch natürlich ist eine Veröffentlichung auch auf CD-ROM oder im Internet möglich. Wörtlich bedeutet **EDIEREN** „herausgeben", doch tatsächlich sind edierte Quellen nicht nur gedruckt, sondern auch bereits wissenschaftlich bearbeitet.

Die zu einem Thema existierenden Quellen müssen häufig zuerst einmal ermittelt und aus verschieden Archiven und Bibliotheken zusammengetragen werden. Der nächste Schritt ist das Abschreiben, das jedoch meist ein **TRANSKRIBIEREN** ist, also das Über-

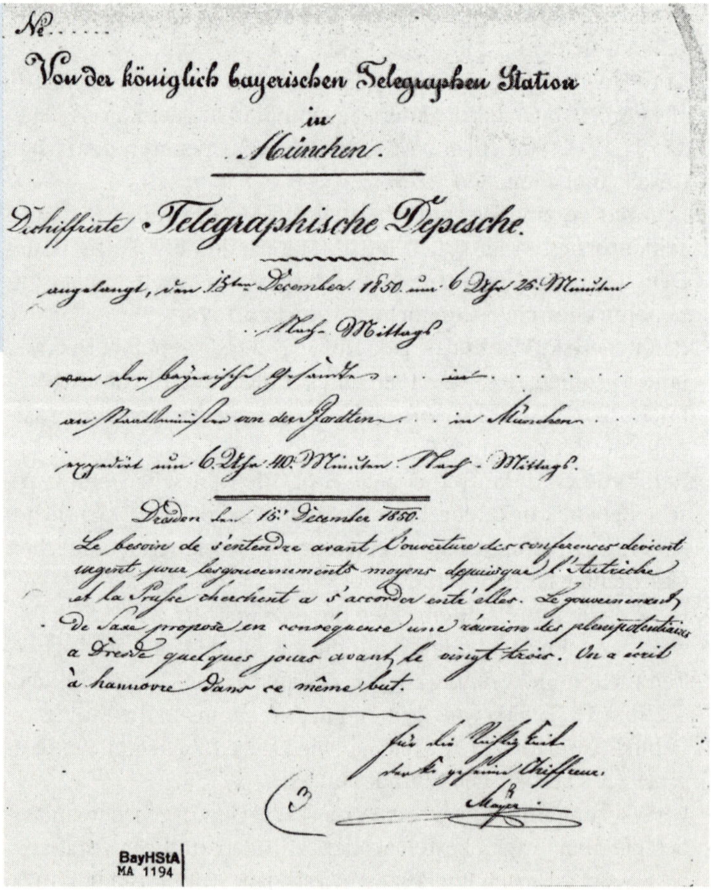

EDIEREN, von lat. *edere* = (ein Buch) herausgeben; veröffentlichen.

TRANSKRIBIEREN, von lat. *trans* = hinüber, und *scribere* = schreiben; eine andere Schrift übertragen.

Abb. 27

Ein Telegramm des bayerischen Geschäftsträgers in Dresden an den bayerischen Staatsminister Ludwig Freiherr von der Pfordten, datiert 15. Dezember 1850.

tragen aus einer nicht mehr gebräuchlichen oder schwer lesbaren Handschrift in Druckbuchstaben. Bei fremdsprachigen Dokumenten enthält eine Edition neben dem Originaltext in der Regel eine Übersetzung.

Liegt ein Text in mehreren Versionen vor, wird die Edition kenntlich machen, wo diese voneinander abweichen. Also bei einem Brief etwa von derjenigen Fassung ausgehen, die schließlich abgeschickt wurde, und dabei in der Edition kenntlich machen, an welchen Stellen der Entwurf oder die verschiedenen Entwürfe von dieser Version abweichen. So kann beispielsweise sichtbar werden, welchen Redeentwurf ein Referent geschrieben hat und an welchen Stellen der Minister Korrekturen und Veränderungen angebracht

Abb. 28

Die edierte Fassung des Telegramms mit Archivnachweis und kurzer Inhaltsangabe im Kopfregest. Der Editor hat den Namen des Absenders (Gise) ergänzt, einen fehlenden Akzent (cherchent à s'accorder) hinzugefügt und auf den Widerspruch zwischen Absendezeit und Eingangszeit aufmerksam gemacht: Das um 6 Uhr 40 abgeschickte Telegramm kann ja unmöglich um 6 Uhr 25 angekommen sein. In den Fußnoten werden die beteiligten Personen kurz vorgestellt.

---

8 Gise an Pfordten Nr. 3

3. Gise[1] an Pfordten[2]

HStA München, MA 1194. Dechiffrierte telegraphische Depesche. Praes.: 15. Dezember 1850, „6 Uhr 25 Minuten Nach-Mittags" [sic].

Notwendigkeit einer Verständigung der Mittelstaaten.

Dresden, 15. Dezember 1850
6 Uhr 40 Minuten Nach-Mittags

Le besoin de s'entendre avant l'ouverture des conferences devient urgent pour les gouvernements moyens depuisque l'Autriche et la Prusse cherchent à s'accorder entr'elles. Le gouvernement de Saxe propose en conséquence une réunion des plenipotentiaires a Drèsde quelques jours avant le vingt trois. On a écrit à Hannovre dans ce même but.

Für die Richtigkeit
der k. geheime Chiffreur:
Mayer[3]

---

1 Maximilian Freiherr von Gise (1817–1890), 1845 Legationssekretär in St. Petersburg, 1847–1870 bayerischer Geschäftsträger (ab 1852 Ministerresident, ab 1864 außerordentlicher Gesandter und bevollmächtigter Minister) in Dresden und bei den herzoglich sächsischen Höfen. Vgl. *Schärl*, Beamtenschaft, S. 317.
2 Ludwig Freiherr von der Pfordten (1811–1880), 1827–1832 Jurastudium in Erlangen und Heidelberg, 1832 Promotion zum Dr. jur., 1834 Professor an der Universität Würzburg, 1841 Appellationsgerichtsrat in Aschaffenburg, 1843–1848 Professor an der Universität Leipzig, 1847 Mitarbeiter der „Deutschen Zeitung", 13. März 1848 bis 25. Februar 1849 sächsischer Innen- und provisorischer Außenminister, 18. April 1849 bis 1. Mai 1859 und 4. Dezember 1864 bis 29. Dezember 1866 bayerischer Staats- und Außenminister, 1. Mai 1859 bis 4. Dezember 1864 bayerischer Bundestagsgesandter. Vgl. ADB, Bd. 25, S. 695–701; *Bosl* (Hrsg.), Bosls Bayerische Biographie, S. 587; *Schärl*, Beamtenschaft, S. 107; *Franz*, von der Pfordten.
3 Gottlieb Friedrich Mayer (1803–1883), ab 1849 Ministerialsekretär und Geheimer Chiffreur im bayerischen Außenministerium. Vgl. *Schärl*, Beamtenschaft, S. 325f.

hat. Vorläufer eines Textes werden genannt, Veränderungen und Einschübe von fremder Hand werden kenntlich gemacht, kurz: die Entstehung oder Genese des Textes wird deutlich und die Varianten werden kenntlich gemacht. Nach welchen Regeln und Kriterien diese Arbeit am Text erfolgt, wird in den **Editionsrichtlinien** mitgeteilt.

Eine Edition enthält zudem noch weitere für den Historiker wichtige und nützliche Informationen. Der Editor hat bereits (falls das nötig ist) die Echtheit eines Stückes geprüft, hat es eventuell datiert und Autor und Adressat ermittelt, wenn diese nicht genannt sind. Weiter ist der inhaltliche Bezug mitgeteilt, in dem eine Quelle steht, es werden genannte Personen, Orte und manchmal Sachverhalte inhaltlich aufgeschlüsselt. Eine Edition enthält damit bereits einen Großteil derjenigen Informationen, die man für die Quellenkritik (→ Kap. 3.5) benötigt.

Eine Edition ist zudem meist eine Zusammenstellung verschiedener Quellen zu einem Thema. Es wurden also in der Regel große Mengen von Akten durchgesehen, dabei wichtige Stücke ausgewählt und in einen inhaltlichen Zusammenhang gebracht, der in dieser Form in den Akten nicht unbedingt vorhanden ist. Anders als Quellensammlungen, die sich eher auf ganz besonders wichtige und aussagekräftige Quellenstücke beschränken, ist eine Edition ausführlicher und umfangreicher. Quellen werden in der Regel auch nicht gekürzt.

Es ist nicht möglich, hier alle **Quelleneditionen zum 19. und 20. Jahrhundert** zu nennen, selbst die wichtigsten sind noch zu viele. Hier sollen daher eher als Beispiele einige Titel genannt werden:
- Deutsche Geschichtsquellen des 19. [ab Bd. 37: und des 20.] Jahrhunderts, hrsg. v. der Historischen Kommission bei der Bayerischen Akademie der Wissenschaften. Bd. 1 –.

Info

Edition

▶ Die **Edition** enthält
- die Transkription des Textes,
- die Kenntlichmachung von Varianten,
- die Prüfung der Echtheit,
- die Ermittlung von Autor und Adressat,
- die Datierung,
- Angaben zum inhaltlichen Zusammenhang,
- die Aufschlüsselung im Text erwähnter Personen und Orte.

- Quellen zur Geschichte des Deutschen Bundes. Für die Historische Kommission bei der Bayerischen Akademie der Wissenschaften hrsg. v. Lothar Gall. Abt. I–III, München 1996–.
- Quellensammlung zur Geschichte der deutschen Sozialpolitik. 1867 bis 1914, begr. v. Peter Rassow. Im Auftrag der Historischen Kommission der Wissenschaften und der Literatur [Mainz] hrsg. v. Karl Erich Born, Hansjoachim Henning u. Florian Tennstedt. Abt. I–IV, Darmstadt [bis 1982 Wiesbaden; bis 1995 Stuttgart (u.a.)].
- Die Große Politik [GP] der Europäischen Kabinette 1871–1914. Sammlung der Diplomatischen Akten des Auswärtigen Amtes, im Auftrage des Auswärtigen Amtes hrsg. v. Johannes Lepsius, Albrecht Mendelssohn-Bartholdy, Friedrich Thimme. [Nebentitel: Die Diplomatischen Akten des Auswärtigen Amtes 1871–1914.] Bd. 1–40 [nebst Kommentar]. Reihe 1–5, Berlin 1922–1927, 2. Aufl. 1924–1927.
- Ursachen und Folgen. Vom deutschen Zusammenbruch 1918 und 1945 bis zur staatlichen Neuordnung Deutschlands in der Gegenwart. Eine Urkunden- und Dokumentensammlung zur Zeitgeschichte, hrsg. u. bearb. v. Herbert Michaelis u. Ernst Schraepler unter Mitwirkung v. Günter Scheel. Bd. 1–26 nebst Reg.-Bd. Berlin 1958–1979.
- Akten zur deutschen auswärtigen Politik 1918–1945 [ADAP]. Serie A–E. 1950–1995.
- Akten der Reichskanzlei [AdR]. Weimarer Republik, hrsg. für die Historische Kommission bei der Bayerischen Akademie der Wissenschaften v. Karl Dietrich Erdmann, für das Bundesarchiv v. Hans Booms. [Ohne Band- oder Abteilungszählung: Bd. 1–22.] Boppard 1968–1990.
- Akten der Reichskanzlei [AdR]. Regierung Hitler 1933–1945, hrsg. für die Historische Kommission bei der Bayerischen Akademie der Wissenschaften v. Hans Günter Hockerts [Bd. 1 v. Konrad Repgen], für das Bundesarchiv v. Hartmut Weber [Bd. 1 v. Hans Booms; Bd. 2 v. Friedrich P. Kahlenberg]. Bd. 1–, Boppard 1983–.
- Quellen zur Geschichte des Parlamentarismus und der politischen Parteien. Reihe 1–4, Düsseldorf 1959–.

Hinweise auf Quellensammlungen und Quelleneditionen finden Sie zunächst in **Handbüchern**, die Sie einerseits inhaltlich in den jeweiligen Gegenstand einführen und zudem die wichtigen Quellen und

weiterführende Literatur nennen (→ Kap. 4.2.2). An folgende Reihen sollten Sie denken:
- Oldenbourg Grundriss der Geschichte.
- Enzyklopädie Deutscher Geschichte.
- Gebhardt, Handbuch der deutschen Geschichte.
- Handbuch der Europäischen Geschichte.

Eine wichtige Hilfe ist zudem die **Quellenkunde zur Geschichte der Neuzeit**, die in mehreren Bänden die gedruckten Quellen nach Epochen und Themen gegliedert zusammenstellt. Hier finden Sie auch wichtige grundlegende Hinweise und Informationen zu den jeweiligen Themen, zur Quellenlage und zu den jeweiligen Quellen. Es lohnt sich also auch dann, in den entsprechenden Band dieser Reihe hineinzuschauen, wenn Sie Ihre Quelle(n) bereits gefunden haben, denn hier können Sie wertvolle Hilfestellungen zur Quellenkritik erhalten. Die Bände 3 bis 7 beziehen sich auf das 19. und 20. Jahrhundert.
   Winfried Baumgart (Hrsg.): Quellenkunde zur deutschen Geschichte der Neuzeit von 1500 bis zur Gegenwart, 7 Bde. Darmstadt.
- Bd. 3: Absolutismus und Zeitalter der Französischen Revolution (1715–1815), bearb. v. Klaus Müller, 1982.
- Bd. 4: Restauration, Liberalismus und nationale Bewegung (1815–1870), bearb. v. Wolfram Siemann, 1982.
- Bd. 5,1–2: Das Zeitalter des Imperialismus und des Ersten Weltkrieges (1871–1918), bearb. v. Winfried Baumgart, 2. überarb. Aufl. 1991.
- Bd. 6,1: Weimarer Republik, Nationalsozialismus, Zweiter Weltkrieg (1919–1945). Teil 1, bearb. v. Hans Günter Hockerts, 1996.
- Bd. 6,2: Weimarer Republik, Nationalsozialismus, Zweiter Weltkrieg (1919–1945). Teil 2, bearb. v. Wolfgang Elz, 2003.
- Bd. 7: Besatzungszeit, Bundesrepublik Deutschland und Deutsche Demokratische Republik (1945–1969), bearb. v. Michael Hollmann, 2001.

Unverzichtbar ist ebenfalls **Baumgarts Bücherverzeichnis**, das auch eine Auflistung wichtiger Quellenwerke enthält, hier aber ohne quellenkritische Hinweise.
- Winfried Baumgart, Bücherverzeichnis zur deutschen Geschichte. Hilfsmittel, Handbücher, Quellen, 15. durchges. u. erw. Aufl. München 2003.

Zudem können Sie Titel über die Stichwortsuche des **Bibliothekskataloges** (OPAC) ihrer Bibliothek ermitteln. Außerdem sollten Sie im Quellenverzeichnis von Monographien zu Ihrem Thema nachsehen, welche Quellen benutzt wurden, und Sie können in Präsenzbibliotheken anhand der Aufstellsystematik nachsehen, an welcher Stelle Quellen zu Ihrem Thema stehen und direkt am Regal suchen.

Archive | 3.4.3

Unveröffentlichte Quellen kann man möglicherweise in verstaubten Kisten auf dem Dachboden finden, beim Antiquar oder auf dem Flohmarkt. Tagebücher oder Briefe, selbst Buchmanuskripte oder andere Schriftstücke sind immer wieder an solchen Stellen aufgetaucht. Meistens allerdings geht der Historiker ins Archiv.

Das Wort **ARCHIV** leitet sich ab vom griechischen Wort für Behörde. Schon die Wortgeschichte macht also die enge Verbindung zwischen Archiv und Verwaltung deutlich. In der Regel sind es die Akten einer Behörde, die ins Archiv wandern, wenn sie im täglichen Geschäftsgang nicht mehr gebraucht werden und die vorgeschriebene Aufbewahrungsfrist abgelaufen ist. Dort, im Archiv, werden sie nach systematischen Kriterien erfasst, bewertet, sortiert, aufbewahrt und konserviert. Tatsächlich gibt es Archive, seit es Behörden gibt, doch mittlerweile hat sich der Begriff Archiv von der Verwaltung emanzipiert. Als Archiv bezeichnet man eine Einrichtung zur systematischen Erfassung, Ordnung, Verwahrung, Bewertung und Verwertung von Schriftgut, Tonträgern, Bildern, Filmen und elektronischen Dokumenten.

ARCHIV, von griech. *archeion* = Behörde; Ort für die Aufbewahrung von Dokumenten.

Die Struktur der staatlichen Archive folgt meistens derjenigen der staatlichen Verwaltung. Staats- oder Nationalarchive bewahren in der Regel die Akten des Staates und seiner Vorläufer bis ins Mittelalter, so beispielsweise die *Archives Nationales* in Frankreich, das britische *Public Record Office* und das *National Archive* in Washington. Sie werden ergänzt durch Regional- oder Provinzialarchive, die das Schriftgut untergeordneter, lokaler Behörden beinhalten.

Eben diese Regel, dass Archive die Verwaltung und deren Entwicklung spiegeln, bedingt, dass die Archivlandschaft in Deutschland komplizierter ist. Ein Staatsarchiv, das die gesamte deutsche politische Geschichte bis ins Mittelalter dokumentieren würde, gibt es nicht, weil es keine einheitliche staatliche Tradition gibt. Die zentralen Akten des mit der Niederlegung der Kaiserkrone durch Franz II.

1806 aufgelösten Heiligen Römischen Reiches Deutscher Nation liegen im **Haus-, Hof- und Staatsarchiv**, einem Teil des Österreichischen Staatsarchivs, in Wien, dem Sitz der letzten Kaiser. Dort werden auch die Reichskleinodien, der Reichsapfel und die Reichskrone verwahrt.

Im Deutschen Reich von 1871 gab es kein eigentliches Reichsarchiv, die Einzelstaaten dagegen hatten ihre Archive, Preußen etwa das Geheime Staatsarchiv. Ein deutsches Zentralarchiv wurde erst nach dem Ende des Kaiserreiches 1919 in Potsdam eingerichtet. Die deutsche Teilung nach 1945 bedingte auch eine gespaltene Archivlandschaft. Die Bundesrepublik gründete 1952 das **Bundesarchiv** in Koblenz, wo die wenigen im Westen verbliebenen Altakten verwahrt wurden und die Akten der Bundesrepublik Deutschland verwahrt werden sollten. Das **Staatsarchiv** befand sich in Potsdam und damit in der DDR. Das **Preußische Geheime Staatsarchiv** lag zwar seit 1924 im (nun West-) Berliner Dahlem, die Akten waren jedoch während des Krieges größtenteils ausgelagert worden, so dass sie nach dem Krieg in der Sowjetischen Besatzungszone lagen, der späteren DDR. Sie kamen dann nach Merseburg, wo sie von einer Außenstelle des Zentralen Staatsarchivs der DDR betreut wurden. Die deutsche Teilung brachte es mit sich, dass die Akten des Staatsarchivs für westdeutsche Forscher jahrzehntelang nicht unbeschränkt benutzbar waren. Zahlreiche Akten- und Archivbestände waren zudem von den alliierten Besatzungsmächten beschlagnahmt worden.

Abb. 29

Die seit 1950 nach Merseburg ausgelagerten Bestände des „Geheimen Staatsarchivs Preußischer Kulturbesitz" kehrten 1993 nach Berlin zurück. Von links nach rechts: Rudolf Renoth, Magazin-Leiter des Geheimen Staatsarchivs, Werner Knopp, Präsident der Stiftung Preußischer Kulturbesitz, Klaus Walther.

Seit der Wiedervereinigung sind die staatlichen Archive der alten Bundesrepublik und der DDR wieder zusammengeführt. Das Bundesarchiv ist heute an neun Orten mit elf Dienststellen vertreten, es verwahrt die Überlieferung des Deutschen Reiches, der Bundesrepublik, der DDR, der Besatzungszeit sowie Teile der Überlieferung des Alten Reiches, des Deutschen Bundes und der Frankfurter Nationalversammlung von 1848/49. Eine Sonderstellung kommen dem **Filmarchiv** in Berlin-Mitte und in Dahlwitz-Hoppegarten und dem **Militärarchiv** in Freiburg zu. Angegliedert ist dem Bundesarchiv die Stiftung Archiv der Parteien und Massenorganisationen der DDR.
Homepage: www.bundesarchiv.de

Weitere **Staatsarchive**, die von der Bundesrepublik zentral getragen werden, sind neben dem Bundesarchiv
- das Parlamentsarchiv des Deutschen Bundestages:
  www.bundestag.de/bic/archiv/index.html,
- der Arbeitsbereich Dokumentation des Bundesrates; auf der Homepage zu finden im Bereich „Parlamentsmaterialien":
  www.bundesrat.de/,
- das Politische Archiv des Auswärtigen Amtes; auf der Homepage zu finden im Bereich „Informationsservice":
  www.auswaertiges-amt.de/,
- die sogenannte Gauck-/Birthler-Behörde mit dem amtlichen Titel: Bundesbeauftragte für die Unterlagen des Staatssicherheitsdienstes der ehemaligen DDR. Herzstück der Behörde ist das Archiv mit den Stasi-Unterlagen: www.bstu.bund.de/ ,
- das Geheime Staatsarchiv Preußischer Kulturbesitz, das bereits erwähnte ehemalige Preußische Geheime Staatsarchiv. Es gehört heute zur Stiftung Preußischer Kulturbesitz, die vom Bund und den Ländern gemeinsam getragen wird: www.gsta.spk-berlin.de.

Staatliche Archive existieren daneben in den einzelnen Bundesländern. Die meisten Länder unterhalten mehrere Staatsarchive, was wiederum die Vielzahl der Staaten spiegelt, aus denen die heutigen Bundesländer hervorgegangen sind.

Neben den Akten der staatlichen Verwaltung enthalten die staatlichen Archive auch Unternehmens- oder Privatarchive, die an sie abgegeben wurden, und die Nachlässe bedeutender Persönlichkeiten, also ihre Korrespondenz und ihre Aufzeichnungen. Wessen

Abb. 30 Das Berlin Document Center in Berlin-Dahlem. Hier lagern Akten und die Zentralkartei der NSDAP. Foto von 1994.

Nachlass in welchem Archiv liegt, ist über die **Zentrale Datenbank Nachlässe** zu ermitteln, die vom Bundesarchiv bereitgestellt wird und über dessen Homepage zugänglich ist. Eine weitere Suchmöglichkeit bietet das von der Staatsbibliothek Berlin gepflegte Portal Kalliope: kalliope.staatsbibliothek-berlin.de, das nicht nur geschlossene Nachlässe verzeichnet, sondern es zudem ermöglicht, Briefe prominenter Persönlichkeiten zu ermitteln. Briefe sind ja meist nicht im Nachlass des Schreibers, sondern in dem des Empfängers gelandet.

Es gibt noch eine Vielzahl weiterer Archive: Städte unterhalten Stadtarchive, Fürstenhäuser und große Adelsfamilien haben zum Teil eigene Hausarchive, einige Wirtschaftsunternehmen unterhalten Archive, die Kirchen natürlich und auch andere Institutionen. Das Deutsche Literaturarchiv in Marbach sammelt Nachlässe von Schriftstellern, – und das sind nur einige Beispiele.

Die **Arbeit der Archivare** lässt sich grob in drei Tätigkeitsfelder untergliedern: erhalten, erschließen, vermitteln. Zunächst bewerten Archivare die eingehenden Dokumente, das heißt, sie entscheiden, welche aufbewahrenswert sind. Diese konservieren sie, sie sorgen also dafür, dass die ihnen anvertrauten Archivalien **erhalten** bleiben, dass das Papier nicht zerfällt, von Ungeziefer oder rostenden Metallklammern zerfressen oder sonst irgendwie zerstört wird. Es wird deshalb in säurefreien Kartons, bei geeigneter Temperatur und Luftfeuchtigkeit gelagert.

Archivare bewahren das Archivgut, aber sie verstecken es nicht, sondern machen es der Forschung zugänglich, sie **erschließen** es. Die

Akten werden verzeichnet, das heißt, sie werden formal beschrieben und ihr Inhalt angegeben. Dazu werden folgende Angaben gemacht:
- Was ist der Titel der Akte?
- Woher stammt sie?
- Was ist ihre Laufzeit?
- Was ist in ihr enthalten?

Mit diesen Angaben kann der Archivbenutzer abschätzen, welche Akten möglicherweise für seine Fragestellung relevante Informationen enthalten, welche er also bestellen und selbst durchsehen muss. Sie sind in den sogenannten **Findmitteln** enthalten, Findbüchern, Karteikästen, Datenbanken und mittlerweile auch Online-Findmitteln.

Zu den Aufgaben der Archivare gehört zudem das **Vermitteln**. Sie helfen also den Benutzern, die richtigen Quellen zu finden, sie beantworten Anfragen auch von Behörden, sie edieren (zu Editionen → Kap. 3.4.2), machen Ausstellungen und Führungen, halten Vorträge etc.

Info

Archive

▶ – Enthalten Dokumente, die nicht mehr in Gebrauch sind,
- verwahren Archivalien, die von Institutionen oder Privatpersonen stammen können,
- erhalten, erschließen und vermitteln das Archivgut.

Literatur

Franz, Eckhart G., **Einführung in die Archivkunde**, 4. überarb. Aufl. Darmstadt 1993. [Stellt verschiedene Gruppen von Archiven vor, neben staatlichen u. a. auch kirchliche, Wirtschafts- und Privatarchive, präsentiert in einem quellenkundlichen Teil das Archivgut und nennt die wichtigsten staatlichen Archive Deutschlands und der umliegenden Staaten.]

Franz, Eckhart G., **Archive**, in: Michael Maurer (Hrsg.) Aufriß der historischen Wissenschaften Bd. 6: Institutionen, Stuttgart 2002, S. 166–213.

Pieper, Joachim, **Geschichte entdecken, erfahren und beurteilen. Eine Einführung in die Archivarbeit**, Düsseldorf 2000.

www.adfontes.unizh.ch
Adfontes ist ein Internettutorium, erstellt von der Universität Zürich, das anhand von Quellen aus dem Kloster Einsiedeln in die Archivbenutzung und in Fertigkeiten einführt, die man im Archiv bei der Benutzung mittelalterlicher Quellen benötigt. Trotz des mediävistischen Schwerpunktes lohnt die Seite einen Besuch auch für Neuzeithistoriker.

Gebrauchsanleitung für Archive
www.lehre.historicum-archiv.net/architutorial/
Leitfaden für die Archivbenutzung, der Forschungsanfängern die Scheu vor dem Archiv nehmen will, Archive, ihren Aufbau und ihre Arbeit vorstellt und Hinweise für die Arbeit im Archiv gibt.

Eine **Linkliste zu Staatsarchiven** im Internet findet sich auf der Seite der Marburger Archivschule:
www.archivschule.de/content/23.html

3.5 | Quellenkritik

Jetzt kommen wir zur spannenden Frage: Wie können wir aus einer Quelle historisches Wissen, historische Erkenntnis gewinnen? Bevor wir mit der Quelle arbeiten, sie ausschöpfen oder interpretieren, müssen wir die Quelle selbst genau betrachten: Hier steht am Anfang die Quellenkritik. Wichtig: Quellenkritik bedeutet nicht, dass Sie die Quelle tadeln, also inhaltlich gar im Sinne einer Meinungsäußerung bewerten sollen. **Quellenkritik bedeutet, die Quelle nach sachlichen Gesichtspunkten zu beschreiben und zu beurteilen mit dem Ziel, ihren Aussagewert zu erkennen.**

Am Anfang steht die Beschreibung der Quelle. Damit macht man deutlich, um was für eine Art von Dokument es sich handelt, wo es Tradition und Konvention entspricht, und wo mögliche Besonderheiten liegen. Diese Beschreibung muss formal und inhaltlich erfolgen.

Die Quellenkritik beginnt mit **Angaben zur äußeren Form und zur Quellengattung.** Um welche Art von Quelle handelt es sich, ein Aktenstück, eine Parteitagsrede, ein Brief, eine Filmaufnahme oder ein Gemälde? Was bedeutet das für den Aussagewert der Quelle? Wie ist sie überliefert? Liegt sie ediert vor, oder handelt es sich um eine unveröffentlichte Archivalie? Ist sie von Hand oder mit der Schreibmaschine geschrieben bzw. gedruckt? Ist sie vollständig oder bruchstückhaft? Wie groß oder umfangreich ist sie? Ist es ein Original, eine Kopie oder ein Entwurf? In Kopien können sich Fehler eingeschlichen haben, der Entwurf muss nicht unbedingt hundertprozentig mit der späteren Ausfertigung übereinstimmen.

In einem nächsten Schritt erfolgt die sachliche Beschreibung. Hierbei kann man sich – wie jeder Reporter, der von einem Ereignis berichtet – orientieren am Katalog der fünf W-Fragen:

- **Wer sind Autor oder Autoren** des Dokumentes? Wer hat es geschrieben, diktiert oder sonst hergestellt (etwa gemalt)? Bei Bildern ist auch die Frage nach dem Auftraggeber wichtig, der möglicherweise ein bestimmtes Thema oder eine Aussage vorgegeben hat. Das Wer steht damit zunächst als Chiffre für die Urheberschaft der Quelle. Sie muss sich nicht nur auf Einzelpersonen beziehen, auch Gruppen, Institutionen, Parteien oder Gremien können Urheber von Quellen sein. Natürlich hat die Nennung von Namen allein in der Regel nur einen geringen Aussagewert. Es sind Informationen zu den Personen oder Gruppen erforderlich.

Info

Die Frage der Echtheit

▶ Das zentrale Thema der Quellenkritik bestehe darin, die Echtheit einer Quelle zu überprüfen. So lesen Sie es immer wieder in den Einführungsbüchern in das Geschichtsstudium. Das stimmt natürlich, es stimmt aber vor allem für das Altertum und vor allem für die schriftlichen Quellen des Mittelalters. Für Quellen des 19. und 20. Jahrhunderts stellt sich diese Frage seltener. Wenn Sie etwa ein Buch oder eine Tageszeitung aus dem 19. Jahrhundert in die Hand nehmen, besteht meist nur wenig Anlass, diese Quellen für Fälschungen zu halten. Findet sich im Nachlass eines Gelehrten ein Briefwechsel mit einem Kollegen, kann man ebenfalls getrost davon ausgehen, dass es sich hier um echte Dokumente handelt. Das gilt auch für Urkunden. Da wir in einer ununterbrochenen historischen Kontinuität stehen, sind die meisten Urkunden bekannt. Ihre Existenz und ihr Inhalt sind vielfach bezeugt und beschrieben. Es besteht kein Anlass, den Friedensvertrag von Tilsit von 1807 auf seine Echtheit hin zu überprüfen. Es ist deshalb auch unnötig, in einer Quellenkritik formelhaft hinzuzufügen, das Dokument sei echt.

Das heißt selbstverständlich nicht, dass Fälschungen grundsätzlich ausgeschlossen seien. Der Historiker muss immer wachsam sein und im Zweifelsfall eben doch prüfen. Eine der berühmtesten Fälschungen stammt aus dem 20. Jahrhundert: Die **Hitler-Tagebücher**. Im April 1983 behauptete das Nachrichtenmagazin „Stern", die Tagebücher Adolf Hitlers, von deren Existenz bis dahin nichts bekannt war, zu besitzen. Der „Fund" war eine Sensation, die ein neues, präziseres und privateres Bild Hitlers und damit des Nationalsozialismus, der Ideologie und des Krieges zu ermöglichen schien. Mehr als 9 Millionen DM (ca. 4,8 Mio. Euro) hatte der Stern für die angeblichen Tagebücher bezahlt. Waren die eng beschriebenen Schreibhefte echt? Spezialisten des Bundeskriminalamtes und des Bundesamtes für Materialprüfung untersuchten die Quelle stofflich, also das Papier, die Klebstoffe der Bindung, die Tinte etc. Sie stellten fest, dass einige der verwendeten Materialien erst seit 1955 hergestellt wurden. Schon damit war klar, dass es sich bei dem angeblichen Sensationsfund um eine Fälschung handeln musste. Hinzu kamen Untersuchungen des Textes: Linguisten etwa kamen zu dem Ergebnis, dass der Sprachduktus der Hefte sich von demjenigen Hitlers deutlich unterschied, und Spezialisten des Bundesarchivs konnten zeigen, dass ganze Passagen aus längst veröffentlichten Sammlungen von Hitler-Reden abgeschrieben waren. Bereits nach wenigen Wochen war der vermeintliche Sensationsfund als plumpe Fälschung entlarvt.

Wahrscheinlich werden Sie in Ihrem Studium keine ähnlichen Sensationsfunde präsentieren wollen. Und bei denjenigen Quellen, die Ihnen etwa in Akteneditionen, in Amtsblättern, Zeitungen begegnen, besteht im Regelfall kein Anlass, an der Echtheit zu zweifeln.

| Abb. 31

Die Titelseite des „stern", Heft 18, vom 28. April 1983.

Manchmal reichen ein paar Stichworte, manchmal ist allerdings auch eine etwas längere Biographie bzw. Erläuterung erforderlich.

Zweitens ist unter dem Stichwort **Wer** nach dem **Adressaten** der Quelle zu fragen. Ein Brief an die Ehefrau ist anders gehalten als der an einen Parteifreund. Ein Politiker spricht anders im Parlament als auf einem Parteitag und wieder anders auf einer Wahlkampfveranstaltung.

– **Wann** ist das Dokument entstanden? Das Dokument muss in der Zeit festgemacht werden. Dazu nennt man das Datum, aber häufig reicht das nicht aus. Man muss Bezüge zu anderen Ereignissen herstellen, die mit der Quellen in Zusammenhang stehen. Etwa bei den Tagebuchaufzeichnungen einer jungen Frau aus der Zeit vom 20. April bis zum 22. Juni 1945 (s. u.). Es ist wichtig hinzuzufügen, dass in dieser Zeit die Truppen der Roten Armee die Reichshauptstadt Berlin nach schweren Kämpfen eroberten und besetzten.

Info

Texte und ihre Autoren – einige Beispiele

▶ Bei einem Zeitungsartikel kann es sein, dass der Name des Journalisten weniger wichtig ist als der Name der Zeitung, in der er erschienen ist. Das Blatt nämlich steht für eine bestimmte politische und thematische Richtung, der sich der einzelne Journalist anzupassen hat.

– Politiker haben ihre Reden, Texte oder Briefe häufig nicht selbst geschrieben, sondern greifen auf die Hilfe von Referenten zurück. Trotzdem sind sie juristisch zunächst die Autoren, da sie meist gewisse Vorgaben machen und den Entwurf eventuell überarbeiten, ihn sich jedenfalls dann, wenn sie ihn annehmen, zu eigen machen und dann auch vertreten (müssen). In Einzelfällen kann es dennoch spannend sein, nach diesen Referenten genauer zu fragen, nach Ideen und Vorstellungen, die sie möglicherweise eingebracht haben.

– Manchmal kennt man den Namen gar nicht, dennoch kann man wichtige Aussagen zum Autor machen. So im Fall der anonym erschienenen Tagebuchaufzeichnungen, die eine junge Frau in der Zeit vom 20. April bis zum 22. Juni 1945 in Berlin machte. Da es hier nicht um ein Einzelschicksal geht, sondern darum, an diesem Beispiel ein allgemeines Geschehen zu dokumentieren, nämlich das, was den Frauen Berlins beim Einmarsch der Roten Armee widerfuhr, ist der Name auch gar nicht so wichtig. Wichtig ist aber, dass die Autorin eine etwa dreißig Jahre alte, alleinstehende Frau ist, die ein paar Brocken Russisch spricht. (Anonyma, Eine Frau in Berlin. Tagebuchaufzeichnungen vom 20. April bis 22. Juni 1945. Frankfurt am Main 2003).

Das genaue Datum ist manchmal ganz leicht abzulesen, manchmal muss es der Historiker erst ermitteln, eine **Datierung** vorschlagen. In einer ordentlich geführten Akte können zum Beispiel die vorhergehenden und nachfolgenden Dokumente Aufschluss geben. Ist ein Schriftstück hinter einem vom 2. April und vor einem vom 25. April abgeheftet, so ist es wahrscheinlich zwischen diesen beiden Terminen entstanden. Möglich wäre aber auch, dass es als Anlage zu dem Schriftstück vom 2. April mit diesem gemeinsam in die Akte gelangte. Das müsste auf diesem Dokument dann normalerweise vermerkt sein.

Nicht immer ist es allerdings so leicht. Das haben Sie vielleicht schon einmal festgestellt, wenn Ihnen ein Stoß undatierter alter Familienfotos in die Hände fiel. Sie brauchen zusätzliche Informationen, bei den Familienfotos etwa die Erinnerung Ihrer Großmutter: „Das muss doch... 1950? Nein, das gestreifte Sofa haben wir doch erst nach Vatis Beförderung gekauft, und die war – ja Moment, kurz nach Inges Geburt, also wohl 1953."

Nehmen wir mal an, Inge wäre im Januar 1953 geboren, dann wäre das der früheste Termin, an dem das Foto entstanden sein kann, der, wie der Fachbegriff lautet, **TERMINUS POST QUEM**. Mit der Bezeichnung ist derjenige Termin genannt, der sicher vor der Entstehung der Quelle – hier des Fotos – gelegen hat.

TERMINUS POST QUEM, lat. = Zeitpunkt nach dem etwas stattgefunden hat.

Jetzt gilt es einen spätesten Termin zu suchen, wann das Foto entstanden sein kann, den **TERMINUS ANTE QUEM**. Nehmen wir also an, auf dem Foto ist Großtante Frieda zu sehen, die im Juni 1954 starb, dann wäre der Juni 1954 dieser spätest mögliche Termin.

TERMINUS ANTE QUEM, lat. = Zeitpunkt vor dem etwas stattgefunden hat.

Zusätzliche Details können dann die weitere Eingrenzung ermöglichen. Ist zum Beispiel auf dem Sofatisch eine Vase mit Sonnenblumen zu sehen, kann man folgern, dass das Bild wahrscheinlich nicht im Januar, sondern im Spätsommer entstand. So wäre der Datierungsvorschlag für dieses Familienfoto der August oder September 1953.

Wenn Sie ein undatiertes Dokument in einer Edition finden, hat der Editor in der Regel bereits eine Datierung vorgeschlagen. Meist mit guten Gründen, doch sollte Sie das nicht daran hindern, eine solche Datierung nachzuvollziehen oder zu überprüfen. Vielleicht gelingt es Ihnen sogar, einen solchen Datierungsvorschlag zu präzisieren oder zu korrigieren. Es kann aber auch vorkommen, dass ein Dokument zwar datiert ist, jedoch nicht in unserer **CHRONOLOGIE**. Dann müssen Sie das Datum unserer Zeit-

CHRONOLOGIE, von griech. *chronos* = Zeit, *logos* = Lehre; Lehre von der Zeitrechnung.

rechung mit hilfswissenschaftlicher Unterstützung ermitteln (→ Kap. 3.6.2).
- **Wo** wurde das Dokument verfasst oder gefunden, wo wird es aufbewahrt? Gibt es einen Ort, der für die Quelle von Bedeutung ist? Nicht immer spielt der Ort eine wichtige Rolle für das Verständnis einer Quelle, doch das muss festgestellt werden.
- **Warum,** aus welchem Anlass, mit welcher Absicht ist die Quelle entstanden? Ein Beileidsschreiben etwa wird insgesamt einen anderen Tonfall haben als ein Glückwunschbrief. Ein Rechenschaftsbericht, der in festgelegten zeitlichen Abständen vorgelegt werden muss, ist anders zu beurteilen als ein Strategiepapier, das Visionen der künftigen Entwicklung aufzeigt; eine Festansprache wird stets einen gewissen feierlichen Ton aufweisen, der etwa angesprochene Kritik und Forderungen einhüllt, während eine Parteitagsrede die Kritik am politischen Gegner zuspitzt und vielleicht sogar polemisch übersteigert, um die eigene Anhängerschaft zu mobilisieren.
- **Was** ist der Inhalt, der Gegenstand der Quelle? Um welchen Sachverhalt, welches Ereignis, welchen Zustand geht es? In welchem inhaltlichen und thematischen Zusammenhang steht die Quelle?

Dieser Fragenkatalog ist eine Hilfestellung, ein Gerüst, das an die wichtigen Punkte erinnern soll. Natürlich kann man es nicht schematisch anwenden, sondern muss von der jeweiligen Quelle ausgehen. Das Ziel besteht darin, deutlich zu machen, um was für eine Quelle es sich handelt, sich die Quelle deutlich vor Augen zu stellen.

Schließlich erfolgt die **inhaltliche Beschreibung**, die an die beiden letzten Punkte des W-Fragen-Katalogs anknüpft. Es geht um die inhaltliche Vorstellung und Zusammenfassung der Quelle, das sogenannte **REGEST**. Um was geht es? Was sind die Fragen, die Probleme, die erörtert werden, das Hauptanliegen? Gibt es Thesen? Wie ist der Gang der Argumentation? Was lässt sich über Aufbau und Struktur der Quelle sagen? Diese Punkte werden in der Quellenkritik nur sehr kurz und zusammenfassend angesprochen, da auf einzelne wichtige Aspekte in der anschließenden Interpretation genauer eingegangen wird.

Möglicherweise müssen Begriffe geklärt oder erläutert werden, die in der Quelle vorkommen, Ereignisse oder Personen vorgestellt werden, die eine Rolle spielen.

REGEST, von spätlat. *regesta* = das Eingetragene; zusammenfassende Inhaltsangabe einer Urkunde.

Handelt es sich bei der Quelle etwa um ein Bild, so muss es beschrieben, sein Aufbau, das Dargestellte, die Bildaussage in Worte übertragen werden.

> **Tipp**
>
> **Quellenkunde zur deutschen Geschichte der Neuzeit**

Hinweise, die Ihnen bei der Quellenkritik nützlich sein können, finden Sie in der von Winfried Baumgart herausgegebenen „Quellenkunde zur deutschen Geschichte der Neuzeit" (→ Kap. 3.4.2). Hier werden die gedruckten Quellen zum 19. und 20. Jahrhundert nicht nur zusammengetragen, sondern zudem wichtige Hinweise zur Quellengattung oder zur Entstehung von Quelleneditionen geliefert, die Ihnen bei der Quellenkritik nützlich sein können.
Wenn Sie etwa Dokumente zur Außenpolitik des Kaiserreiches aus der vielbändigen Aktenpublikation „Die große Politik der Europäischen Kabinette 1871–1914" benutzen, sollten Sie wissen, dass diese Quellensammlung in den 1920er Jahren als Reaktion auf den Versailler Vertrag entstanden ist, um die dort in Artikel 231 festgeschriebene These von der alleinigen Schuld Deutschlands am Ausbruch des Ersten Weltkrieges zu widerlegen. Auf neun Seiten stellt Baumgart diese Edition, die mit ihr verbundenen politischen Ziele, den Standort der Herausgeber, die Auswahlkriterien und Gliederungsprinzipien sowie die editorischen Leistungen und Mängel des Werkes vor. Er schreibt:
„Es ist wichtig, diese aus der Kriegsschuldfrage geborene Entstehungsgeschichte der GP [„Große Politik der europäischen Kabinette"] stets vor Augen zu haben, um den Charakter der Quellenedition angemessen zu beurteilen, das heißt bei der Kritik an der Zielsetzung des Unternehmens, der davon abhängigen Auswahl der Dokumente und ihrer Präsentation sachgerecht vorzugehen. Das politische Motiv der Widerlegung der Kriegsschuldthese haben die drei Herausgeber, allen voran der Historiker Friedrich Thimme, stets öffentlich betont."
(Winfried Baumgart (Hrsg.), Quellenkunde zur deutschen Geschichte der Neuzeit von 1500 bis zur Gegenwart, Bd. 5: Das Zeitalter des Imperialismus und des Ersten Weltkrieges (1871–1918). Teil 1: Akten und Urkunden, Darmstadt 1977, S. 9f.)

> **Literatur**

Borowsky, Peter / Vogel, Barbara / Wunder, Heide, **Einführung in die Geschichtswissenschaft**. Grundprobleme, Arbeitsorganisation, Hilfsmittel, 5. überarb. u. aktual. Ausg. Opladen 1989.
Rusinek, Bernd-A. / Ackermann, Volker / Engelbrecht, Jörg (Hrsgg.), **Einführung in die Interpretation historischer Quellen. Schwerpunkt: Neuzeit**, Paderborn / München / Wien / Zürich 1992.

Historische Hilfswissenschaften | 3.6

„Werkzeug des Historikers" nannte Ahasver von Brandt sein berühmtes Handbuch der historischen Hilfswissenschaften, das seit 1958 in zahlreichen Auflagen erschienen ist, und hat damit seinen Gegenstand treffend charakterisiert. Die als „historische Hilfswissenschaften" bezeichneten Disziplinen sollen dem Historiker dabei helfen, seine Quellen technisch, formal und dann auch inhaltlich zu erschließen, sie sind sein Werkzeug.

Fast jedes Fach kennt Hilfswissenschaften: Damit sind Kenntnisse in einer anderen Disziplin gemeint, deren Ergebnisse und Methoden für das eigene Fach unterstützend benötigt werden. Für die Medizin beispielsweise sind das die naturwissenschaftlichen Fächer Biologie, Chemie, Physik, dazu Anatomie, Physiologie, Botanik und Zoologie. Sie werden in den ersten Semestern gelernt, denn Grundkenntnisse darin braucht ein Arzt. Wirtschaftswissenschaftler müssen sich in ähnlicher Weise im Grundstudium mit Mathematik und Statistik vertraut machen.

Auch Historiker machen sich die Kenntnisse anderer Disziplinen zunutze, um Quellen zu erschließen, zu analysieren und zu interpretieren, selbst wenn diese Disziplinen nicht in ähnlicher Form wie bei den Medizinern und den Wirtschaftswissenschaftlern ins Studium integriert sind. Welche Fächer als historische Hilfswissenschaften fungieren, wechselt je nach der untersuchten Epoche und Fragestellung und ist abhängig von der Art und Beschaffenheit der Quellen. Als die klassischen „Historischen Hilfswissenschaften" werden diejenigen Techniken bezeichnet, mit deren Hilfe eine Quelle zunächst formal und technisch erschlossen wird, bevor sie interpretiert und historisch analysiert werden kann.

Eine Quelle muss in Bezug auf Sprache, Schrift und Vokabular verständlich gemacht und datiert werden, einem Entstehungskontext und Personen bzw. Personenkreisen zugeordnet und auf Echtheit überprüft werden. Die Notwendigkeit solcher Techniken, um Quellen überhaupt lesbar und verständlich zu machen, ist beispielsweise für antike Inschriften und mittelalterliche Pergamenthandschriften offenkundig.

Folgende Disziplinen zählen zu den klassischen historischen Hilfswissenschaften:
– Paläographie (Handschriftenkunde),
– Chronologie (Lehre von den Zeitrechnungsarten),
– Numismatik (Münzkunde),
– Heraldik (Wappenkunde),
– Sphragistik (Siegelkunde),
– Epigraphik (Inschriftenkunde),
– Diplomatik (Urkundenwissenschaft),
– historische Geographie.

Dokumente des 19. Jahrhunderts sind naturgemäß in vielem leichter zu erschließen als ältere Quellen. Bei der Beschäftigung mit Quellen des 19. und 20. Jahrhunderts braucht man viele dieser "klassischen" Hilfswissenschaften selten oder nie. Ein paar Techniken benötigt man allerdings immer noch, andere, neue sind hinzugekommen. Im Folgenden sollen diejenigen Hilfsdisziplinen vorgestellt werden, auf die Historiker besonders angewiesen sind, wenn sie die Geschichte des 19. und 20. Jahrhunderts untersuchen.

Schrift

| 3.6.1

Von **PALÄOGRAPHIE** zu sprechen, mag für das 19. Jahrhundert etwas hoch gegriffen klingen. Dennoch gibt es einige Quellen, bei denen bereits die Entzifferung Mühe bereitet. Die Schreibmaschine wurde erst am Ende des 19. Jahrhunderts gebräuchlich. Zuerst wurde sie in Wirtschaftsunternehmen eingesetzt, dann fand sie auch den Weg in die Kanzleien der staatlichen und kommunalen Verwaltung. Zum allgemein üblichen Schreibgerät stieg sie nach dem Ersten Weltkrieg auf. Bis dahin sind auch offizielle Dokumente, Briefe und Akten handschriftlich. Die Schriftarten wandelten sich im Laufe der Zeit und waren auch von Land zu Land unterschiedlich. In Deutschland war die **Deutsche KURRENTE** die gängige Schrift, eine schlanke Schreibschrift, die seit dem 18. Jahrhundert die barocken Ornamente ihrer Vorgänger abgestreift hatte.

Sütterlin war das noch nicht. Diese Schreibschrift wurde erst in den Jahren um den Ersten Weltkrieg entwickelt. Der Berliner Grafiker Ludwig Sütterlin (1865–1917) schuf im Auftrag des Preußischen Kultusministeriums am Anfang des 20. Jahrhunderts ein

PALÄOGRAPHIE, von griech. *palaios* = alt, *graphein* = schreiben; Handschriftenkunde.

KURRENTE, von lat. *currere* = laufen; fortlaufend geschriebene Schrift, im Gegensatz zur Druckschrift, die aus Einzelbuchstaben besteht.

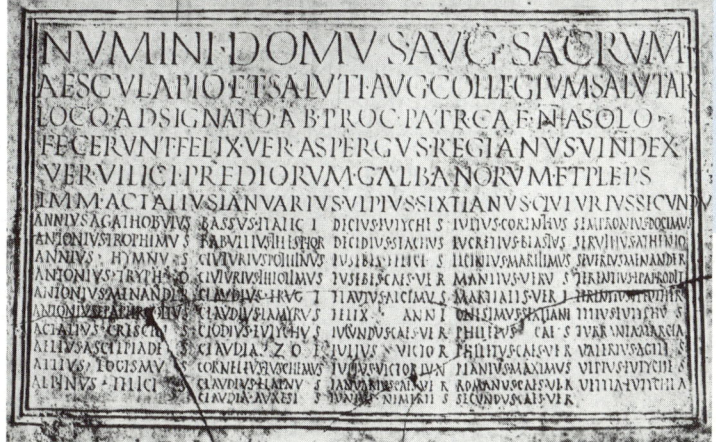

| Abb. 32

Eine römische Inschrift aus dem 2. Jh. n. Chr., gefunden 1885 beim Straßenbau in Rom.

Abb. 33

Ein Brief des späteren Karlsruher Arztes Adolf Hoffmann an seine Großmutter.

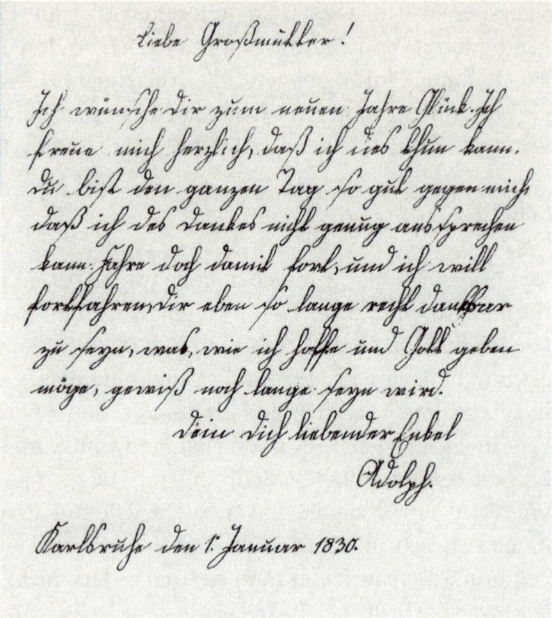

Abb. 34

Fraktur (links), deutsche Kurrente (Mitte) und lateinische Schreibschrift (rechts).

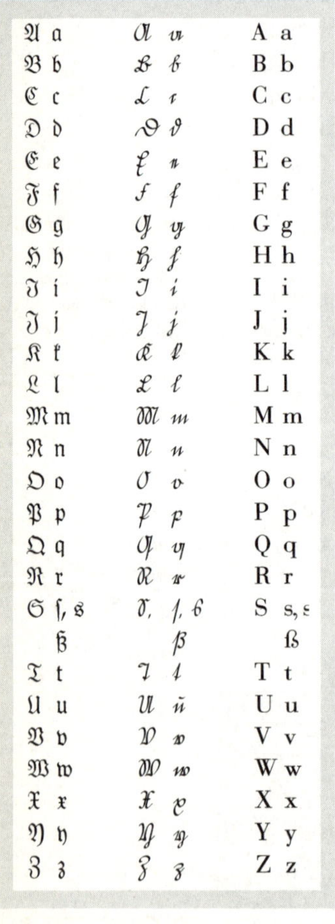

Fraktur	Kurrente	Latein
A a	A a	A a
B b	B b	B b
C c	C c	C c
D d	D d	D d
E e	E e	E e
F f	F f	F f
G g	G g	G g
H h	H h	H h
I i	I i	I i
J j	J j	J j
K k	K k	K k
L l	L l	L l
M m	M m	M m
N n	N n	N n
O o	O o	O o
P p	P p	P p
Q q	Q q	Q q
R r	R r	R r
S s, s	S s, s	S s, s
ß	ß	ß
T t	T t	T t
U u	U u	U u
V v	V v	V v
W w	W w	W w
X x	X x	X x
Y y	Y y	Y y
Z z	Z z	Z z

Normalphabet, das an die Kurrente der Renaissanceperiode anknüpfte. Die Neigung nach rechts ist verschwunden, stattdessen stehen die sehr viel gedrungeneren Buchstaben aufrecht. Sütterlin war die von 1935 bis 1941 die an den deutschen Grundschulen gelehrte Normalschrift.

Für den Druck wurden im 19. Jahrhundert in Deutschland überwiegend Frakturschriften verwendet, die heute nur noch selten gebräuchlich sind. Die „Frankfurter Allgemeine Zeitung" etwa verwendet sie noch im Zeitungskopf und für die Überschriften der Kommentare. Die Fraktur galt als die **deutsche** oder **neugotische Schrift**, aufgrund ihrer Nähe zur Schrift der Gutenbergbibel.

Die andere Klasse von Schriftarten wird als **Antiqua** oder **lateinische Schrift** bezeichnet, denn sie basiert auf der Schrift, die im antiken Rom verwendet wurde. Sie war im 19. Jahrhundert in Frankreich, England und den USA allgemein üblich. Auch in Deutschland gab es Befürworter der Antiqua, zu ihnen gehörten

Frankfurter Allgemeine
ZEITUNG FÜR DEUTSCHLAND

Abb. 35

Der Kopf der „Frankfurter Allgemeinen Zeitung".

die Vertreter der Weimarer Klassik, die eher in der griechischen und römischen Antike das kulturelle Vorbild sahen als im gotischen Mittelalter. Die Auseinandersetzung wurde im Verlauf des 19. Jahrhunderts immer stärker national aufgeladen und nahm an Schärfe zu. Die Nationalsozialisten griffen in diese Auseinandersetzung anfangs zugunsten der vermeintlich deutschen „gotischen" Schrift ein. Doch 1941, auf dem Höhepunkt deutscher Expansion in Europa, erfolgte aus machtpolitischen Gründen die vollständige Abkehr von Fraktur und deutscher Schreibschrift. Die Antiqua war im Ausland leichter zu lesen.

3.6.2

Datierung

Die meisten Quellen aus dem 19. und 20. Jahrhundert sind so datiert, wie es uns heute geläufig ist: Datiert wird in Jahren nach Christi Geburt. Das Jahr beginnt am 1. Januar und dauert 365 Tage. Es basiert auf dem Sonnenjahr, der Zeit, in der die Erde einmal um die Sonne kreist. Der exakte Zeitraum dieses Sonnenjahres beträgt allerdings 365 Tage, 5 Stunden, 48 Minuten und 46 Sekunden. Um diese Abweichung auszugleichen, enthält unser Kalender regelmäßige **Schaltjahre**.

Diesen Kalender hat Papst Gregor XIII. 1582 eingeführt, er heißt nach ihm der **Gregorianische Kalender**. Der bis dahin übliche Julianische Kalender, den Gaius Julius Caesar 46 v. Chr. eingeführt hatte, hatte 365 Tage und ein Schaltjahr alle vier Jahre, dennoch bestand eine Differenz zum Sonnenjahr, die innerhalb von 129 Jahren einen Tag ausmachte. Deshalb wuchs die Differenz vom Kalenderjahr zum Sonnenjahr immer stärker an. Im 16. Jahrhundert betrug sie zehn Tage. Papst Gregor XIII. ließ deshalb auf Donnerstag, den 4. Oktober 1582 Freitag den 15. Oktober 1582 folgen. In den katholischen Staaten wurde der neue Kalender schnell eingeführt, die evangelischen Territorien Deutschlands hingegen schlossen sich der neuen Regelung erst 1700 an, Großbritannien und Schweden

Abb. 36

Der französische Revolutionskalender. Tabelle zur Umrechnung der Datumsangaben, aus: Hermann Grotefend, Taschenbuch der Zeitrechnung des deutschen Mittelalters und der Neuzeit, Verlag Hahnsche Buchhandlung, Hannover, 13. Auflage, 1991, S. 142 f.; Erläuterung ebd. S. 133.

X. Revolutionskalender, Jahresübersicht								
	I 1792 II 1793 III 1794 V 1796 VI 1797 VII 1798		IV 1795		VIII 1799 IX 1800 X 1801 XI 1802 XIII 1804 XIV 1805		XII 1803	
Vendémiaire	22. Sept.	O	23. Sept.	Q	23. Sept.	Q	24. Sept.	S
Brumaire	22. Okt.	L	23. Okt.	P	23. Okt.	P	24. Okt.	R
Frimaire	21. Nov.	K	22. Nov.	O	22. Nov.	O	23. Nov.	Q
Nivôse ¹)	21. Dez.	G	22. Dez.	L	22. Dez.	L	23. Dez.	P
¹) Der Nivôse greift in das folgende Jahr unserer Zeitrechnung über.	I 1793 II 1794 III 1795 V 1797 VI 1798 VII 1799		IV 1796 Februar 29 Tage		VIII 1800 IX 1801 X 1802 XI 1803 XIII 1805		XII 1804 Februar 29 Tage	
Pluviôse	20. Jan.	E	21. Jan.	G	21. Jan.	G	22. Jan.	L
Ventôse	19. Feb.	H	20. Feb.	I	20. Feb.	M	21. Feb.	N
Germinal	21. Mrz.	G	21. Mrz.	G	22. Mrz.	L	22. Mrz.	L
Floréal	20. Apr.	F	20. Apr.	F	21. Apr.	K	21. Apr.	K
Prairial	20. Mai	E	20. Mai	E	21. Mai	G	21. Mai	G
Messidor	19. Juni	D	19. Juni	D	20. Juni	F	20. Juni	F
Thermidor	19. Juli	C	19. Juli	C	20. Juli	E	20. Juli	E
Fructidor	18. Aug.	B	18. Aug.	B	19. Aug.	C	19. Aug.	C
	I 1793 II 1794 IV 1796 V 1797 VI 1798		III 1795 VII 1799 6 Jours c.		VIII 1800 IX 1801 X 1802 XII 1804 XIII 1805		XI 1803 6 Jours c.	
Jours compl.	17. Sept.	A	17. Sept.	A	18. Sept.	B	18. Sept.	B

1752 bzw. 1753, die Balkanstaaten während des Ersten Weltkrieges und die Sowjetunion erst im Januar 1918: Auf den 31. Januar 1918 folgte nicht der 1., sondern der 14. Februar 1918. Die **Oktoberrevolution**, die am 24./25. Oktober 1917 in Russland ausbrach, ist noch nach dem Julianischen Kalender datiert. Nach unserer Zeitrechnung fand sie am 6./7. November 1917 statt.

Selbst wenn der uns geläufige Gregorianische Kalender verwendet wurde, konnte die Angabe des Tages bis weit ins 19. Jahrhundert hinein anders erfolgen als durch Tag und Monat: Möglich war

XI. Revolutionskalender, Monatstage

Franz. Monatstag	Monatstage unserer Zeitrechnung																	Franz. Monatstag
	A	B	C	D	E	F	G	H	I	K	L	M	N	O	P	Q	R	S	
1	17	18	19	19	20	20	21	19	20	21	22	20	21	22	23	23	24	24	1
2	18	19	20	20	21	21	22	20	21	22	23	21	22	23	24	24	25	25	2
3	19	20	21	21	22	22	23	21	22	23	24	22	23	24	25	25	26	26	3
4	20	21	22	22	23	23	24	22	23	24	25	23	24	25	26	26	27	27	4
5	21	22	23	23	24	24	25	23	24	25	26	24	25	26	27	27	28	28	5
6	22	23	24	24	25	25	26	24	25	26	27	25	26	27	28	28	29	29	6
7	—	24	25	25	26	26	27	25	26	27	28	26	27	28	29	29	30	30	7
8	—	25	26	26	27	27	28	26	27	28	29	27	28	29	30	30	31	1	8
9	—	26	27	27	28	28	29	27	28	29	30	28	29	30	31	1		2	9
10	—	27	28	28	29	29	30	28	29	30	31		1			2		3	10
11	—	28	29	29	30	30	31			1			2			3		4	11
12	—	29	30	30	31		1			2			3			4		5	12
13	—	30	31		1		2			3			4			5		6	13
14	—	31	1		2		3			4			5			6		7	14
15	—		1		2		3			4			5			6		7	8	15
16	—		2		3		4			5			6			7		8	9	16
17	—		3		4		5			6			7			8		9	10	17
18	—		4		5		6			7			8			9		10	11	18
19	—		5		6		7			8			9			10		11	12	19
20	—		6		7		8			9			10			11		12	13	20
21	—		7		8		9			10			11			12		13	14	21
22	—		8		9		10			11			12			13		14	15	22
23	—		9		10		11			12			13			14		15	16	23
24	—		10		11		12			13			14			15		16	17	24
25	—		11		12		13			14			15			16		17	18	25
26	—		12		13		14			15			16			17		18	19	26
27	—		13		14		15			16			17			18		19	20	27
28	—		14		15		16			17			18			19		20	21	28
29	—		15		16		17			18			19			20		21	22	29
30	—		16		17		18			19			20			21		22	23	30
	A	B	C	D	E	F	G	H	I	K	L	M	N	O	P	Q	R	S	

unter Berücksichtigung des Monatswechsels.

Die Tafeln X und XI für den Revolutionskalender sind so zu verwenden. Suchen wir das christliche Datum für den 9. Thermidor l'an II der Republik, so stellen wir auf Tafel X fest, daß dieser Monat im Jahre II (1794) am 19. Juli begann, und daß wir auf Tafel XI in Längsreihe C weiter zu suchen haben. Dort finden wir in der Querreihe bei 9 die Zahl 27. Es ist also der 27. Juli 1794 das gesuchte Datum.

Handelt es sich um den 18. Brumaire l'an VIII, so ergibt Tafel X für den 1. dieses Monats im Jahre VIII (1799) den 23. Okt. und Längsreihe P. Auf Tafel XI steht in dieser Reihe bei 18 die Zahl 9. Es ist also — unter Berücksichtigung des Monatswechsels — der 9. Nov. 1799 das gesuchte Datum.

Bei dem 20. Nivôse l'an IV finden wir auf Tafel X für den 1. Nivôse IV (1795) den 22. Dez. und die Längsreihe L, auf Tafel XI unter L bei 20 die Zahl 10. Hier müssen wir Monatswechsel und Jahreswechsel des christlichen Kalenders berücksichtigen und kommen somit auf den 10. Jan. 1796.

der Bezug auf einen kirchlichen Festtag (etwa Weihnachten oder Ostern) oder auf den kirchlichen Heiligenkalender. Im Oktoberedikt beispielsweise, das als erste der preußischen Reformen die aus dem Mittelalter überkommene ländliche Feudalordnung aufhob und die persönliche Freiheit der Bauern dekretierte, heißt es in § 12 zum Tage des Inkrafttretens: „Mit dem Martini-Tage Eintausend Achthundert und Zehn (1810) hört alle Guts-Unterthänigkeit in Unseren sämmtlichen Staaten auf." Der Tag des heiligen Martin ist der 11. November.

Eine bis heute übliche Datierung nach dem Heiligenkalender ist diejenige des Endes der Spargelsaison. Die dauert jedes Jahr bis „Johannis", bis zum 24. Juni, dem Tag Johannes des Täufers. Nach diesem Tag wird kein Spargel mehr gestochen.

In Europa gab es einen weiteren Versuch, die Zeitrechnung zu modernisieren, der sich allerdings nicht durchgesetzt hat: Dies war der französische **Revolutionskalender**, der vom 24. November 1793 bis zum 10. Nivôse XIV, dem 31. Dezember 1805, offiziell Gültigkeit hatte. Das Ziel der Revolutionäre bestand darin, die neue Zeit, die Abwendung von der bisherigen Gesellschaftsordnung auch durch einen neuen Kalender zu dokumentieren. Die Zeitrechnung erfolgte ohne christlichen Bezug. Die Zählung der Jahre richtete sich nicht mehr nach Christi Geburt, sondern nach der Einführung der Republik in Frankreich. Das Jahr 1792 war das Jahr 1 der Republik. Die Einteilung der Monate und Jahre erfolgte im Sinne der Aufklärung nach einem „vernünftigen" System, dem Dezimalsystem. Das Jahr hatte zwölf Monate mit je drei Dekaden zu jeweils 10 Tagen. Auch der Revolutionskalender musste sich nach der Sonne richten, deshalb gab es zusätzliche fünf Ergänzungstage pro Jahr und Schaltjahre.

Info

Andere Zeitrechnungssysteme und Kalender

▶ Der jüdische Kalender geht von einem angenommen Schöpfungsdatum im Jahr 3761 v. Chr. aus. Er ist eine Kombination aus Mond- und Sonnenkalender. – Auf der Titelseite der „Jüdischen Allgemeinen" findet sich neben der üblichen Datumsangabe nach dem gregorianischen Kalender immer das Datum nach dem jüdischen Kalender, z. B.: 26. Juli 2006 – 1. Aw 5766.

Im Islam beginnt die Zeitrechnung mit der Hedschra, der Übersiedlung Mohammeds von Mekka nach Medina im Jahr 622. Das Jahr 2006 entspricht den Jahren 1426 oder 1427 im islamischen Kalender.

Literatur

Bieritz, Karl-Heinrich, **Das Kirchenjahr. Feste, Gedenk- und Feiertage in Geschichte und Gegenwart**, Berlin 1986.
Brandt, Ahasver von, **Historische Grundlagen und Formen der Zeitrechnung**, in: Studium Generale 19/1966.
Ginzel, Friedrich Karl, **Handbuch der mathematischen und technischen Chronologie. Das Zeitrechnungswesen der Völker**, 3 Bde. Leipzig 1906–1914.
Grotefend, Hermann, **Taschenbuch der Zeitrechnung des deutschen Mittelalters und der Neuzeit**, 13. Aufl. Hannover 1991 [zuerst 1898].
[der sogenannte „Kleine Grotefend", das klassische Nachschlagewerk für Zeitrechnungssysteme.]
Grotefend, Hermann, **Zeitrechung des deutschen Mittelalters und der Neuzeit**, 2 Bde. Hannover 1891–1898 [der sogenannte „Große Grotefend"].

Unwissenschaftlich, deshalb nicht zitierfähig, aber zum schnellen Nachschlagen sehr übersichtlich: Der Artikel „Heiligenkalender" bei Wikipedia: http://de.wikipedia.org/wiki/Heiligenkalender

Zum islamischen Kalender:
Freeman-Grenville, G.S.P., **Islamic and Christian calendars : AD 622–2222** (AH 1–1650). Reading 1995.

Zum jüdischen Kalender:
Basnizki, Ludwig, **Der jüdische Kalender. Entstehung und Aufbau**, Frankfurt 1989.

Maße und Gewichte | 3.6.3

Bis weit ins 19. Jahrhundert hinein waren Maße und Gewichte nicht standardisiert, sondern unterschieden sich von Stadt zu Stadt und von Staat zu Staat. Historische Maß- und Gewichtsangaben sind zudem bis etwa zur Mitte des 19. Jahrhunderts meist in nichtmetrischen Maßeinheiten angegeben. In Frankreich waren die traditionellen und regional unterschiedlichen Maß- und Gewichtseinheiten in der Revolution abgeschafft und durch das dezimale Metersystem ersetzt worden.

Längenmaße etwa orientierten sich vor der Einführung des metrischen Systems an Körpermaßen: Ausgangspunkt und Maßstab war die Elle (eigentlich also die Spanne zwischen dem Ellenbogen und der Spitze des kleinen Fingers), deren tatsächliche Länge zwischen 0,5473 und 0,833 Meter betragen konnte. Die allgemeine Einteilung der Einheiten lautete in der Regel:

1 Elle	2 Fuß
1 Fuß	12 Zoll
1 Zoll	12 Linien
1 Linie	12 Punkte
1 Klafter (oder Lachter)	6 Fuß

Abb. 37 | *Die Schatulle zur Aufbewahrung des Urmeters. Sèvres, Bureau International des Poids et Mesures.*

Das preußische Maßsystem setzte 1816 den Fuß fest zu 139,13 Pariser Linien.

Die Vereinheitlichung der Maße und Gewichte folgte der Bildung des Nationalstaates. Die erste überstaatliche Vereinheitlichung erfolgte in Deutschland durch den Norddeutschen Bund. Mit der **Maß- und Gewichtsordnung** von 1868 wurde zugleich das metrische System eingeführt. Diese Regelung wurde am 1.1.1872 als Reichsgesetz für das Deutsche Reich übernommen. Das Deutsche Reich war auch wesentlich an der Meterkonvention in Paris beteiligt, die 1875 eine internationale Vereinheitlichung herstellte und die Einrichtung des *Bureau International des Poids et Mesures* beschloss.

Literatur

Alberti, Hans-Joachim von, **Maß und Gewicht. Geschichtliche und tabellarische Darstellung von den Anfängen bis zur Gegenwart**, Berlin 1957.
Aubin, Hermann/Zorn, Wolfgang, **Handbuch der deutschen Wirtschafts- und Sozialgeschichte**, Bd. 2, Stuttgart 1976, S. 954–958.
Introduction à la Métrologie Historique. Sous la direction de Bernard Garnier et al. Paris 1989.
Trapp, Wolfgang, **Kleines Handbuch der Maße, Zahlen, Gewichte und der Zeitrechnung**, Köln 2001.

3.6.4 Geld

Das Recht Münzen zu prägen bzw. Geld auszugeben ist ein Hoheitsrecht des Staates. Da es im 19. Jahrhundert in Deutschland viele Staaten gab, gab es auch viele Münzsysteme. Erst seit der Gründung des Deutschen Reiches 1871 gibt es ein einheitliches Währungssystem in Deutschland. Der Wert der Geldmünzen war abhängig von seinem Gehalt an Edelmetall. Die meisten deutschen Staaten hatten

Währungsgebiete und Münzsysteme in Deutschland 1834. | Abb. 38

Münzfuß	Währungseinheit (g Feinmetall)	Münzsystem	Länder
12-Taler-Fuß	Taler (19,5 g Silber)	1 Taler = 48 Schilling = 576 Pfennig	Mecklenburg-Schwerin*
13 1/3-Taler-Fuß (auch 20-Gulden Fuß)	Taler, auch Taler Kurant (17,5 g Silber)	1 Taler = 24 Groschen = 288 Pfennig	Anhalt, Braunschweig, Hannover*, Sachsen*, u. a. m
		1 Taler = 36 Mariengroschen = 288 Pfennig	Lippe, Schaumburg-Lippe, Waldeck-Pyrmont,
		1 Taler = 48 Schilling = 576 Pfennig	Mecklenburg-Strelitz*
		1 Taler = 72 Grote = 360 Schwaren	Oldenburg*
14-Taler-Fuß (auch 21-Gulden-Fuß)	Taler, auch Taler Kurant (16,7 g Silber)	1 Taler = 30 Silbergroschen = 360 Pfennig	Preußen*
		1 Taler = 24 Groschen = 384 Heller	Kurhessen (Hessen-Kassel)
		1 Taler = 54 Stüber	Ostfriesland
18 1/2-Taler-Fuß	Rigsbankdaler (12,6 g Silber)	1 Rigsbankdaler = 96 Rigsbankskilling = 30 Schilling Kurrant = 1/2 Speziestaler	Schleswig-Holstein
24 1/2-Gulden-Fuß	Gulden (9,5 g Silber)	1 Gulden = 60 Kreuzer	Baden, Bayern, Frankfurt, Hessen-Darmstadt, Nassau, Württemberg u. a. m
34-Mark-Fuß	Mark Kurant (6,9 g Silber)	1 Mark = 16 Schilling = 192 Pfennig	Hamburg, Lübeck
Pistolen-Fuß	1 Taler Gold (1,2 g Gold)	Pistole, Friedrichsdor usw. = 5 Taler Gold	Braunschweig*, Hannover*, beide Mecklenburg*, Oldenburg*, Preußen*
		1 Taler Gold = 72 Grote = 360 Schwaren	Bremen

* Länder mit Bimetallwährung

(aus: Bernd Sprenger: Das Geld der Deutschen. Geldgeschichte Deutschlands von den Anfängen bis zur Gegenwart, 3. Aufl. Paderborn: Schöningh 2002, S. 152)

eine Silberwährung, einige Staaten, darunter Preußen, hatten Gold- und Silbermünzen, also eine sogenannte Bimetallwährung.

Der 1821 für Preußen festgelegte Münzfuß galt seit 1838 in fast ganz Norddeutschland. Danach entsprach:

1 Feine Mark = 14 Taler = 480 Silbergroschen,
1 Taler = 30 Silbergroschen = 360 Pfennig.

Der in Süddeutschland übliche Gulden stand zum preußischen Taler im Verhältnis 7 : 12 (7 Gulden = 12 preußische Taler).

Daneben gab es noch andere Münzfüße. Deren Vielfalt nahm allmählich ab, aber bei der Gründung des Deutschen Reiches 1871 gab es noch fünf verschiedene Währungen und sieben verschiedene Rechensysteme. Durch die Gesetze vom 4. 12. 1871 und 9. 7. 1873 wurde das Währungssystem für das Deutsche Reich vereinheitlicht, die Mark als Rechnungseinheit mit Hunderteilung eingeführt. Papiergeld war bis zum Ersten Weltkrieg nur Goldersatzgeld, das durch Goldbestände der Reichsbank gedeckt sein musste.

GOLDSTANDARD, währungspolitische Regelung, die das Edelmetall Gold als Grundlage des Währungswesens in einem Staat festsetzt.

Mit dem Beginn des Ersten Weltkriegs 1914 endete der **GOLDSTANDARD** für das Deutsche Reich. Die Reichsbank war damit nicht mehr verpflichtet, Papiergeld in Goldmünzen umzutauschen. Die nun eingeführte Papierwährung ermöglichte es der Reichsregierung, neues Geld einfach zu drucken. Die Geldmenge wuchs sehr viel stärker als das Warenangebot, die Preise stiegen und gegenüber den anderen Währungen verlor die Mark an Wert. Nach dem verlorenen Ersten Weltkrieg nahm die Inflation in den Jahren 1918 bis 1923 außerordentliche Formen an. Der Lebenshaltungskostenindex stieg gegenüber dem Vorkriegsjahr 1913 bis 1920 auf das Zwanzigfache, in den Jahren der sogenannten **Hyperinflation** 1922/1923 galoppierten die Preise in immer höherem Tempo und erreichten schließlich schwindelerregende Höhen. Der Nennwert der Geldscheine betrug Milliarden, zuletzt gab es sogar eine Billion. Das goldene 20-Mark-Stück war im Juli 1923 drei Millionen Mark wert.

Die Inflation beruhigte sich mit der Einführung der Rentenmark im November 1923. Am 30. August 1924 wurde die **Reichsmark** (RM) eingeführt, sie galt bis zur Währungsreform von 1948. Nach 1945 konnte man sich für Reichsmark freilich nicht mehr viel kaufen. Eine festgelegte Ration an Lebensmitteln gab es – wie schon im Krieg – gegen Bezugsscheine und Marken oder im Tausch gegen Waren. Zigaretten wurden dabei zu einer Art Ersatzwährung.

Am 21. Juni 1948 wurde in den drei westlichen Besatzungszonen die **Deutsche Mark** (DM) als gesetzliches Zahlungsmittel eingeführt. Dies war der Ausgangspunkt des wirtschaftlichen Wiederaufstiegs und eine der Voraussetzungen des Wirtschaftswunders der 1950er und 1960er Jahre. Die DM entwickelte sich zu einer international angesehenen Währung.

Die sowjetische Besatzungsmacht führte auch in ihrer Zone wenige Tage später eine Währungsreform durch, hier wurde die Reichsmark durch die DM (Ost), die Ostmark oder „Mark der Deutschen demokratischen Republik", wie sie seit 1968 offiziell hieß, ersetzt. Die Ostmark blieb eine reine Binnenwährung, sie durfte nicht ein- oder ausgeführt werden und wurde auf den internationalen Devisenmärkten nicht gehandelt. Auch innerhalb der DDR etablierte sich die DM als Parallelwährung, für die man in sogenannten Intershops Güter kaufen konnte, die für die Mark der DDR nicht erhältlich waren.

Nach der Maueröffnung am 9. November 1989 und dem Sieg demokratischer Parteien bei den ersten freien Wahlen in der DDR im Frühjahr 1990 zeichnete sich eine Wiedervereinigung der beiden deutschen Staaten schnell ab. Sie begann mit der Einführung der DM am 1. Juli 1990, die von der Bevölkerung begeistert gefeiert wurde. Die staatliche Wiedervereinigung folgte am 3. Oktober 1990. Bereits im folgenden Jahr wurde der Maastrichter Vertrag ausgehandelt und am 2. Februar 1992 unterschrieben, der das Ende der DM einläutete. Auf der Grundlage der Europäischen Gemeinschaft sollte eine Europäische Union gegründet werden. Die Geldpolitik der Mitgliedsländer sollte einander angeglichen werden, um eine Währungsunion der EU-Mitgliedsländer zu ermöglichen. Diese trat am 1. Januar 1999 in Kraft mit der Einführung des Euro, der allerdings in den folgenden drei Jahren eine Verrechnungseinheit blieb. Das Euro-Bargeld wurde dann am 1. Januar 2002 eingeführt.

Literatur

Aubin, Hermann/Zorn, Wolfgang, **Handbuch der deutschen Wirtschafts- und Sozialgeschichte**, Bd. 2, Stuttgart 1976, S. 934–953. [Sehr gut geeignet zur ersten Information.]
North, Michael, **Das Geld und seine Geschichte. vom Mittelalter bis zur Gegenwart**, München 1994.
Seidel, Karl-Dieter, **Die deutsche Geldgesetzgebung seit 1871: Münzen, Papiergeld und Notenbanken. Mit den Münzverträgen der deutschen Staaten im 19. Jahrhundert**, München 1973.
Sprenger, Bernd, **Das Geld der Deutschen. Geldgeschichte Deutschlands von den Anfängen bis zur Gegenwart**, 3., aktualisierte und erw. Aufl. Paderborn 2002.
Trapp, Wolfgang, **Kleines Handbuch der Münzkunde und des Geldwesens in Deutschland**, Stuttgart 1999.

3.6.5 Statistik

STATISTIK, von lat. *statisticum* = den Staat betreffend; ital. *statista* = der Staatsmann.

Mit dem Begriff **STATISTIK** bezeichnet man neben dem „Inbegriff theoretisch fundierter, empirischer, objektivierter Daten" (G. Menges) (→ Kap. 3.3.7) zugleich die Methoden und Verfahrensweisen, mit denen solche Daten über große Mengen ermittelt und bearbeitet werden. Mit Hilfe der Statistik wird versucht, die Realität in Form von Zahlen abzubilden. Unter statistischen Methoden versteht man daher die Verfahren, mit denen diese Zahlen ermittelt, verarbeitet, dargestellt und ausgewertet werden.

Als systematische Staatsbeschreibung wurde die Statistik zwischen dem 16. und 18. Jahrhundert zuerst in Italien entwickelt, dann in Holland und Deutschland. Statistik bedeutete insofern auch eine Kontrolle des Verwaltungshandeln und der Politik. In diesem Sinne schrieb 1804 August Ludwig Schlözer, Göttinger Professor für Geschichte und Staatskunde, also eben Statistik: „Statistik und Despotism [sic!] vertragen sich nicht zusammen. Unzählige Gebrechen des Landes sind Fehler der StaatsVerwaltung: Die Statistik zeigt sie an, controliert dadurch die Regierung, wird gar ihr Ankläger: Das nimmt der Despot ungnädig, der in solchen Angaben sein SündenRegister liest." (Schlözer, S. 51.)

Was Schlözer und seine Zeitgenossen betrieben, und was bis heute eine wichtige Aufgabe der statistischen Ämter darstellt, wird als beschreibende oder **deskriptive Statistik** bezeichnet: die Sammlung von Daten und Zahlen und ihre Darstellung in Form von Tabellen, Diagrammen oder Grafiken.

Um die ermittelten Daten interpretieren zu können, um Schlussfolgerungen aus ihnen ziehen zu können, ist es wichtig, geeignete Verfahren der Darstellung und der Bearbeitung der Daten zu wählen. Daten können in eine Tabelle eingetragen oder in ein grafisches Schaubild übertragen werden. Dann kann man sie auch weiter bearbeiten. Wie viele Kinder in Deutschland geboren werden, lässt sich genau feststellen, denn sie müssen ja beim Standesamt gemeldet werden. Auch die Anzahl der Frauen im gebärfähigen Alter ist bekannt, und so kann man errechnen, dass eine Frau in Deutschland derzeit durchschnittlich etwa 1,6 Kinder bekommt. Ein gefundenes Fressen für Statistikgegner, denn Kinder gibt es nur in ganzen Zahlen: Man hat keins, eins, zwei oder mehr. Der Durchschnitt oder **Mittelwert** ist also keine reale, sondern eine rechnerische Größe. Man kann vom Mittelwert nicht auf den Einzelfall schließen, aber er lässt sich etwa vergleichen mit dem Wert anderer Länder oder früherer Zeiten. Stellt man nun eine solche Zeitreihe her, kann man etwa feststellen, dass die Geburtenrate seit Gründung der Bundesrepublik abgenommen hat. Nun kann man mit mathematischen Methoden möglicherweise feststellen (ein erfundenes Beispiel!), dass zwischen den abnehmenden Geburtenrate und dem sinkenden Zwiebackkonsum eine **KORRELATION** besteht. Eine Korrelation ist eine statistische Verbindung, doch Vorsicht: Hier lauert der mögliche Fehlschluss. Denn diese Korrelation *kann* auf einen Zusammenhang hindeuten, sie *muss* aber nicht. Und sie sagt auch nichts darüber, wie dieser Zusammenhang aussieht: Bekommen die Frauen weniger Kinder, weil sie weniger Zwieback essen? Oder wird weniger Zwieback gegessen, weil weniger Kinder da sind? Oder hat beides nichts miteinander zu tun, und die Kinder essen vielleicht Butterkeks statt Zwieback? Die Statistik allein kann hierauf keine Antwort geben. In der Regel hat man deshalb zunächst eine begründete Vermutung und untersucht dann, ob sie sich auch statistisch erhärten lässt.

KORRELATION, von lat. *con* = zusammen und lat. *relatio* = Beziehung, Verhältnis; ein (statistischer) Zusammenhang.

Allerdings lässt sich nicht jede Gruppe oder Entität direkt auszählen. Nehmen wir die Wahlen. Hier wird natürlich gründlich gezählt, jede einzelne Stimme, doch es kann Tage dauern, bis dieses Ergebnis, das amtliche Endergebnis feststeht. Bereits wenige Minuten nach Schließung der Wahllokale erfahren wir im Fernsehen aber von den ersten Hochrechnungen. Für diese Hochrechnungen werden einzelne, möglichst sinnvoll, also repräsentativ ausgewählte Wahlkreise schnell ausgezählt und von diesen Ergebnissen mit mathematischen Methoden der **induktiven Statistik** auf das Gesamtergebnis geschlossen. Je größer die Stichprobe ist, desto genauer wird das Ergebnis. Auch das lässt sich am Wahlabend beobachten, wenn die Hochrechnungen sich allmählich dem späteren Endergebnis annähern. Mit den Methoden der induktiven Statistik arbeiten auch die Institute für Meinungsumfragen, die etwas mehr als 1000 nach festgelegten Kriterien ausgewählte Personen befragen und daraus auf die Meinungen von mehr als 80 Millionen Bundesbürgern schließen. Um von den gemessenen und gezählten Ergebnissen einer Stichprobe auf eine Gesamtheit schließen zu können, werden eine Reihe zum Teil tatsächlich komplizierter und deshalb auf viele abschreckend wirkender mathematischer Verfahren angewandt.

Historiker können Statistiken erstellen als **Längsschnitt- oder Querschnittstudien**. Längsschnittstudien bilden lange Reihen, die einen Wert über einen längeren Zeitraum verfolgen, etwa die Entwicklung der Getreidepreise im 19. Jahrhundert. Eine Querschnittstudie unternimmt die Untersuchung für einen festgelegten Zeitpunkt. Man kann etwa die Angehörigen des Paulskirchenparlamentes von 1848 unter die Lupe nehmen: Nach politischer Zugehörigkeit fragen, nach dem Beruf, also sozialem Status, nach sozialer Herkunft, regionaler Herkunft, Alter oder Religion.

Vertrackt ist dabei häufig die **Kategorienbildung** und deren Fortschreibung über einen längeren Zeitraum. Angenommen, wir sollen die Ausgaben eines durchschnittlichen Haushaltes über einen längeren Zeitraum beobachten. In den 1950er Jahren bestand der Haushalt aus vier Personen: Dem arbeitenden Vater, der als Hausfrau tätigen Mutter und den zwei Kindern. Heute ist dieses Modell nicht mehr so selbstverständlich. Es gibt sehr viel mehr Singlehaushalte als früher und viel mehr Einzelkinder, Alleinerziehende und aufgrund hoher Scheidungsraten Patchworkfamilien. Im 19. Jahrhundert gehörte zu einem Haushalt häufig noch das Personal, Knechte und Mägde auf dem Land, Hausmädchen, Köchinnen und Kindermädchen in der Stadt. Dabei war die Kinderzahl in der Regel höher. Wie kann man nun einen Langzeitvergleich anstellen?

Literatur

Ebner, Günter/Clauß, Heinz, **Statistik für Soziologen, Pädagogen, Psychologen und Mediziner**, Bd. 1, (Ost-)Berlin 1989.
Fischer, Wolfram/Kunz, Andreas (Hrsgg.), **Grundlagen der historischen Statistik von Deutschland. Quellen, Methoden, Forschungsziele** (Schriften des Zentralistituts für sozialwissenschaftliche Forschung der Freien Universität Berlin; Bd. 65), Opladen 1991.
Jarausch, Konrad H./Arminger, Gerhard/Thaller, Manfred, **Quantitative Methoden in der Geschichtswissenschaft. Eine Einführung in die Forschung, Datenverarbeitung und Statistik**, Darmstadt 1985.
Kennedy, Gavin, **Einladung zur Statistik**, 2. Aufl. Frankfurt/New York 1993.
Krämer, Walter, **Statistik verstehen**. Eine Gebrauchsanweisung, Frankfurt/New York 1992.
Krämer, Walter, **So lügt man mit Statistik**, Frankfurt/New York 1991.
Ohler, Norbert, **Quantitative Methoden für Historiker**. Eine Einführung, München 1980.
Schlözer, August Ludwig, **Theorie der Statistik. Nebst Ideen über das Studium der Politik überhaupt**, Göttingen 1804.

3.6.6 Andere Wissenschaften

Natürlich machen Historiker auch Anleihen bei vielen anderen Disziplinen, das hängt immer von den Quellen und von der Fragestellung ab. Ein Wirtschaftshistoriker etwa wird ohne profunde Kenntnisse der Ökonomie ebenso verloren sein, wie ein Wissenschaftshistoriker ohne Kenntnisse der von ihm untersuchten Disziplinen. Wer Gesellschaften vergangener Zeiten untersucht, sollte wissen, welche Erkenntnisse die Soziologie über Gesellschaften bereitstellt, wer sich etwa in einer Biographie mit Einzelpersonen beschäftigt, wird möglicherweise auf Methoden der Psychologie und Psychoanalyse zurückgreifen, um seine Quellen angemessen zu interpretieren und zu deuten. Diese Anleihen sind jedoch vorwiegend methodologischer Art, es geht um die angemessene Art, Quellen inhaltlich zu erschließen und zu deuten, also Erkenntnisse aus ihnen zu gewinnen. Insofern geht das über die Hilfestellung der „klassischen" Hilfswissenschaften weit hinaus, die vorwiegend der materialen, also der äußerlichen und formalen Erschließung der Quellen dienen.

Aufgaben zum Selbsttest

- Sie arbeiten im Archiv an den handgeschriebenen Aufzeichnungen eines Tuchhändlers, der in der ersten Hälfte des 19. Jahrhunderts importierte Stoffe in Hamburg aufkaufte, diese in verschiedenen deutschen Ländern verkaufte, und über seine An- und Verkäufe Buch führte. Welche Hilfswissenschaften nutzen Sie bei Ihrer Arbeit und mit welchem Ziel?
- Wann wurde in Frankreich der Meter als Maßeinheit festgeschrieben? Übertragen Sie das Datum in Abb. 37 in den Gregorianischen Kalender.

Literatur

Beck, Friedrich/Henning, Eckardt (Hrsgg.), **Die archivalischen Quellen. Mit einer Einführung in die Historischen Hilfswissenschaften**, 4. Aufl. Köln u. a. 2004. [Das Werk enthält einen quellenkundlichen und einen hilfswissenschaftlichen Teil. Es ist für angehende Archivare unentbehrlich, enthält aber auch viel Wissenswertes für angehende Neuzeithistoriker, u. a. viele weiterführende Literaturhinweise.]
Borowsky, Peter/Vogel, Barbara/Wunder, Heide, **Einführung in die Geschichtswissenschaft. Grundprobleme, Arbeitsorganisation, Hilfsmittel**, 5. überarb. u. aktual. Ausg. Opladen 1989.
Brandt, Ahasver von, **Werkzeug des Historikers. Eine Einführung in die historischen Hilfswissenschaften**, 10. Aufl. Stuttgart u. a. 1983. [Der Klassiker der Historischen Hilfswissenschaften, der allerdings in erster Linie für Mediävisten und Frühneuzeithistoriker konzipiert ist.]
Burschel, Peter/Schwendermann, Heinrich/Steiner, Kirsten/Wirbelauer, Eckard, **Geschichte. Ein Tutorium**, Freiburg i. Br. 1997.
Jäger, Jens, **Photographie: Bilder der Neuzeit. Einführung in die Historische Bildforschung** (Historische Einführungen; Bd. 7), Tübingen 2000.
Maurer, Michael (Hrsg.), **Aufriß der Historischen Wissenschaften**, Bd. 4: Quellen. Stuttgart 2002.

Literatur

[Enthält quellenkundliche Artikel mit vielen Literaturhinweisen zu verschiedenen Quellenarten, nach Epochen gegliedert.]

Meisner, Heinrich Otto, **Archivalienkunde vom 16. Jahrhundert bis 1918**, Göttingen 1969. [Enthält neben der ausführlichen Vorstellung der verschiedenen archivalischen Quellengattungen ein ausführliches Verzeichnis von Begriffen der Akten- und Behördensprache von Adresse über Kabinett und Umlauf bis Zirkular, die erläutert werden.]

Reimann, Norbert/Nimz, Brigitta/Bockhorst, Wolfgang (Hrsgg.), **Praktische Archivkunde. Ein Leitfaden für Fachangestellte für Medien- und Informationsdienste Fachrichtung Archiv**, Münster 2004.

Rusinek, Bernd-A./Ackermann, Volker/Engelbrecht, Jörg (Hrsgg.), **Einführung in die Interpretation historischer Quellen. Schwerpunkt: Neuzeit**, Paderborn/München/Wien/Zürich 1992. [Der Band präsentiert verschiedene Quellenarten, mit denen es Historiker des 19. und 20. Jahrhunderts zu tun haben und gibt Hinweise zum Erschließen und Verständnis der Quellen.]

Wissenschaftliche Literatur – der gelehrte Diskurs | 4

Überblick

Um wissenschaftlich zu arbeiten, muss man wissenschaftliche Literatur benutzen. Doch was ist wissenschaftliche Literatur? Wie lässt sie sich erkennen und von anderen Darstellungen der Vergangenheit unterscheiden? Das Kapitel stellt die wichtigsten Formen wissenschaftlicher Literatur vor und erläutert, wie man zu einem Thema die (wichtige) Literatur findet. Es nennt wichtige Titel, die man im Geschichtsstudium immer wieder braucht und gibt auch Tipps zum Aufbau einer eigenen Handbibliothek.

Was ist wissenschaftliche Literatur? | 4.1

Nicht alle Bücher und alle Texte, die sich mit der Vergangenheit beschäftigen, sind wissenschaftlich.
- Romane, die in vergangenen Epochen spielen oder historische Persönlichkeiten als Helden haben, sind keine wissenschaftliche Literatur, das leuchtet unmittelbar ein, denn hier werden zumeist „Tatsachen" mit Romanhaftem, also Erfundenem, angereichert und ununterscheidbar vermischt.
- Sachbücher, die Ergebnisse der Forschung für ein breites Publikum aufbereiten, diese in einer leicht lesbaren, anschaulichen oder tabellarischen Form präsentieren, zählen ebenfalls nicht zur wissenschaftlichen Literatur.
- Andererseits schreiben manche Wissenschaftler durchaus für ein breites Publikum und erzielen mit ihren Werken hohe Auflagen. Diese Bücher sind wissenschaftliche Literatur.
- Auch Internetseiten mit historischem Inhalt können alles Mögliche enthalten und gänzlich unwissenschaftlich sein, sie

WISSENSCHAFTLICHE LITERATUR – DER GELEHRTE DISKURS

Abb. 39

Die Bibliothek der Albert-Ludwigs-Universität in Freiburg.

können aber auch einen wissenschaftlichen Charakter aufweisen.
Diese Auflistung führt zu der Frage, woran man erkennen kann, ob ein Text „wissenschaftlich" ist oder nicht?

Definition

▶ In wissenschaftlicher Literatur werden die Ergebnisse wissenschaftlicher Forschung schriftlich so niedergelegt, dass sie für den Leser nachvollziehbar und überprüfbar sind.

Zunächst also gelten die bereits bekannten **Kriterien der Wissenschaftlichkeit** (→ Kap. 2.2). Wissenschaftliche Erkenntnis beruht auf Quellen und dem bisherigen Forschungsprozess, bezieht also die bisherige wissenschaftliche Literatur mit ein und baut auf ihr auf. Zugleich muss sie über das bisher Erreichte hinausgehen und etwas Neues bieten: Etwa einen zusätzlichen Aspekt, eine andere Fragestellung oder ein anderes, von bisherigen Erkenntnissen abweichendes, ihnen vielleicht sogar widersprechendes Ergebnis. Damit das Ergebnis nachprüfbar ist, muss die Darstellung argumentierend sein, sie muss die Gründe für eine These oder Schlussfolgerung offenlegen ebenso wie die Fakten, auf denen sie beruht.

Da all diese Fakten, die Dokumente und die Literatur, auf die man sich bezieht, nicht im Detail wiederholt werden können, ohne dass aus einem Aufsatz eine Bibliothek würde, verweist man in den sogenannten **Anmerkungen** auf sie. In der Anmerkung (meist als Fußnote) stehen alle diejenigen Informationen, die der Leser braucht, um den Gang der Argumentation und die Schlussfolgerungen einer wissenschaftlichen Arbeit überprüfen zu können. Hier steht dann beispielsweise, auf welcher Seite welchen Buches ein Argument zuerst geliefert wurde, auf welches Dokument der Autor sich stützt und in welcher Quellenedition oder in welchem Archiv es zu finden ist.

Ein Quellen- und Literaturverzeichnis im Anhang erleichtert dem Leser den Überblick darüber, auf welcher Quellengrundlage und auf welchem Forschungsstand eine Arbeit beruht. Hat jemand ein wichtiges Werk übersehen oder gar eine ganze Forschungsrichtung nicht zur Kenntnis genommen, werden das die Leser, die ja Wissenschaftler und daher kundig sind, negativ vermerken.

Darstellungsformen wissenschaftlicher Literatur

| 4.2

Wissenschaftliche Literatur weist gemeinsame Kriterien und Charakteristika auf, sie erscheint aber in unterschiedlichen Formen. Hinzu kommen sogenannte „Hilfsmittel", die man für das wissenschaftliche Studium und für die Forschung braucht. In diesem Kapitel werden die einzelnen Formen wissenschaftlicher Literatur systematisch und anhand von Beispielen vorgestellt. Dabei wird zugleich eine Auswahl wichtiger Grundlagentitel für das Geschichtsstudium angeführt.

Info

Wissenschaftliche Literatur

▶ – Verfolgt eine Fragestellung oder These,
– basiert auf der bisherigen Forschung,
– ist zumindest teilweise neu,
– macht gedankliche Operationen, Rechnungen, Analysen, Befunde nachvollziehbar,
– verwendet eine sachliche, argumentierende Sprache,
– verfügt über einen Anmerkungsapparat,
– verfügt über ein Quellen- und Literaturverzeichnis.

4.2.1 | Monographien

MONOGRAPHIE, von griech. *monos* = allein, *graphein* = schreiben; Einzelschrift.

Eine **MONOGRAPHIE** oder **Einzelschrift** ist eine geschlossene Abhandlung zu einem bestimmten Thema, die als selbstständige Veröffentlichung, also als Buch, erschienen ist. Monographien beruhen in der Regel auf originärer wissenschaftlicher Forschung. Monographien und **Aufsätze** (als die kleinere Ausgabe einer Monographie), die beiden Formen der in sich geschlossenen **Einzeluntersuchung**, bilden damit den Kern der geschichtswissenschaftlichen Forschungsliteratur.

Monographien können als Band in einer **Schriftenreihe** erscheinen. Wissenschaftliche Schriftenreihen haben häufig einen thematischen Rahmen (z.B. Beträge zur Militärgeschichte; Stadt und Bürgertum) oder einen theoretischen Anspruch (z.B. Kritische Studien zur Geschichtswissenschaft), sie werden von Institutionen (z.B. Historische Kommission bei der Bayerischen Akademie der Wissenschaften) herausgegeben oder schließen sich an eine wissenschaftliche Zeitschrift an (z.B. Schriftenreihe zur Zeitschrift für Unternehmensgeschichte). In den meisten Fällen müssen die Manuskripte von einem Gremium begutachtet werden, um in die Reihe aufgenommen zu werden, so dass es durchaus ein Gütesiegel darstellt, wenn ein Werk in einer renommierten Reihe erschienen ist.

Aufgrund der großen Fülle wichtiger Titel zu verschiedenen Themen des 19. und 20. Jahrhunderts können hier nur Beispiele genannt werden, um das Prinzip zu verdeutlichen. Um eine Monographie handelt es sich beispielsweise bei der folgenden Doktorarbeit oder **DISSERTATION**, die als Monographie in einer wissenschaftlichen Reihe erschienen ist:

DISSERTATION, von lat. *dissertare* = erörtern; die schriftliche wissenschaftliche Arbeit zur Erlangung der Doktorwürde.

– Michael Epkenhans, Die wilhelminische Flottenrüstung 1908 – 1914. Weltmachtstreben, industrieller Fortschritt, soziale Integration, München 1991 (Beiträge zur Militärgeschichte, Bd. 32).

Ein Standardwerk eines renommierten Historikers:
– Hayden White, Metahistory. Die historische Einbildungskraft im 19. Jahrhundert in Europa, Frankfurt am Main 1991.

Info

Monographie
- Eine selbstständige Schrift, ein Buch,
- Einzelschrift, d.h. geschlossene Abhandlung über ein spezielles Thema,
- originäre Forschung.

Eine Monographie kann auch eine Biographie sein – und sogar zweibändig, wie die Folgende:
– Hans-Peter Schwarz, Die Ära Adenauer. Gründerjahre der Republik 1949–1957; Epochenwechsel 1957–1963, 2 Bde. Stuttgart 1981–1983.

Handbücher

4.2.2

Handbücher sind Darstellungen zu Epochen oder Themen, die die Ereignisgeschichte im Zusammenhang konzentriert darstellen und dabei den Forschungsstand zusammenfassen. In der Regel haben sie in erster Linie **Lehrbuchcharakter**. Sie dienen der ersten Orientierung und ermöglichen zugleich den Einstieg in das vertiefte Studium eines Gegenstandes, da sie in der Regel umfangreiche Literaturangaben enthalten. Ein solches Handbuch kann als Monographie von einem Autor verfasst sein, der dabei in der Regel bereits vorher als Kenner des Gegenstandes ausgewiesen ist. Oder das Handbuch besteht aus Einzelbeiträgen mehrerer Autoren und wird dann in der Regel von einem Herausgeber verantwortet.

Wissenschaftliche Reihen mit Handbuchcharakter zum 19./20. Jahrhundert:
Oldenbourg Grundriss der Geschichte [OGG], hrsg. von Jochen Bleicken, Lothar Gall, Hermann Jacobs. Bd. 1 – (32). München 1979 –.

Der Griff zum jeweiligen „Grundriss"-Band sollte fast reflexartig erfolgen, wenn Sie sich ein neues Thema erschließen wollen. Die Bände behandeln jeweils eine Epoche und/oder Region von der Antike bis zur Zeitgeschichte. Alle Bände bestehen aus drei Teilen:
  I. Darstellung;
 II. Grundprobleme und Tendenzen der Forschung;
III. Quellen und Literatur.

Innerhalb dieses Gliederungsschemas erfahren Sie im I. Teil die wichtigsten Fakten, Sie erhalten einen Überblick über die Epoche und die wichtigsten Ereignisse. Der II. Teil soll aufzeigen, mit welcher Quellenbasis die historische Forschung arbeitet, wie sich die

Info

Handbuch

▶ – Eine konzentrierte, allgemeine Darstellung,
– Lehrbuchcharakter,
– Zusammenfassung des Forschungsstandes,
– es enthält weiterführende Literaturangaben.

Fragestellungen und die methodischen Zugänge und damit natürlich auch die Ergebnisse, Interpretationen, Ansichten, Schwerpunkte etc. entwickelt und verändert haben. Dass Geschichtswissenschaft mehr ist als die Aneinanderreihung von Daten und Fakten, dass es auf Methoden und Fragestellungen ankommt, haben Sie gehört. Hier, in diesen Kapiteln wird Ihnen am konkreten Beispiel vorgeführt, was das bedeutet. Der III. Teil schließlich enthält eine umfangreiche Bibliographie, mit deren Hilfe Sie den Zugang erhalten zu den wichtigen Quellen und zur Literatur zu einzelnen Themen und Aspekten.

Dieses Konzept bringt es mit sich, dass die Bände veralten und regelmäßig aktualisiert werden müssen. Achten Sie deshalb darauf, dass Sie eine neue Auflage benutzen.

Enzyklopädie deutscher Geschichte [EdG], hrsg. von Lothar Gall [u.a.]; Bd. 1 – (62). München 1988 –.

Die Bände der sogenannten EdG sind nach dem gleichen Schema aufgebaut wie die „Grundriss"-Bände. Behandelt werden hier speziellere Themen der deutschen Geschichte. Einige Beispiele:
- Gerhard Besier, Kirche, Politik und Gesellschaft im 19. Jahrhundert, München 1998 (Bd. 48).
- Hans-Werner Hahn, Die industrielle Revolution in Deutschland, München 1998 (Bd. 49).
- Heinz Reif, Adel im 19. und 20. Jahrhundert. München 1999 (Bd. 55).
- Andreas Schulz, Lebenswelt und Kultur des Bürgertums im 19. und 20. Jahrhundert, München 2005 (Bd. 75).

Gebhardt. Handbuch der deutschen Geschichte, 1. Aufl. Bd. 1 – 2, Stuttgart 1891 u. 1892. 8. Aufl. hrsg. von Herbert Grundmann, Bd. 1 – 4, Stuttgart 1954 – 1960. 10. Aufl. hrsg. von Alfred Haverkamp [u. a.], Bd. 1 – 24, Stuttgart 2002 – 2004.

Der „Gebhardt" ist der Klassiker unter den Handbüchern. Unter dem Titel wurde das Handbuch immer wieder von neuen Herausgebern und Autoren vollständig neu konzipiert und neu geschrieben. Die derzeit neueste ist die 10. Auflage. Trotz des gleichen Reihentitels ist es nicht nur eine Aktualisierung früherer Auflagen, sondern ein völlig neues Werk. Es tritt deshalb eher neben seinen Vorgänger, die 8. Auflage, als dass es ihn ersetzt. Diese 8. Auflage, die in den fünfziger Jahren des 20. Jahrhunderts geschrieben wurde, ist immer noch von großem Nutzen. Die Ereignisgeschichte finden Sie dort klar und präzise dargestellt.

Handbuch der Europäischen Geschichte, hrsg. v. Theodor Schieder, 7 Bde. Stuttgart 1968–1981.

Den „Schieder" neben dem „Gebhardt" zu etablieren, ist dem Herausgeber nicht gelungen, dennoch steht das Handbuch der Europäischen Geschichte gleichberechtigt neben dem „Gebhardt". Umgangssprachlich wird es deshalb manchmal der „Europa-Gebhardt" genannt. Theodor Schieder als einer der herausragenden Historiker der „alten" Bundesrepublik hat in den 1960er und 70er Jahren die führenden Kenner der jeweiligen Epochen versammelt und das Konzept des „Gebhardt" über den Rahmen des Nationalstaates hinausgeführt und auf die europäische Geschichte insgesamt angewendet.

Deutsche Geschichte der neuesten Zeit. Vom 19. Jahrhundert bis zur Gegenwart, hrsg. von Martin Broszat u. a. in Verbindung mit dem Institut für Zeitgeschichte, München 1984–1997.

Die einzelnen Bände haben jeweils eine Epoche zum Gegenstand, etwa „Vormärz" oder „Das Kaiserreich". Sie behandeln schwerpunktmäßig Politikgeschichte. Hier steht die Darstellung im Zentrum, der Gang der Forschung wird hier nicht erläutert, umfangreiche Literaturangaben fehlen.

Neue Historische Bibliothek, hrsg. v. Hans-Ulrich Wehler, Frankfurt am Main.

Die Einzelbände, die zur edition suhrkamp gehören, haben einen thematischen Zuschnitt und sind sozialwissenschaftlichen Methoden und Fragestellungen verpflichtet.

Die Deutschen und ihre Nation (= Siedler Deutsche Geschichte), Berlin 1982–2000.

Nicht nur für ein wissenschaftliches Publikum, sondern auch für geschichtsinteressierte Laien ist diese Reihe konzipiert, die vom frühen Mittelalter bis in die Gegenwart reicht. Die einzelnen Bände können für sich stehen, sie sind jeweils von Kennern der Epoche geschrieben.

Propyläen Geschichte Deutschlands, hrsg. von Dieter Groh, Bd. 1–9, Berlin 1983–1995.

Das Konzept der Propyläen Geschichte Deutschlands ist ganz ähnlich wie dasjenige aus dem Siedler Verlag. Es lohnt sich, die jeweiligen Bände vergleichend zu benutzen.

Kontroversen um die Geschichte, hrsg. v. Arnd Bauernkämper/Peter Steinbach/Edgar Wolfrum, Darmstadt 2002–.

Diese relativ junge Reihe setzt sich zum Ziel, Kernthemen des Geschichtsstudiums so aufzubereiten, dass sie Studenten eine nützliche Hilfe bei der Begleitung von Lehrveranstaltungen und der Vorbereitung ist. Hierfür sollen komplizierte Sachverhalte übersichtlich dargestellt und wichtige Forschungsprobleme diskutiert werden. Die optische Gestaltung der Bände erleichtert die schnelle Orientierung.

Zum 19. und 20. Jahrhundert sind bisher erschienen:
- Edgar Wolfrum, Krieg und Frieden in der Neuzeit, 2003.
- Ewald Frie, Das deutsche Kaiserreich, 2004.
- Dieter Gessner, Die Weimarer Republik, 2002.
- Detlef Schmiechen-Ackermann, Diktaturen im Vergleich, 2002.
- Beate Ihme-Tuchel, Die DDR, 2002.
- Bernd Stöver, Die Bundesrepublik Deutschland, 2002.
- Rolf-Ulrich Kunze, Nation und Nationalismus, 2005.

Handbuch der Geschichte Europas, hrsg. v. Peter Blicke, Stuttgart.
Zum 19. und 20. Jahrhundert dieser jungen und erschwinglichen Reihe sind bisher erschienen:
- Jörg Fisch, Europa zwischen Wachstum und Gleichheit. 1850–1914, 2002.
- Walther L. Bernecker, Europa zwischen den Weltkriegen. 1914–1945, 2002

Handbücher zur Wirtschafts- und Sozialgeschichte:
- Wolfram Fischer (Hrsg.), Handbuch der europäischen Wirtschafts- und Sozialgeschichte, 6 Bde. Stuttgart 1980 ff.
- Hermann Aubin/Wolfgang Zorn (Hrsg.), Handbuch der deutschen Wirtschafts- und Sozialgeschichte, 2 Bde. Stuttgart 1971 u. 1976.
- Henning, Friedrich-Wilhelm, Handbuch der Wirtschafts- und Sozialgeschichte Deutschlands. Teil 2: Deutsche Wirtschafts- und Sozialgeschichte im 19. Jahrhundert, Paderborn u. a. 1996.
- The Cambridge Economic History of Europe, 8 Bde. Cambridge 1941–1989.

Handbücher zur Bildungsgeschichte:
– Christa Berg (Hrsg.), Handbuch der deutschen Bildungsgeschichte, 6 Bde. München 1987–2005.
– Walter Rüegg (Hrsg.), Geschichte der Universität in Europa, bisher 3 Bde. München 1993–2004.

Handbücher zur Rechts- und Verfassungsgeschichte:
– Ernst Rudolf Huber, Deutsche Verfassungsgeschichte seit 1789, 8 Bde. Stuttgart u.a. 1957–1990.
– Hans Fenske, Deutsche Verfassungsgeschichte. Vom Norddeutschen Bund bis heute (Beiträge zur Zeitgeschichte; Bd. 6), Berlin 1981. 4. Aufl. 1993.
– Dietmar Willoweit, Deutsche Verfassungsgeschichte vom Frankenreich bis zur Wiedervereinigung Deutschlands. Ein Studienbuch, 5. erw. u. erg. Aufl. München 2005.

Handbuch zur Militärgeschichte:
– Handbuch zur deutschen Militärgeschichte 1648–1938, Bd. 1–6. Hrsg. v. Militärgeschichtlichen Forschungsamt, München/Freiburg 1964–1981.

Handbücher zur Kirchengeschichte:
– Josef Lenzenweger u.a. (Hrsg.), Geschichte der katholischen Kirche. Ein Grundkurs, 3. Aufl. 1995 (zuerst 1986).
– Hubert Jedin [Bd. 7: u. Konrad Repgen] (Hrsg.), Handbuch der Kirchengeschichte, 7 Bde. Freiburg/Basel/Wien 1962–1979.
– Raymund Kottje/Bernd Moeller (Hrsg.), Ökumenische Kirchengeschichte, 3 Bde. Mainz/München 5. Aufl. 1989 u. 1993 (zuerst 1970–1974).
– Jean-Marie Mayeur u.a. (Hrsg.), Geschichte des Christentums. Religion. Politik. Kultur, dt. Ausg. hrsg. v. Norbert Brox u.a., Freiburg u.a. 1991–2004.

Epochendarstellungen

| 4.2.3

Auch Epochendarstellungen können häufig als Handbücher benutzt werden, ihr Lehrbuchcharakter ist aber weniger stark ausgeprägt als bei eigentlichen Handbüchern. Sie ziehen nicht allein die Bilanz der bisherigen Forschungen zu einem Thema und resümieren den Wissensstand, sie bieten vor allem eine eigenständige

Info

Epochen-darstellung

- Zusammenfassende Darstellung einer Epoche,
- Lehrbuchcharakter ist weniger ausgeprägt als beim Handbuch,
- zieht Bilanz der bisherigen Forschungen,
- Deutung und Interpretation des Autors stehen im Vordergrund.

Deutung einer Epoche, einen persönlichen Zugriff, der stets auch Interpretation bedeutet. Dabei handelt es sich selbstverständlich nicht um bloße „Meinung", sondern um ein wissenschaftlich begründetes Urteil, das jedoch unterschiedlich und sogar kontrovers ausfallen kann. Die jeweilige These ist häufig schon im Titel angedeutet.

Wichtige Epochendarstellungen zum 19./20. Jahrhundert:
Thomas Nipperdey, Deutsche Geschichte, 3 Bde. München 1990 und 1992.
Nipperdeys dreibändige deutsche Geschichte gehört zu den Standardwerken, die Sie kennen müssen, wenn Sie sich mit dem 19. Jahrhundert beschäftigen. Ein Klassiker, auf den Sie immer wieder zurückgreifen können, der sich aber auch für die schmökernde Lektüre, für das Lesen an einem Stück eignet.

Nach dem ersten Band, der den Abschnitt 1800 bis 1866 behandelt, künden die beiden Bände des zweiten Abschnittes vom Zugriff und der Interpretation des Autors bereits im Titel. Band I trägt den Zusatz „Arbeitswelt und Bürgergeist", Bd. II den Zusatz: „Machtstaat vor der Demokratie". Nipperdey stellt im Titel das Herrschaftssystem heraus, das die Macht beim Monarchen, bei Adel und Militär konzentrierte und nicht demokratisch war, auch wenn es mit dem Reichstag ein nach allgemeinem Wahlrecht gewähltes Parlament gab. Der Begriff Machtstaat verweist zugleich auf das Ideal des starken Staates mit weitreichenden Kompetenzen etwa in der Sozialpolitik. Machtstaat vor der Demokratie weist zunächst auf eine zeitliche Reihenfolge hin, dass nämlich nach dem Zusammenbruch des preußisch-deutschen Machtstaates 1918 die demokratische Weimarer Republik errichtet wurde. Zugleich deutet der Titel an, dass das autoritäre System Preußen-Deutschlands schon im 19. Jahrhundert vom Prinzip der Demokratie herausgefordert wurde, dass die Forderung nach Demokratisierung und Parlamentarisierung bereits vor der Errichtung des demokratischen Staates 1918 bestand.

Hans-Ulrich Wehler, Deutsche Gesellschaftsgeschichte, 5 Bde. München 1987–2004. Neben dem „Nipperdey" ist „der Wehler", wie seine Gesellschaftsgeschichte längst genannt wird, die andere große Epochendarstellung des 19. Jahrhunderts. Wehlers Stil ist weniger erzählend, stattdessen strukturierter und thesenhafter. Der Titel kündet von seinem Vorhaben, das methodische Konzept der Sozial- und Gesellschaftsgeschichte, das er wesentlich geprägt hat, konsequent durchzuführen (→ Kap. 2.4.3). Der Stoff wird deshalb für jede Epoche jeweils in die „Strukturbedingungen und Entwicklungsprozesse" der Bereiche Wirtschaft, Gesellschaft, Politik und Kultur gegliedert.

Heinrich August Winkler, Der lange Weg nach Westen. Bd. 1: Deutsche Geschichte vom Ende des Alten Reiches bis zum Untergang der Weimarer Republik, Bd. 2: Deutsche Geschichte vom „Dritten Reich" bis zur Wiedervereinigung, München 2000. Der Titel Winklers greift die These vom „deutschen Sonderweg" auf, der zufolge sich Deutschland im 19. Jahrhundert immer weiter von der „normalen" Entwicklung der europäischen Nationalstaaten hin zu Parlamentarismus und Demokratie entfernt und eben deshalb 1933 in den Nationalsozialismus geführt habe.

Volker Ullrich, Die nervöse Großmacht 1871–1918. Aufstieg und Untergang des deutschen Kaiserreichs, Frankfurt am Main 1997. Ullrich betont mit seinem Titel außenpolitische Aspekte: Das 1871 nach dem Sieg im deutsch-französischen Krieg gegründete Deutsche Reich hatte eine Großmachtstellung in Europa inne, war aber dennoch nicht gelassen-selbstbewusst, sondern „nervös". Zugleich greift Ullrich damit einen Modebegriff des Kaiserreiches auf, der auf eine verbreitete Stimmung hinweist.

Eric Hobsbawm, Das Zeitalter der Extreme. Weltgeschichte des 20. Jahrhunderts, München 1995. Der Titel des Werkes ist zu einer geläufigen Bezeichnung des 20. Jahrhunderts geworden.

Harold James, Geschichte Europas im 20. Jahrhundert. Fall und Aufstieg 1914–2001, München 2004.

Manfred Görtemaker, Geschichte der Bundesrepublik Deutschland. Von der Gründung bis zur Gegenwart, München 1999.

4.2.4 Aufsätze

Wie eine Monographie ist auch ein wissenschaftlicher Aufsatz eine geschlossene Abhandlung zu einem speziellen Thema und originäre wissenschaftliche Forschung. Der Aufsatz ist allerdings in der Regel kürzer als eine Monographie, deshalb ist auch der Gegenstand kleiner, das Thema spezieller. Das wichtigste Unterscheidungsmerkmal zur Monographie ist ein formales: Aufsätze erscheinen nicht selbstständig, sondern in Zeitschriften oder Sammelbänden. Sie sind deshalb in Bibliothekskatalogen nicht verzeichnet. Ein Hilfsmittel, um Zeitschriftenaufsätze zu ermitteln, ist die Internationale Bibliographie der Zeitschriftenliteratur (IBZ). Neben der gedruckten Ausgabe ist sie als Online-Ressource verfügbar, die jedoch lizenzpflichtig ist. Sie müssen daher – sofern Ihre UB die Lizenzgebühr bezahlt – über die Seite Ihrer UB zugreifen.

Info

Aufsatz
- Die wissenschaftliche Darstellung eines speziellen Themas,
- kürzer als eine Monographie,
- erscheint in Zeitschriften oder Sammelbänden.

Beispiele für Aufsätze:
- Lothar Gall, Liberalismus und „bürgerliche Gesellschaft". Zu Charakter und Entwicklung der liberalen Bewegung in Deutschland, in: Historische Zeitschrift 220/1975, S. 324–356.
- Knut Borchhardt, Die Bundesrepublik in den säkularen Trends der wirtschaftlichen Entwicklung, in: Ders. (Hrsg.), Wachstum, Krisen, Handlungsspielräume in der Wirtschaftspolitik, Göttingen 1982, S. 125–150.
- Gisela Mettele, Der private Raum als öffentlicher Ort. Geselligkeit im bürgerlichen Haus, in: Dieter Hein/Andreas Schulz (Hrsg.), Bürgerkultur im 19. Jahrhundert. Bildung, Kunst und Lebenswelt, München 1996, S. 155–169.
- Margaret Lavinia Anderson, The Kulturkampf and the Course of German History, in: Central European History 19/1986, p. 82–115.

4.2.5 Rezensionen

REZENSION, von lat. *recensere* = kritisch begutachten.

REZENSION nennt man die Vorstellung und Beurteilung einer Veröffentlichung. Sie erfolgt in der Regel durch kompetente Fachkollegen. Rezensionen erleichtern es, den Überblick über den Gang der Forschung zu erhalten, denn hier erfährt man nicht nur, welche Bücher erschienen sind, sondern erhält zudem komprimierte Informationen zu Inhalt, Gegenstand, These und vielleicht auch zur Qualität des Werkes, selbst wenn man natürlich immer berücksichtigen muss, dass auch die Urteile von Rezensenten nie „objektiv" sind.

Viele wissenschaftliche Zeitschriften enthalten einen eigenen Rezensionsteil, daneben gibt es eigene Rezensionszeitschriften, die ausschließlich Rezensionen und keine Aufsätze veröffentlichen (→ Kap. 4.2.6).

Zwei Hilfsmittel stehen Ihnen zur Verfügung, um Rezensionen zu ermitteln und Ihnen das Durchsuchen der Zeitschriften zu erleichtern und abzukürzen:

Die Internationale Bibliographie der Rezensionen (IBR), die als Buch-Ausgabe und lizenzpflichtige Onlineressource vorliegt. Der Zugang zur Online-Datenbank erfolgt daher über die Homepage Ihrer Universitätsbibliothek, sofern diese die Lizenz erworben hat.

Historische Monographien werden häufig auch in den großen Tageszeitungen rezensiert. Über den frei zugänglichen Internet-Dienst Perlentaucher (http://www.perlentaucher.de) finden Sie eine Zusammenfassung und vor allem eine Auflistung der Rezensionen in Tageszeitungen, nicht jedoch die Artikel.

„Historische Rezensionen Online" verzeichnet online veröffentlichte Rezensionen, zu finden im Internet unter Clio-online, Rezensionen: (http://www.clio-online.de)

Zeitschriften | 4.2.6

Zeitschriften bilden das Forum des Faches, sie sind Orte, an denen das „wissenschaftliche Gespräch" am ehesten sichtbar wird. Während Bücher meist in einem jahrelangen Entstehungsprozess geschrieben werden und es auch nach der Fertigstellung des Manuskriptes bis zum Erscheinen des Buches einige Zeit dauern kann, bieten Zeitschriften eine Möglichkeit, einzelne Forschungsergebnisse in Form von Aufsätzen den Fachkollegen schneller mitzuteilen, sie sind also aktueller. Jede Zeitschrift erhebt gewisse Ansprüche an die Aufsätze, die das Herausgebergremium annimmt. Das betrifft auch die Auswahl der Themen und Methoden, die dem Programm, der inhaltlichen Ausrichtung der Zeitschrift entsprechen müssen. Für Anfänger hat dies den Vorteil, dass man bei einem Aufsatz in einer anerkannten historischen Fachzeitschrift davon ausgehen kann, dass es sich um einen seriösen wissenschaftlichen Beitrag handelt. Von Schwerpunkt und Ausrichtung der Zeitschrift kann man zudem häufig schon Rückschlüsse auf die in ihr enthaltenen Aufsätze ziehen, sie einer bestimmten Forschungsrichtung zuordnen.

In Zeitschriften werden auch Debatten geführt über einzelne Thesen oder Ansätze, Themen kontrovers behandelt. Viele Zeitschriften enthalten zudem einen Rezensionsteil.

Info	
Zeitschrift	▶ – Ist ein Ort wissenschaftlicher Kontroversen, – hat größere Aktualität als Monographien, – enthält Aufsätze, die Forschungsergebnisse der Fachöffentlichkeit mitteilen, – hat zumeist ein Programm oder eine thematische, inhaltliche, periodische oder methodische Ausrichtung, – Aufsätze sind von Herausgebern angenommen worden, sie entsprechen damit den Standards und dem Programm der Zeitschrift, – enthält häufig einen Rezensionsteil.

Wichtige Zeitschriften zum 19. und 20. Jahrhundert

Hier finden Sie eine Auswahl der wichtigsten deutschen und internationalen Fachzeitschriften, die Themen des 19. und 20. Jahrhunderts behandeln. Die Organe werden nicht einzeln vorgestellt und charakterisiert. Eine Übersicht über die historischen Fachzeitschriften, von denen hier nur eine sehr kleine Auswahl genannt werden kann, ihre Präsentation und aktuelle Inhaltsverzeichnisse finden Sie online auf der Seite von H-Soz-und-Kult:
http://hsozkult.geschichte.hu-berlin.de/zeitschriften/

Selbstverständlich finden sie eine umfangreiche Liste auch in Winfried Baumgarts Bücherverzeichnis zur deutschen Geschichte, 15. Aufl. München 2003.

Historische Zeitschrift [HZ]. Begründet von Heinrich von Sybel, fortgeführt von Friedrich Meinecke, hrsg. von Lothar Gall, Bd. 1/1859 –

Geschichte und Gesellschaft [GG]. Zeitschrift für Historische Sozialwissenschaften, hrsg. von Werner Abelshauser u. a. Jg. 1/1975 –.

Zeitschrift für Geschichtswissenschaft [ZfG], hrsg. von Wolfgang Benz u.a., Berlin [bis 1990 Ost-Berlin]. Jg. 1/1953 –.

Vierteljahrshefte für Zeitgeschichte [VfZ], im Auftrag des Instituts für Zeitgeschichte München hrsg. von Karl Dietrich Bracher u.a. Jg. 1/1953 –.

Von der Redaktion der VfZ betreute Rezensionen erscheinen nicht in der Druckausgabe, sondern im elektronischen Rezensionsorgan sehepunkte: http://www.sehepunkte.historicum.net/

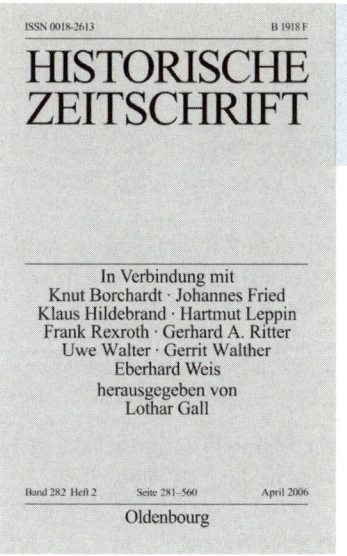

Abb. 40

Titelblatt der „Historischen Zeitschrift".

Zeithistorische Forschungen/Studies in Contemporary History [ZF/SCH], hrsg. v. Konrad H. Jarausch und Christoph Kleßmann in Verbindung mit Zeitgeschichte-online, Jg. 1/2004 –.
http://www.zeithistorische-forschungen.de
Kostenloses Volltextangebot online, es gibt auch eine Druckausgabe.

Historisches Jahrbuch, im Auftrag der Görres Gesellschaft hrsg. v. Hans-Michael Körner u.a., Jg. 1/1880 –.

Archiv für Sozialgeschichte [AfS], hrsg. v. d. Friedrich-Ebert-Stiftung, Bonn, in Verbindung mit dem Institut für Sozialgeschichte e.V., Jg. 1/1961 –. http://www.fes.de/afs-online/

Vierteljahrschrift für Sozial- und Wirtschaftsgeschichte [VSWG], hrsg. von Günther Schulz u.a., Jg. 1/1903 –.

Zeitschrift für Unternehmensgeschichte [ZUG], hrsg. im Auftrag der Gesellschaft für Unternehmensgeschichte, Jg. 1/1956 – (bis Jg. 21/1976 unter d. Titel: Tradition).

Historische Anthropologie. Kultur – Gesellschaft – Alltag, Jg. 1/1993 –.

Journal of Modern European History. Zeitschrift für moderne europäische Geschichte, hrsg. v. Dietrich Beyrau u. a., München Jg. 1/2003–.

Revue Historique [RH], fondée en 1876 par Gabriel Monod, hrsg. von Jean Favier u. René Rémond, Bd. 1/1876–.

American Historical Review [AHR], hrsg. von der American Historical Association, Jg. 1/1896–.

Annales. Histoire, Sciences, Sociales, hrsg. von Charles Moraze u. a., Bd. 1/1946–.

The English Historical Review [EHR], hrsg. von J. R. Maddicott u. J. Stevenson, Bd. 1/1886–.

Past and Present, ed. by Chris Wickham u. Lyndal Roper, Jg. 1/1956–.

Francia. Forschungen zur westeuropäischen Geschichte, hrsg. v. Deutschen Historischen Institut in Paris, Jg. 1/1973–.

Osteuropa, hrsg. von der Deutschen Gesellschaft für Osteuropakunde, Jg. 1/1951–.

Jahrbücher für Geschichte Osteuropas [JBfGOE], hrsg. im Auftrag des Osteuropa-Institutes München in Verbindung mit Helmut Altrichter u. a., Jg. 1/1953–.

Zeitschrift für Kirchengeschichte [ZKG], hrsg. v. Wolfgang Bienert u. a., Jg. 1/1887–.

Zeitschrift der Savigny-Stiftung für Rechtsgeschichte [ZRG].
Germanistische Abteilung, Jg. 1/1880–.
Romanistische Abteilung, Jg. 1/1880–.
Kanonistische Abteilung, Jg. 1/1911–.

Zeitschriften zur Didaktik der Geschichte:
Geschichte in Wissenschaft und Unterricht [GWU]. Zeitschrift des Verbandes d. Geschichtslehrer Deutschlands, hrsg. von Michael Sauer u. a., Jg. 1/1950–.

Geschichte lernen. Geschichtsunterricht heute, Jg. 1/1987/88 –.
http://www.geschichte-lernen.de/

Praxis Geschichte, Jg. 1/1987 –.

Zeitschrift für Geschichtsdidaktik. Grundfragen, Forschungsergebnisse, Perspektiven, hrsg. im Auftrag der Konferenz für Geschichtsdidaktik, Jg. 1/2002 –.

Rezensionszeitschriften:
Neue politische Literatur [NPL], Berichte über das internationale Schrifttum, hrsg. von Karl Otmar Frhr. v. Aretin u. a., Jg. 1/1956 –.

Das historisch-politische Buch [HPB], hrsg. im Auftr. d. Ranke-Gesellschaft, Göttingen u. a., Jg. 1/1953 –.

H-Soz-u-Kult Rezensionen täglich auf:
http://hsozkult.geschichte.hu-berlin.de/rezensionen/
Die Rezensionen erscheinen vierteljährlich in identischer Form noch einmal auf Papier:
Historische Literatur. Rezensionszeitschrift von H-Soz-u-Kult, Jg. 1/2003 –.

Sehepunkte, hrsg. v. Gudrun Gersmann/Peter Helmberger/Matthias Schnettger, Jg. 1/2001 –. http://www.sehepunkte.historicum.net/.

Sammelbände | 4.2.7

Sammelbände enthalten mehrere Aufsätze. Meist sind es verschiedene Aufsätze unterschiedlicher Autoren, die Einzelaspekte eines Themas oder einer Fragestellung behandeln. Tagungsbände sind ein Beispiel hierfür, die die Vorträge einer Tagung dem Publikum zugänglich machen. Neben dieser inhaltlichen Klammer, die die Aufsätze zusammenfügt, gibt es auch formale. Etwa, wenn die Aufsätze eines Autors in einem Sammelband erneut veröffentlicht werden. Sie behandeln dann in der Regel unterschiedliche Themen und Gegenstände. Auch Festschriften sind Sammelbände. Die Schüler und Kollegen eines Gelehrten ehren ihn zu einem runden und hohen Geburtstag mit jeweils einem Aufsatz, der idealerweise einen Bezug zu den Forschungen des Geehrten aufweist. Da dieses

Ideal nicht immer eingelöst wird, sind Festschriften häufig ein buntes Sammelsurium ganz unterschiedlicher Beiträge. In Bibliothekskatalogen sind die einzelnen Aufsätze nicht verzeichnet, nur der Band selbst mit dem Namen des Herausgebers.

> **Info**
>
> **Sammelband**
> ▶ – Enthält mehrere Aufsätze,
> – behandelt in der Regel ein übergreifendes Thema,
> – bietet oft ein breiteres Spektrum als Monographien.

Beispiele für Sammelbände:
- Dieter Hein/Andreas Schulz (Hrsg.), Bürgerkultur im 19. Jahrhundert. Bildung, Kunst und Lebenswelt, München 1996. [In diesem Sammelband haben mehrere Autoren Einzelaspekte eines übergreifenden Themas behandelt.]
- Mitchell G. Ash (Ed.), German Universities. Past and Future. Crisis or Renewal? (Policies and Institutions), Providence/Oxford 1997.
- Hans Mommsen, Der Nationalsozialismus und die deutsche Gesellschaft. Ausgewählte Aufsätze, hrsg. v. Lutz Niethammer u. Bernd Weisbrod, Reinbek bei Hamburg 1991. [In diesem Sammelband sind die Aufsätze eines Autors zu unterschiedlichen Themen versammelt. Häufig geben die Schüler eines renommierten Gelehrten (hier: Lutz Niethammer und Bernd Weisbrod) seine zum Teil verstreut erschienenen Aufsätze zu einem runden (häufig dem 60. oder 65.) Geburtstag gesammelt heraus.]
- Armin Kohnle/Frank Engehausen (Hrsg.), Zwischen Wissenschaft und Politik. Studien zur deutschen Universitätsgeschichte. Festschrift für Eike Wolgast zum 65. Geburtstag, Stuttgart 2001. [Beispiel für eine Festschrift, wie sie zu einem hohen runden Geburtstag eines Gelehrten erscheint. Diese Festschrift enthält keinen Beitrag des Geehrten, vielmehr haben seine Kollegen und Schüler Beiträge (idealerweise) zu Themen beigetragen, mit denen dieser sich in seinem Wissenschaftlerleben beschäftigt hat.]

BIBLIOGRAPHIE, von griech. *biblos* = buch, *graphein* = schreiben; Verzeichnis der Bücher zu einem Thema

4.2.8 Bibliographien

BIBLIOGRAPHIEN enthalten möglichst vollständig die in einem gewissen Zeitraum oder zu einem bestimmten Thema erschienene Literatur. Durch den Anspruch auf Vollständigkeit unterscheiden sie sich von Literaturlisten, die lediglich eine Auswahl präsentieren. Deshalb sollten Sie das Literaturverzeichnis Ihrer Hausarbeiten nicht Bibliographie nennen.

Wichtige Bibliographien zur Geschichte des 19. und 20. Jahrhunderts:
Winfried Baumgart, **Bücherverzeichnis zur deutschen Geschichte**. Hilfsmittel, Handbücher, Quellen, 15. durchges. u. erw. Aufl., München 2003.

Im strengen Wortsinn ist „Baumgarts Bücherverzeichnis" keine echte Bibliographie, sondern eben ein Verzeichnis der wichtigen Grundlagenwerke. Als solches ist es ein unverzichtbares Hilfsmittel, denn es erleichtert es Ihnen, zu bestimmten Themen und Problemen die wichtigen Nachschlagewerke und Handbücher zu finden und damit jeweils den Ausgangspunkt Ihrer Literatursuche. Hier finden Sie auch wichtige Nachschlagewerke und Literatur benachbarter Disziplinen verzeichnet. Es ist als Taschenbuch zu einem erschwinglichen Preis erhältlich. – Eine Anschaffung, die sich nicht nur lohnt, sondern unbedingt zu empfehlen ist.

Historische Bibliographie. Berichtsjahr XX., hrsg. v. der Arbeitsgemeinschaft Außeruniversitärer Historischer Forschungseinrichtungen in der Bundesrepublik Deutschland (AHF), München 1/1986(1987) –.
http://www.ahf-muenchen.de

Die Datenbank Historische Bibliographie der Berichtsjahre seit 1990 umfasst über 172 700 bibliographische Einträge der in Deutschland sowie im deutschsprachigen Ausland erschienenen historischen Bücher, deutsche sowie fremdsprachige Zeitschriftenaufsätze, Beiträge aus Sammelwerken und sonstige Veröffentlichungen.

Sie wird ergänzt durch über 10 000 Einträge in Bearbeitung befindlicher Forschungsarbeiten aus dem „Jahrbuch der historischen Forschung". Die Meldungen erfolgen durch die Autoren. Dies ermöglicht es Forschern – also auch Examenskandidaten und Doktoranden – zu erkennen, wer zu gleichen oder ähnlichen Themen arbeitet.

Beachten Sie, dass die Historische Bibliographie kostenpflichtig und damit nicht frei zugänglich ist. Die Lizenzgebühr entrichtet Ihre Universitätsbibliothek, und gewährt Ihnen als Student damit Zugang, der allerdings über die Internetseite Ihrer UB und mit Ihrem Login erfolgen muss.

Österreichische Historische Bibliographie (ÖHB) [Elektronische Ressource], hrsg. von der Universität Klagenfurt, Fakultät für Kulturwissenschaften, Klagenfurt 1945 –. http://www.uni-klu.ac.at/oehb/

Jahresberichte für deutsche Geschichte, hrsg. von der Berlin-Brandenburgischen Akademie der Wissenschaften.

Die Jahresberichte für deutsche Geschichte werden seit 1880 von der Berlin-Brandenburgischen Akademie der Wissenschaften erstellt. Nach der kriegsbedingten Unterbrechung seit 1942 wurden sie 1947 wieder aufgenommen, litten allerdings in der DDR unter zunehmender technischer Rückständigkeit und darunter, dass die Redaktion nicht den Zugang zu allen Neuveröffentlichungen hatte. Nach der Wiedervereinigung wurden die Jahresberichte inhaltlich und technisch erneuert. Seit 1994 bestehen sie in der derzeitigen Form und Struktur.

Aufgenommen werden sowohl deutsch- als auch fremdsprachige Titel von wissenschaftlichen Veröffentlichungen zur deutschen Geschichte von den Anfängen bis zur Gegenwart. Die Datenbank enthält Monographien, Sammelbände, Sammelbandbeiträge, Zeitschriftenaufsätze, Quelleneditionen, Nachschlagewerke und Bibliographien. Auch sogenannte „graue Literatur", also solche, die nicht über den Buchhandel erhältlich ist, wird aufgenommen, nicht jedoch ungedruckte Dissertationen und Habilitationen.

Seit 2003 gibt es zusätzlich zur gedruckten Ausgabe eine Online-Datenbank mit den seit 1985 erschienen Titeln. Derzeit (Stand: April 2006) enthält die Datenbank etwa 290 000 Einträge mit Verknüpfungen in die Zeitschriftendatenbank (ZDB), den Karlsruher Virtuellen Katalog (KVK) sowie zu online verfügbaren Rezensionen.
http://www.bbaw.de/forschung/jdg/index.html

Bibliographie zur Zeitgeschichte (Beilage der Vierteljahrshefte für Zeitgeschichte).

Einmal pro Jahr im Oktober erscheint als Beilage zu den Vierteljahrsheften für Zeitgeschichte die Bibliographie zur Zeitgeschichte. Es handelt sich um eine Auswahlbibliographie, die Neuerscheinungen zur Geschichte des 20. Jahrhunderts – Periodika, Monographien und Aufsätze – der jeweils letzten drei Erscheinungsjahre verzeichnet. Die Schwerpunkte sind Deutsche Geschichte, Europäische Geschichte und Geschichte der internationalen Beziehungen.
http://www.ifz-muenchen.de/bibliothek/bibliographie.html

Weitere bibliographische Hilfsmittel:
- Verzeichnis lieferbarer Bücher (VLB), online erreichbar unter:
  http://www.buchhandel.de/
  Listet die derzeit im Buchhandel erhältlichen Bücher auf.
- Die Deutsche Nationalbibliothek.
  Online-Kataloge der Deutschen Nationalbibliothek, die an den Standorten in Leipzig und Frankfurt am Main das in deutscher Sprache seit 1913 erschienene Schrifttum sammelt und bibliographisch verzeichnet.
  http://www.d-nb.de.
- Karlsruher Virtueller Katalog.
  Enthält die virtuelle Zusammenfassung der nationalen Verbundkataloge der wichtigsten europäischen Länder (Deutschland, Österreich, Schweiz, Großbritannien, Frankreich, Italien, Norwegen, Schweden) sowie der USA. Der KVK ist deshalb besonders dann wichtig, wenn man ausländische Literatur sucht, die in den nationalen Bibliographien und Bücherverzeichnissen nicht enthalten ist. http://www.ubka.uni-karlsruhe.de/kvk.html

Nachschlagewerke | 4.2.9

Wie Handbücher ermöglichen auch Nachschlagewerke den Einstieg in ein Thema. Während Handbücher chronologisch vorgehen, sind Lexika systematisch aufgebaut, die einzelnen Artikel stehen dabei in alphabetischer Reihenfolge. Hier kann man sich gezielt über Personen informieren und einzelne Schlüsselbegriffe nachschlagen, etwa: Imperialismus, Arbeiterschaft, Bürgertum, Revolution.

Es gibt allerdings unterschiedliche Arten von Lexika. Konversationslexika und Nachschlagewerke wie der „Ploetz" oder der „dtv-Atlas zur Weltgeschichte" bieten kompakte Informationen, die Beiträge sind jedoch nicht namentlich gekennzeichnet, eine (fachfremde) Redaktion hat also möglicherweise in den Text eingegriffen. Zudem enthalten diese Nachschlagewerke dasjenige Wissen, über das man in der Regel verfügen sollte, das allgemeine, nicht in Frage stehende Faktenwissen. Selbstverständlich sind sie immer wieder hilfreich, doch werden sie in einer wissenschaftlichen Arbeit in der Regel nicht zitiert.

Anders ist das bei wissenschaftlichen Nachschlagewerken, deren Artikel die Kriterien wissenschaftlicher Literatur erfüllen: Sie argumentieren, sind namentlich gekennzeichnet und enthalten meistens weiterführende Literaturangaben.

Wichtige Nachschlagewerke für Historiker:
Quellenkunde:
- Winfried Baumgart (Hrsg.), Quellenkunde zur deutschen Geschichte der Neuzeit von 1500 bis zur Gegenwart, 7 Bde., Darmstadt.
Bd. 3: Absolutismus und Zeitalter der Französischen Revolution (1715–1815), bearb. v. Klaus Müller, 1982.
Bd. 4: Restauration, Liberalismus und nationale Bewegung (1815–1870), bearb. v. Wolfram Siemann, 1982.
Bd. 5,1–2: Das Zeitalter des Imperialismus und des Ersten Weltkrieges (1871–1918), bearb. v. Winfried Baumgart. 2. überarb. Aufl. 1991.
Bd. 6,1: Weimarer Republik, Nationalsozialismus, Zweiter Weltkrieg (1919–1945), Teil 1, bearb. v. Hans Günter Hockerts, 1996.
Bd. 6,2: Weimarer Republik, Nationalsozialismus, Zweiter Weltkrieg (1919–1945), Teil 2, bearb. v. Wolfgang Elz, 2003.
Bd. 7: Besatzungszeit, Bundesrepublik Deutschland und Deutsche Demokratische Republik (1945–1969), bearb. v. Michael Hollmann, 2001.

Biographische Nachschlagewerke:
- Allgemeine deutsche Biographie [ADB], hrsg. durch die historische Commission bei der Königl. Akademie der Wissenschaften. 56 Bde., Leipzig 1875–1912.
http://mdz2.bib-bvb.de/~adb/index.html
- Neue Deutsche Biographie [NDB], hrsg. von der Historischen Kommission bei der Bayerischen Akademie der Wissenschaften, Berlin 1953– (2003). http://mdz2.bib-bvb.de/~ndb/index.html
- Deutsche Biographische Enzyklopädie [DBE], hrsg. von Walther Killy. Redaktionelle Leitung Willi Gorzny, 13 Bde., München 1995–2003.
- Udo Sautter, Biographisches Lexikon zur deutschen Geschichte, München 2002.
- Rüdiger vom Bruch/ Rainer A. Müller (Hrsg.), Historikerlexikon. Von der Antike bis zum 20. Jahrhundert, München 1991.
- World Biographical Information System [WBIS online].
http://www.saur-wbi.de/

Das World Biographical Information System (WBIS) verzeichnet die Einträge aus vielen hundert Nachschlagewerken des 16. bis 21. Jahrhunderts. Es ist gegliedert in Einzelarchive zu verschiedenen Sprach- und Kulturräumen und enthält auch faksimilierte Originalartikel. Der Zugriff erfolgt online über die jeweilige Universitätsbibliothek. Als Einzelperson kann man sich über die Bayerische Staatsbibliothek registrieren lassen, wenn man in Deutschland wohnt, und erhält dann kostenlosen Zugang. Ein Teil des WBIS ist:
- Deutsches Biographisches Archiv. Eine Kumulation aus 254 der wichtigsten biographischen Nachschlagewerke für den deutschen Bereich bis zum Ausgang des 19. Jahrhunderts.
- Deutsches Biographisches Archiv. Neue Folge bis zur Mitte des 20. Jahrhunderts, hrsg. v. Willy Gorzny.
- Deutsches Biographisches Archiv. Folge III 1960–1999. bearb. von Victor Herrero Mediavilla.
- Internationales Biographisches Archiv – Personen aktuell (Munzinger Archiv). Loseblattausgabe, wöchentl. Erg. Lfgn.
  Es gibt auch eine online-Ausgabe, die allerdings nicht kostenfrei ist (ist die gedruckte Version ja auch nicht!). Viele Universitätsbibliotheken haben das Munzinger-Archiv abonniert, so dass Sie auf dem Campus bzw. über Ihren Bibliotheks-Server Zugang zur Online-Ausgabe haben. http://www.munzinger.de/
- Who's who: an annual biographical dictionary, London 1/1849–.
- Wer ist Wer? – Das Deutsche Who's Who, hrsg. von Walter Habel, 11/1951–.
- Who's who: Namenstexte der Prominenz aus Politik, Wirtschaft und Kultur (Who's who in Germany), Berlin/Wien [u.a.] 6/1992–.

Nationalbiographien gibt es selbstverständlich auch für andere Nationen. Einige Beispiele sind:
- The Dictionary of National Biography. Founded in 1882 by George Smith, ed. by Sir Leslie Stephen and Sir Sidney Lee. From the Earliest Times to 1900, Vol. 1–22, London 1882–1912.
- Dictionnaire de biographie française, Vol. 1–19, Paris 1933–2001.

Historische Karten und Atlanten:
- Historischer Weltatlas/Putzger, begr. v. Friedrich Wilhelm Putzger, hrsg. v. Ernst Bruckmüller, 103. Aufl. Berlin 2001.

1877 brachte Bürgerschuldirektor Friedrich Wilhelm Putzger die erste Auflage seines historischen Schulatlasses heraus. Ein international anerkanntes Standardwerk, das seitdem immer wieder überarbeitet und neu herausgegeben wurde.
- Putzger – Atlas und Chronik zur Weltgeschichte, hrsg. von Ernst Bruckmüller. Große Ausg., 1. Aufl. Berlin 2002.
Sonderausgabe mit zusätzlichen Stammtafeln, Biographien, Zeittabellen, einem Staatenlexikon und einem Poster Weltgeschichte im Überblick.
- dtv-Atlas zur Weltgeschichte. Karten und chronologischer Abriss, hrsg. v. Hermann Kinder u. Werner Hilgemann, 2 Bde., 35. durchges. Aufl. München 2002.
Unverzichtbarer Klassiker zum Nachschlagen von Daten, Fakten und eben Karten. Er gehört auf jeden Schreibtisch, ist allerdings nicht zitierfähig.
- Ernst Kirsten (u.a.), Raum und Bevölkerung in der Weltgeschichte [„Bevölkerungsploetz"], 4 Bde., 3. Aufl. Würzburg 1956–65.

Chronologien:
- Ploetz, Karl, Der große Ploetz. Die Daten-Enzyklopädie der Weltgeschichte. Daten. Fakten. Zusammenhänge, 32. Aufl. Freiburg 1998.
- Dieter Hein, Deutsche Geschichte in Daten, München 2005.

Stammtafeln und Regentenlisten:
- Michael F. Feldkamp, Regentenlisten und Stammtafeln zur Geschichte Europas vom Mittelalter bis zur Gegenwart, Stuttgart 2002.
- Alois Heupel (u.a.), Karten und Stammtafeln zur deutschen Geschichte, Frankfurt a.M. (u.a.) 1972.
- Klaus-Jürgen Matz, Wer regierte wann? Regententabellen zur Weltgeschichte, 6. Aufl. 2002 [zuerst 1980].
- Bertold Spuler (u.a.), Regenten und Regierungen der Welt [„Minister-Ploetz"], 5 Bde., Würzburg 1953–72.
- Peter Truhart, Regents of Nations. Systematic Chronology of States and their Political Representatives in Past and Present, 3 Bde., München 1984–88.

ENZYKLOPÄDIE, gr.-nlat. = umfassende Darstellung des gesamten vorliegenden Wissensbestandes.

Enzyklopädien:
ENZYKLOPÄDIEN und Konversationslexika sind nützliche und unersetzliche Hilfsmittel. Es ist jedoch keine wissenschaftliche Literatur

im eigentlichen Sinne. Im Normalfall sind sie daher nicht zitierfähig.
- Brockhaus Enzyklopädie
  1. Auflage u. d. Titel: Conversationslexikon mit vorzüglicher Rücksicht auf die gegenwärtigen Zeiten. Bde 1–6, Erg. Bd. 1–2. Leipzig 1796–1811.
  Die alten Auflagen des „Brockhaus" sind häufig selbst schon eine interessante Quelle.
  20. überarb. u. aktualisierte Aufl., 24 Bde., Leipzig u. a. 2001 [auch auf CD-ROM].
- Meyers Lexikon
  1. Aufl. Bd. 1–46, Erg. Bd. 1–6, Leipzig 1840–1855.
  10. Aufl. Bd. 1–15. Erg. Bd. 16–18, Atlas Bd., Mannheim u. a. 1981–1986.
  Der Meyer und der Brockhaus waren stets die großen Konkurrenten. Dabei galt der Brockhaus als stärker geisteswissenschaftlich, der Meyer als eher naturwissenschaftlich orientiert. Inzwischen sind sie fusioniert im Verlag „Bibliographisches Institut & F. A. Brockhaus". Unter dem Markennamen Meyers werden Kompaktlexika veröffentlicht, Brockhaus steht für die vielbändige Enzyklopädie.
- Encyclopaedia Britannica
  Die große Enzyklopädie Großbritanniens gibt es seit 1768. Die aktuelle Auflage ist auch auf CD-Rom und online verfügbar.
  http://www.britannica.com/
- Grand Dictionnaire Encyclopédique Larousse, Bd. 1–10, 1982–1985. Aktualisiert Aufl. u. d. Titel: Grand Larousse Universel, Bd. 1–15, Paris 1995.

Historische Fachlexika:
- Geschichtliche Grundbegriffe. Historisches Lexikon zur politisch-sozialen Sprache in Deutschland, hrsg. von Otto Brunner/Werner Conze/Reinhart Koselleck, Bd. 1–8, Stuttgart 1972–1997.
- Lexikon Geschichtswissenschaft. Hundert Grundbegriffe, hrsg. von Stefan Jordan, Stuttgart 2002.
- Meyers Taschenlexikon Geschichte in 6 Bänden, hrsg. u. bearb. v. d. Redaktion der Geschichte des Bibliographischen Instituts unter Leitung v. Werner Digel, Mannheim [u. a.] 1982.
- Eugen Haberkern/Friedrich Wallach, Hilfswörterbuch für Historiker. Mittelalter und Neuzeit, 2 Bde. (Uni-Taschenbücher 120), Bern/München 1964.

- Axel Schildt (Hrsg.), Deutsche Geschichte im 20. Jahrhundert. Ein Lexikon, München 2005.
- Konrad Fuchs/Heribert Raab, dtv-Wörterbuch zur Geschichte, 2 Bde., 10. Aufl. München 1996.

Ausgewählte Spezallexika anderer Disziplinen:
- Lexikon für Theologie und Kirche [LThK], 3. Aufl., hrsg. v. Walter Kasper, Bd. 1 – 8. Freiburg/Basel/Rom/Wien 1993 – 1999. [Katholisch.]
- Theologische Realenzyklopädie [TRE], hrsg. von Gerhard Krause und Gerhard Müller, Berlin u. a. 1977 – 2004. [Protestantisch.]
- Evangelisches Kirchenlexikon [EKL]. Internationale theologische Enzyklopädie, hrsg. v. Erwin Fahlbusch u. a., 4 Bde., Göttingen 1986 – 1998.
- Die Religion in Geschichte und Gegenwart [RGG]. Handwörterbuch für Theologie und Religionswissenschaft, 1. Aufl., 5 Bde., Tübingen 1909 – 1913.
3. Aufl. hrsg. v. Kurt Gallig, Tübingen 1957 – 1965 auch auf CD-Rom und als kostenpflichtige online-Ressource verfügbar. Der Zugang erfolgt also über das Netz von Universitäten oder Institutionen, die die Lizenzgebühr entrichten.
4. Aufl. hrsg. v. Hans Dieter Betz u. a. Tübingen 1998 – 2005.
- Staats-Lexikon, hrsg. v. Carl v. Rotteck u. Carl Welcker, 1. Aufl. 15 Bde., Altona 1834 – 1844. 2. Aufl. 12 Bde., Altona 1845 – 1848 [Nachdruck Frankfurt/Main 1990]. 3. Aufl. 14 Bde., Leipzig 1856 – 1866.
- Deutsches Staats-Wörterbuch, hrsg. v. Johann Casper Bluntschli u. Karl Brater, 11 Bde., Stuttgart u. Leipzig 1857 – 1870 [Nachdruck Frankfurt/Main 1983].
- Staatslexikon. Recht – Wirtschaft – Gesellschaft, hrsg. v. der Görres-Gesellschaft, 6. Aufl. 11 Bde., 1957 – 1970.
- Deutsches Rechtswörterbuch (DRW) online (Retrospektive Digitalisierung). http://www.deutsches-rechtswoerterbuch.de/

4.2.10 Einführungsliteratur und Literatur zu Arbeitstechniken

Es gibt zahlreiche Bücher, die speziell für Studienanfänger geschrieben sind – wie das Buch, das Sie gerade in Händen halten. Diese Bände sollen Sie in das Geschichtsstudium einführen und Ihnen die wissenschaftlichen Arbeitstechniken vermitteln. Eine kleine Auswahl nützlicher Veröffentlichungen:

- Albrecht Behmel, Erfolgreich im Studium der Geisteswissenschaften, Tübingen/Basel 2005.
- Peter Borowsky/Barbara Vogel/Heide Wunder, Einführung in die Geschichtswissenschaft, I. Grundprobleme, Arbeitsorganisation, Hilfsmittel (Studienbücher Moderne Geschichten 1), 5. Aufl. Opladen 1989.
- Erwin Faber/Immanuel Geiß, Arbeitsbuch zum Geschichtsstudium. Einführung in die Praxis wissenschaftlicher Arbeit, 2. Aufl. Heidelberg 1992.
- Nils Freytag/Wolfgang Piereth, Kursbuch Geschichte. Tipps und Regeln für wissenschaftliches Arbeiten, Paderborn u.a. 2004.
- Stefan Jordan, Einführung in das Geschichtsstudium, Stuttgart 2005.
- Gabriele Lingelbach/Harriet Rudolph, Geschichte studieren. Eine praxisorientierte Einführung für Historiker von der Immatrikulation bis zum Berufseinstieg, Wiesbaden 2005.
- Horst Möller/Udo Wengst (Hrsg.), Einführung in die Zeitgeschichte, München 2003.
- Wolfgang Schmale (Hrsg.), Schreib-Guide Geschichte. Schritt für Schritt wissenschaftliches Schreiben lernen, Wien u.a. 1999.
- Winfried Schulze, Einführung in die Neuere Geschichte, 3. Aufl. Stuttgart 1996.
- Volker Sellin, Einführung in die Geschichtswissenschaft, 2. Aufl. Göttingen 2001.
- Ernst Opgenoorth/Günther Schulz, Einführung in das Studium der neueren Geschichte, 6., grundlegend überarb. Aufl. Paderborn u.a. 2001.

Aufgaben zum Selbsttest

- Sie haben in diesem Kapitel die unterschiedlichen Formen wissenschaftlicher Literatur kennengelernt. Erstellen Sie eine Übersicht und charakterisieren Sie darin kurz alle vorgestellten Formen wissenschaftlicher Literatur.
- Nennen Sie zwei wichtige Handbuchreihen zur neueren Geschichte.
- Sie wollen sich über eine historische Persönlichkeit informieren. Wo schlagen Sie nach?

4.3 | Zitierregeln

Sehr schnell fällt auch dem Neuling auf, dass es in der Geschichtswissenschaft keine wirklich einheitliche Zitierweise gibt. Die Verlage, Zeitschriften und wissenschaftlichen Reihen haben hier jeweils ihre Eigenheiten, an die sich die Autoren anpassen müssen. Eine allgemein gültige Regel kann hier deshalb folglich nicht präsentiert werden, doch einige Grundsätze gelten immer. Zunächst sollte man sich klarmachen, welchem Zweck eine Literaturangabe dient: dem leichten und schnellen Auffinden des angegebenen Textes, der Nachprüfbarkeit also. Die Literaturangabe muss folglich alle diejenigen Angaben enthalten, die man braucht, um den Text bzw. das Buch finden zu können.

> **Info**
>
> **Zitierschema** ▶ Das grobe Schema, zu dem es natürlich eine Vielzahl von Sonderfällen gibt, lautet: Vorname und Name des Autors, Titel. Untertitel, gegebenenfalls übergeordnete Publikation, Erscheinungsort Erscheinungsjahr (und bei einem Aufsatz die Seitenangabe).

„Kommerzielle" Angaben, also solche zum Verlag, sind in Deutschland nicht üblich, anders als zum Teil in England, Amerika und auch in Frankreich.

Eine Literaturangabe wird durch einen Punkt (.) abgeschlossen. Folgen mehrere Titel direkt hintereinander, etwa in einer Fußnote, werden sie durch Semikolon (;) abgetrennt, nach dem letzten Titel steht der Punkt.

Bei **Monographien** lässt sich das Grundschema leicht anwenden. Die Literaturangabe sieht dann folgendermaßen aus:

> Lothar Gall, Bismarck. Der weiße Revolutionär, Frankfurt am Main/Berlin/Wien 1980.

Schon hier gibt es trotzdem Fragen:
– Erst der Nachname, dann der Vorname oder umgekehrt? In Fußnoten kann man gut die uns geläufige Reihenfolge Vorname – Nachname verwenden, sie ist deshalb auch bei den meisten Zeitschriften üblich. In einem Literaturverzeichnis ist die andere Reihenfolge sinnvoll, denn sie erleichtert das alphabetische Sortieren und damit auch das Auffinden.

- Vornamen abkürzen oder ausschreiben? Prinzipiell ist beides erlaubt. Wenn man sich allerdings vor Augen hält, dass die Angaben es dem Leser ermöglichen sollen, das genannte Buch leicht zu finden, bedeutet der vollständige Vorname eine Erleichterung.

  Wichtig ist die Einheitlichkeit: Wenn Sie also die Vornamen ausschreiben, dann bei allen. Wenn in einer Literaturangabe, die Sie finden, der Vorname abgekürzt ist, dann müssen Sie ihn recherchieren.
- Manchmal findet man den Autorennamen kursiv oder fett oder unterstrichen, andere unterstreichen den Titel. Nach dem Autorennamen kann man ein Komma setzen oder einen Doppelpunkt. In diesen Punkten gibt es, wie gesagt, keine einheitlich feste Regel, nur diese: Sie müssen sich für eine Form entscheiden und bei dieser in Ihrer jeweiligen Arbeit konsequent bleiben, damit es einheitlich ist.
- Titel und Untertitel werden durch einen Punkt getrennt.
- Zwischen Erscheinungsort und Erscheinungsjahr kommt kein Satzzeichen.

Eine **mehrbändige Monographie** notiert man folgendermaßen:

> Thomas Nipperdey, Deutsche Geschichte, 3 Bde., München 1990 und 1992.

Zitiert man nur einen Band, lautet die Angabe:

> Thomas Nipperdey, Deutsche Geschichte. Bd. 1: 1800–1866. Bürgerwelt und starker Staat, München 1990.

Wenn die **Monographie in einer Reihe** erschienen ist, müssen der Titel der Reihe und die Bandnummer noch hinzugefügt werden. Sie werden in der Regel vor der Ortsangabe in Klammer gesetzt. Der Herausgeber der Reihe wird nicht genannt. Keinesfalls dürfen Sie den Reihentitel einleiten mit ‚in:‘ Das ‚in:‘ zeigt immer die übergeordnete Publikation an, diejenige also, nach der man im Bibliothekskatalog suchen muss. Es wird daher nur für Aufsätze verwendet. In Reihen erschienene Monographien sucht man hingegen unter dem Autornamen. Wenn Sie einen solchen Reihentitel aufschlagen, finden Sie das Titelblatt als eine Doppelseite vor: Rechts stehen die Angaben zur Monographie, also Autor, Titel, Untertitel, Erscheinungsort und -jahr, auf der linken Seite finden Sie die Angaben zur Reihe, also den Reihentitel, die Reihenherausgeber, die Nummer des Bandes in der Reihe. Beachten Sie, dass die Herausgeber einer Reihe in der bibliographischen Angabe nicht genannt werden.

> Andreas Schulz, Lebenswelt und Kultur des Bürgertums (Enzyklopädie deutscher Geschichte; Bd. 75), München 2005.

Wenn von einem Werk **mehrere Auflagen** existieren, zitiert man grundsätzlich diejenige Auflage, die man benutzt hat. Ist kein Zusatz angegeben, handelt es sich um die Erstauflage, bei späteren Auflagen wird dies hinzugefügt, möglicherweise mit dem Hinweis darauf, dass die Neuauflage Ergänzungen oder Erweiterungen enthält. Übernehmen Sie am sichersten und einfachsten die Angabe aus dem Impressum.

> z.B: 2. Aufl. 2000.
>   3. erw. Aufl. 2002.
> oder 2. überarb. Aufl. 2004.

Es gibt **Monographien von mehreren Autoren.** Sie werden in der Regel in alphabetischer Reihenfolge genannt:

> Nils Freytag/Wolfgang Piereth, Kursbuch Geschichte. Tipps und Regeln für wissenschaftliches Arbeiten, Paderborn 2004.

Bei **englischsprachigen Titeln** werden Nomen und Verben grundsätzlich groß geschrieben.

> Harold John Hanham, Elections and Party Management. Politics in the Age of Disraeli and Gladstone, London 1959.

Sammelbände haben einen oder mehrere Herausgeber, was als Zusatz in Klammern vermerkt wird mit (Hrsg.) oder (Hg.):

> Etienne François/Hagen Schulze (Hrsg.), Deutsche Erinnerungsorte, Bd. I., München 2001.

Auch **Sammelbände** können einer **Reihe** angehören:

> Dieter Dowe/Heinz-Gerhard Haupt/Dieter Langewiesche (Hrsg.), Europa 1848. Revolution und Reform (Reihe Politik- und Gesellschaftsgeschichte; Bd. 48), Bonn 1998.

Reihen- und Innentitel eines 2003 in Berlin erschienen Sammelbandes. Auf der linken Seite stehen die Angaben zur Reihe; die Angaben zum Einzeltitel finden sich auf der rechten Seite. | **Abb. 41**

WISSENSKULTUR UND GESELLSCHAFTLICHER WANDEL

Herausgegeben vom Forschungskolleg 435
der Deutschen Forschungsgemeinschaft
»Wissenskultur und gesellschaftlicher Wandel«

Band 7

Wissen in der Krise

Institutionen des Wissens
im gesellschaftlichen Wandel

Herausgegeben von
Carsten Kretschmann, Henning Pahl
und Peter Scholz

Akademie Verlag

Aufsätze sind „nichtselbstständige" Publikationen, weil sie nicht selbst im Bibliothekskatalog verzeichnet sind. Um sie finden zu können, muss man daher wissen, in welcher übergeordneten Publikation ein Aufsatz erschienen ist, also in welcher Zeitschrift oder in welchem Sammelband. Das ‚in:' in einer Literaturangabe zeigt immer an, dass es sich um eine unselbstständige Publikation, also um einen Aufsatz handelt, dass man folglich im Bibliothekskatalog nach demjenigen Werk suchen muss, dass auf ‚in:' folgt.

Aufsätze in Zeitschriften

Margaret Lavinia Anderson, The Kulturkampf and the Course of German History, in: Central European History 19 (1986), p. 82–115.

Volker R. Berghahn, Zu den Zielen des deutschen Flottenbaus unter Wilhelm II., in: Historische Zeitschrift 210 (1970), S. 34–100.

Bei Zeitschriften werden der jeweilige Jahrgang und das Erscheinungsjahr angegeben. Das kann in der hier gewählten Form erfolgen: Jahrgang (Erscheinungsjahr) oder in der Form Jahrgang/Erscheinungsjahr.

Aufsätze in Sammelbänden

> Michael Hagner, Kluge Köpfe und geniale Gehirne. Zur Anthropologie des Wissenschaftlers im 19. Jahrhundert, in: Hans Erich Bödeker/Peter H. Reill/Jürgen Schlumbohm (Hrsg.), Wissenschaft als kulturelle Praxis, 1750–1900 (Veröffentlichungen des Max-Planck-Instituts für Geschichte; Bd. 154), Göttingen 1999, S. 299–333.

Aufgabe zum Selbsttest

- Erstellen Sie die korrekte Titelaufnahme von dem Werk, dessen Titelblatt in Abb. 41 abgebildet ist.

4.4 Wichtige Spezialliteratur finden

Wenn man anfängt, sich mit einem Thema wissenschaftlich zu beschäftigen, lautet die erste Frage: Was ist die wichtige, die maßgebliche Literatur zu diesem Thema? Es genügt nicht, irgendwelche Bücher zu finden, die den Gegenstand darstellen. Nun könnte man versuchen das Problem zu umgehen, indem man alle Bücher und Aufsätze sucht, die sich mit dem Thema beschäftigen. Dann allerdings wird bei fast jedem Thema die Literaturliste schnell dermaßen anschwellen, dass man unmöglich alles lesen kann.

Woher soll man aber als Neuling wissen, welches die wichtigen Bücher bzw. Aufsätze zu einem Thema sind? Das erfährt man, indem man liest und dabei auf die Fußnoten achtet. **BIBLIOGRAPHIEREN** ist also kein mechanisches Sammeln von Literaturangaben, sondern bedeutet stets, dass man sich auch inhaltlich mit dem Thema und seiner wissenschaftlichen Behandlung vertraut macht.

Wichtig ist ein planvolles Vorgehen, deshalb nennt man die Suche nach der Spezialliteratur zu einem Thema **systematisches Bibliographieren**. Sinnvollerweise beginnt man mit den neuesten allgemeinen Handbüchern oder Epochendarstellungen. Hier macht man sich mit

BIBLIOGRAPHIEREN, selbst eine Bibliographie, d. h. ein Verzeichnis von Literatur zu einem bestimmten Thema erstellen.

Abb. 42

Die Bibliothek im Seminar für Volkskunde der Westfälischen Wilhelms-Universität Münster.

dem Kontext vertraut und lernt die großen Fragestellungen und Probleme der Epoche kennen. Vielleicht erhält man auch schon Hinweise auf Forschungskontroversen und findet in den Anmerkungen bzw. im Quellen- und Literaturverzeichnis Angaben zu weiterführender Literatur. Hier sind in der Regel wichtige Werke genannt, ein erster Hinweis also, wo man weiterlesen kann. Doch diese Hinweise reichen meistens noch nicht aus. Neben den allgemeinen Handbüchern sind häufig Spezialhandbücher wichtig: diejenigen Handbücher zu einzelnen Gegenständen wie etwa der Verfassungsgeschichte, der Kirchengeschichte, der Bildungsgeschichte, Militärgeschichte etc.

Erste Ergebnisse erzielt man ebenfalls, wenn man im Katalog der Universitätsbibliothek unter den zentralen Stichwörtern seines Themas sucht. Es ist jedoch möglich, dass die Anzahl der angezeigten Titel bei der Online-Recherche zu groß ist, dann sollte man sich nicht lange mit dieser Suche aufhalten, sondern den nächsten Schritt unternehmen.

Zahlreiche Angaben findet man in den Bänden der Reihen „Oldenbourg Grundriss der Geschichte" und „Enzyklopädie deutscher Geschichte", denn beide Reihen enthalten nach einem Darstellungsteil einen eigenen Abschnitt, der den Gang der Forschung und

Tipp

Unsystematisches Bibliographieren

Auch „unsystematisches Bibliographieren" kann hilfreich sein. Sofern man eine gut sortierte Bibliothek zur Verfügung hat, die systematisch aufgestellt ist, lohnt sich der Gang dorthin. Man kann dann am Regal entlanggehen und schauen, welche Titel zu einem Thema nebeneinander stehen. Bei dieser „unsystematischen" Suche stößt man u. U. schon auf wichtige Veröffentlichungen zu seinem Thema.

die derzeit diskutierten Fragestellungen umreißt sowie einen sehr umfangreichen, systematisch gegliederten Quellen- und Literaturteil. Beide Reihen werden zudem regelmäßig aktualisiert. Hier kann man also möglicherweise den Hinweis auf eine Spezialbibliographie finden oder den Titel einer neueren Spezialmonographie, die den bei Abschluss der Arbeit aktuellen Forschungsstand enthält.

Blättert man das Literaturverzeichnis einer solchen Spezialmonographie durch, kann einen schnell Verzweiflung überkommen angesichts der Menge der aufgelisteten Literatur. Sieht man sich jedoch die Titel an, wird meist schnell deutlich, dass vieles für die eigene Fragestellung wahrscheinlich nicht unmittelbar in Frage kommt. An einer Spezialmonographie ist aber nicht nur das Literaturverzeichnis wichtig, man sollte vielmehr über das Inhaltsverzeichnis oder das Register diejenigen Kapitel oder Passagen suchen, die das von einem selbst zu behandelnde Thema zum Gegenstand haben. Wenn man die Fußnoten aufmerksam mitliest, erfährt man auch für kleine Fragen, welcher Autor welche These aufgestellt, eine neue Fragestellung aufgeworfen oder neue Quellen erschlossen hat, oder wer wem widersprochen hat.

Auch eine „neuere" Spezialmonographie ist allerdings in der Regel schon mehrere Jahre alt. Jetzt gilt es noch, sich den allerneuesten, den **aktuellen Forschungsstand** zu erschließen. Hierfür konsultiert man am besten die jährlich erscheinenden Bibliographien: die Historische Bibliographie (http://www.ahf-muenchen.de), die Jahresberichte für deutsche Geschichte (http://www.bbaw.de/forschung/jdg/index.html), evtl. die Bibliographie zur Zeitgeschichte (http://www.ifz-muenchen.de/bibliothek/bibliographie.html) oder die laufenden Nationalbibliographien anderer Staaten. Wiederum sucht man über die Gliederung bzw. das Register nach denjenigen Abschnitten, die relevante Literatur enthalten könnten. Und natürlich sucht man in den jüngsten Jahrgängen der entsprechenden Fachzeitschriften nach Aufsätzen, Rezensionen oder sonstigen Hin-

---

Tipp

Kopieren allein genügt nicht

Wenn Sie wissenschaftliche Literatur kopieren, gleichgültig ob Lexikonartikel, Kapitel einer Monographie oder einen Aufsatz, achten Sie immer darauf, sich sofort die vollständige bibliographische Angabe auf der ersten Seite zu notieren. Das kann handschriftlich geschehen, oder indem Sie das Titelblatt kopieren. Am besten schreiben Sie die Bibliothekssignatur gleich dazu. Das erspart umständliches und langwieriges Nachrecherchieren, wenn Sie Ihre Arbeit schreiben und beim Erstellen der Fußnoten feststellen, dass Ihnen die Angaben zu einem kopierten Text fehlen.

weisen auf neue Veröffentlichungen. Einschlägige Aufsätze können Sie auch finden über die Internationale Bibliographie der Zeitschriftenliteratur (IBZ). Achtung: Die IBZ ist lizenzpflichtig, Sie müssen also über Ihre UB zugreifen, sofern diese die Lizenz entrichtet. Gleiches gilt für die Internationale Bibliographie der Rezensionen (IBR).

Systematisches Bibliographieren. | Abb. 43

Schritt	Wo suchen	Was machen	Ergebnis

1	Handbücher
	Lehrbücher
	Epochendarstellungen
	(s. Kap. 4.2.2)
		– lesen
		– Literaturverzeichnis,
		  Literaturangaben
		  durchsuchen
			– inhaltlicher Überblick
			– Thesen/Fragestellungen,
			– Autoren
			– wichtige Literatur:
			  Monographien und Aufsätze

2	Bibliothekskatalog
	OPAC
		– Personensuche
		– Stichwortsuche
		  jeweils mit Informationen
		  aus 1
			nur Monographien
			(nicht vollständig,
			nicht bewertet,
			auch ganz neu)

3	Bibliographien (s. Kap. 4.2.8)	Suche nach Stichwort, Epoche, Autor	auch neueste Monographien und Aufsätze

4	ausgewählte
	Monographien
		– im Text einschlägige Stelle,
		  dort Fußnote
		– Literaturverzeichnis
		  durchsehen
			Spezialliteratur,
			Monographien
			und Aufsätze

5	einschlägige Zeitschriften IBZ IBR	durchsehen: jüngere Jahrgänge: Aufsatzteil → Rezensionen → Rubrik: Eingegangene Bücher	Neuester Forschungsstand: → Aufsätze → kommentierte Hinweise auf Monographien

Aufgaben zum Selbsttest

- Sie brauchen Literatur zu einem bestimmten historischen Thema. Wie gehen Sie vor, um sich die einschlägigen Titel zu beschaffen?
- Sie möchten zu einem Thema den neuesten Forschungsstand, also Veröffentlichungen aus den letzten drei Jahren ermitteln. Wie gehen Sie vor?

4.5 Wissenschaftliche Literatur lesen

Es gibt verschieden Formen des Lesens, je nachdem, welches Ziel man hat. Hier werden Ihnen verschiedene Arten zu lesen und Techniken des sich Erschließens von Texten vorgestellt. Man kann ein Buch schlicht **lesen**, aus Interesse und von vorne bis hinten, man kann es studierend **durcharbeiten** oder für eigene Forschungen als **Informationsquelle benutzen**. Die drei Arten zu lesen werden hier unterschieden als schmökerndes, studierendes und forschendes Lesen. Die Grundhaltung, die Sie dabei stets einnehmen sollten, wird als „kritisches Lesen" bezeichnet.

4.5.1 Kritisches Lesen

Ob Sie schmökernd, studierend oder forschend lesen: Immer müssen Sie kritisch lesen. Das heißt, Sie sollen die Bedingtheit eines Textes mitberücksichtigen. Wissenschaftliche Literatur enthält niemals „die Wahrheit", selbst wenn alle Fakten stimmen. Ein Text ist immer von Menschen gemacht, er ist also bedingt von dessen Fragen, Vorlieben, Kenntnissen und Wissenslücken, kurz: von seinem Standpunkt. Das heißt keineswegs, dass alles schlecht ist. Es gibt natürlich schlechte Bücher und Aufsätze, aber es gibt auch gute und sogar großartige Bücher. Kritisches Lesen heißt nun nicht, dass Sie das Haar in jeder Suppe finden sollen und jeden Text tadeln.

In einem ersten Schritt geht es vielmehr darum, in den Bergen von Literatur die für das eigene Thema, die Fragestellung oder Aufgabe wichtige Literatur zu finden und dabei möglichst wenig zu übersehen. Unwissenschaftliche, thematisch unpassende oder gar qualitativ schlechte Literatur möglichst schnell zu erkennen und auszusortieren.

In einem zweiten Schritt bedeutet „kritisches Lesen", jeden Text stets als ein Konstrukt, als etwas Gemachtes anzusehen und die Konstruktionsmerkmale in den Blick zu nehmen. Wie ist der Text gemacht, und warum ist er gerade so? Welche Interessen, Zeitbedingtheiten, Standpunkte und Fragestellungen haben ihn geprägt? Um ein Buch zu beurteilen, gibt es eine Reihe von Kriterien, die man stets beachten sollte:

Thema und Gegenstand

Der erste Selektionsprozess findet statt, bevor man überhaupt anfängt zu lesen. Ob ein Titel **thematisch einschlägig** ist, ist die erste, noch recht leicht zu beantwortende Frage. Titel und Untertitel des Buches oder Aufsatzes geben erste wichtige Hinweise, als nächstes folgt der Blick ins Inhaltsverzeichnis. Falls dann noch Unklarheiten bestehen, hilft ein Blick in die Einleitung weiter, denn dort werden ja stets Thema und Fragestellung präzisiert.

Die wissenschaftliche Qualität
Die nächste und wichtigere, zugleich die erheblich schwerer zu beantwortende Frage ist die nach der wissenschaftlichen Qualität eines Werkes. Wie verlässlich, wie gut und damit wie wichtig ist es? Vor dieser Frage darf man auch als Studienanfänger nicht zurückscheuen. Im Gegenteil: Die Qualität von Information beurteilen zu lernen, ist von entscheidender Bedeutung. Erste Hinweise zur Beantwortung dieser Frage ermöglichen die folgenden äußerlichen Kriterien.

Der Autor
Ist er wissenschaftlich ausgebildet und qualifiziert? Hat er akademische Grade, ist er an einer angesehenen wissenschaftlichen Institution oder Einrichtung, an einer Universität beschäftigt? Was hat er bisher veröffentlicht? Ist er ein ausgewiesener Fachmann? Wo liegen seine Interessen und Schwerpunkte? Steht er für eine bestimmte Richtung, ein wissenschaftliches Programm?

Um dies zu herauszufinden, kann man den Namen im OPAC der eigenen Uni-Bibliothek eingeben oder im Online-Katalog der Deutschen Nationalbibliothek (http://www.d-nb.de). So erhält man erste Hinweise, zu welchen Themen der Autor bereits Bücher veröffentlicht hat. In „Kürschners Gelehrten Kalender" (Kürschners deutscher Gelehrten-Kalender. Bio-bibliographisches Verzeichnis deutschsprachiger Wissenschaftler der Gegenwart. Berlin u.a. 18/2001.) sind die gegenwärtig an deutschen Universitäten lehrenden Professoren verzeichnet, das „Vademekum der Geschichtswissenschaften" (Stuttgart 6/2004–2005) enthält die Dienst- und Privatadressen nicht nur von Professoren, sondern von allen Mitgliedern der Historikerverbände Deutschlands, Österreichs und der Schweiz. Bedeutende Historiker, sofern sie bereits gestorben sind, finden Sie im von Rüdiger vom Bruch und Rainer A. Müller herausgegebenen Historikerlexikon (Historikerlexikon. Von der Antike bis zum 20. Jahrhundert, München 1991.) Die meisten Universitäten haben mittlerweile Homepages, auf denen die Lehrstuhlinhaber ebenso wie die wissenschaftlichen Mitarbeiter vertreten sind. Über eine Suchmaschine findet man diese Seiten, auf denen sich die Betreffenden selbst vorstellen, häufig mit der Nennung von Schwerpunkten, wissenschaftlichen Profilen und Veröffentlichungslisten.

Junge Wissenschaftler sind auf diese Weise schwieriger zu ermitteln. Die Autoren von Doktorarbeiten haben häufig vorher noch nichts oder wenig veröffentlicht und haben natürlich auch noch keine bedeutenden Positionen. In diesem Fall ist das selbstverständlich auch kein Makel. Man kann aber schauen, an welcher Universität, bei welchem Doktorvater eine Arbeit entstanden ist. Der Ort der Promotion steht in der Regel im Impressum: „zugl. Hamburg Univ. Diss." etwa. Der Betreuer der Arbeit wird in der Regel im Vorwort genannt, wenn sich der Autor nämlich bei ihm bedankt.

Erscheinungsdatum

Den aktuellen Forschungsstand können Sie nur mit Hilfe aktueller Literatur ermitteln. Ein gerade erst erschienenes Buch zu dem Thema, über das man arbeitet, muss man sich deshalb in jedem Fall ansehen. Wissenschaftliche Literatur kann veralten, überholt werden von neuerer Forschung. – Und dennoch muss das nicht zwangsläufig so sein. Es gibt durchaus zwanzig, fünfzig und mehr Jahre alte Werke, die ihren Wert nicht verloren haben, sondern noch immer maßgeblich sind. Aber sie sind natürlich beeinflusst und geprägt von ihrer jeweiligen Entstehungszeit.

Übergeordnete Publikation

In welcher Zeitschrift ist ein Aufsatz erschienen? Für Monographien kann man analog prüfen, ob das Werk in einer wissenschaftlichen Reihe erschienen ist. Zeitschriften- bzw. Reihentitel geben einerseits Auskunft über eine gewisse thematische oder methodische Ausrichtung. Zudem bedeutet eine solche Zugehörigkeit bereits ein gewisses Qualitätsmerkmal, das natürlich umso höher ausfällt, je renommierter die Reihe bzw. die Zeitschrift sind. Um dort erscheinen zu können, muss eine Studie von den jeweiligen Herausgebern begutachtet und die Publikation an dieser Stelle befürwortet werden.

Textart

Um einen Text angemessen zu verstehen, muss man sich klarmachen, um was für eine Textsorte es sich handelt. Werbe- und PR-

Texte, Unterhaltungsliteratur und Informationsmaterial für Schüler werden Sie schnell aussortieren, egal ob es Ihnen auf Papier oder elektronisch begegnet.

Auch wissenschaftlich ernstzunehmende Literatur begegnet in verschiedener Gestalt. Bereits vor dem Lesen sollte man sich klarmachen, was für einen Text man vor sich hat: Einen Lexikonartikel oder eine aus den Quellen gearbeitete Untersuchung, eine Einleitung, einen Aufsatz oder einen Essay?

Diese äußerlichen Merkmale können erste Hinweise auf Inhalt, Charakter, methodische Ausrichtung und Qualität eines Werkes geben. Ein genaueres Urteil ist erst bei kritischer Betrachtung und Lektüre des Textes möglich. Folgende Kriterien können helfen, Literatur einzuordnen, zu beurteilen und zu bewerten.

Struktur
Sind Aufbau und Struktur des Textes einleuchtend? Ergibt sich eine nachvollziehbare Argumentation? Sind die wichtigen Aspekte behandelt? Der Blick ins Inhaltsverzeichnis bzw. in den einleitenden Abschnitt bei Aufsätzen gibt darüber Aufschluss, wie die Argumentation angelegt und aufgebaut ist, in welchen Schritten sie erfolgt.

Register
Verzeichnisse der im Text auftauchenden Personen, eventuell – je nach Thema – auch ein Orts- und Sachregister, erleichtern es dem Benutzer, gezielt nach bestimmten Aspekten im Buch zu suchen. Sorgfältig erstellte Register sind ein willkommener Service, der qualitätsvolle Bücher auszeichnet.

Umgang mit Quellen und Literatur
Ist die Quellengrundlage der Fragestellung und dem Thema angemessen? Gibt es ein Quellen- und Literaturverzeichnis, anhand dessen der Leser schnell überblicken kann, was der Autor zur Kenntnis genommen hat (und was nicht)? Seriöse wissenschaftliche Literatur verfügt über ein Verzeichnis der verwendeten Quellen und Literatur, das transparent macht, ob die wichtigen Titel genannt werden, ob verschiedene Forschungsrichtungen zur Kenntnis genommen wurden, oder ob der Autor gewisse Ansätze, Methoden oder Autoren ignoriert hat. Dennoch sollte das Literaturverzeichnis nicht unnötig aufgebläht sein.

Fußnoten

Ein wissenschaftliches Werk hat in der Regel Fußnoten (oder auch Endnoten), denn dort sind die Belege für Thesen und Ergebnisse untergebracht, die es den Lesern ermöglichen, diese nachzuprüfen. Was beim Schmökern stört, ist unverzichtbar beim Forschen. Der sogenannte „gelehrte Apparat" spiegelt die Arbeitsweise des Autors, er ist das Fenster in die „Werkstatt" des Historikers. Ob jemand gründlich ist und fleißig, ob er das, was er anführt, auch tatsächlich kennt und souverän beherrscht, oder ob er wichtige Forschungsergebnisse ignoriert, sieht man in den Fußnoten fast noch zuverlässiger als im Literaturverzeichnis. Welche Autoren werden genannt? Hier wird deutlich, mit welchen Ansätzen und Methoden gearbeitet wurde. In einem guten Fußnotenapparat sind häufig wertvolle Forschungsberichte enthalten, Hinweise auf die wichtige Literatur, die einem viele Umwege und stundenlange Lektüre (der weniger wichtigen Literatur) ersparen können.

Auf der anderen Seite gibt es auch Fußnotenapparate, die den eigentlichen Text überwuchern, die kleine Nebenaufsätze enthalten, aufgebläht sind oder den Leser durch die Masse der angeführten Titel eher erdrücken als ihm weiterzuhelfen.

Sprache

Die Sprache eines wissenschaftlichen Textes sollte sachlich und argumentierend sein, logisch und damit nachvollziehbar. Ist dies nicht der Fall, fallen stattdessen blumige oder reißerische Formulierungen auf, muss man prüfen, ob der Text überhaupt als wissenschaftliche Literatur zu bezeichnen ist.

Wissenschaftlichkeit ist allerdings nicht gleichbedeutend mit Unverständlichkeit. Wenn Sie einen Text nicht verstehen, prüfen Sie: Liegt es an Ihnen oder am Text? Ein guter Text verwendet Fremdwörter nur dann, wenn sie nötig sind, wenn ein Sachverhalt mit dem Fremdwort treffender ausgedrückt werden kann. Inflationärer Einsatz lateinischer oder englischer Begriffe wirkt angeberisch, nicht präzise. Auch Schachtelsätze und Nominalkonstruktionen müssen nicht sein.

Rezeption

Wie ist das Urteil „der Zunft", also der Historiker, über ein Werk? Suchen Sie nach Rezensionen – wie fallen diese aus? Natürlich müssen Sie auch Rezensionen kritisch lesen. Denn manchmal sind Rezensionen parteiisch: als Gefälligkeitsrezension sehr positiv oder auch aufgrund einer Voreingenommenheit negativ. Zuweilen finden in Rezensionen regelrechte Schlachten unterschiedlicher Schulen statt. Um das zu erkennen, sollten Sie stets mehrere Rezensionen lesen. Ein positives Zeichen ist es auch, wenn ein Werk in der Fachliteratur häufig zitiert wird.

Schmökern | 4.5.2

Man kann aus reinem Interesse ein (Geschichts-)Buch lesen, im Sessel, im Schwimmbad oder in der Bahn; am Samstagnachmittag oder vor dem Schlafengehen. Man liest dann von vorne nach hinten das ganze Buch durch. So kann man sich etwa Thomas Nipperdeys „Deutsche Geschichte" vornehmen, natürlich ebenso gut andere Epochendarstellungen, Biographien, Politikermemoiren oder anderes. Die Bereitschaft zu dieser Form interessierten Lesens ist eine Grundbedingung für ein erfolgreiches Geschichtsstudium – und für eine spätere Tätigkeit zum Beispiel als Geschichtslehrer –, aber das reicht noch nicht aus.

| Abb. 44

Blanche Camus: La lecture sur la terrasse. Öl auf Leinwand, 65 cm × 81 cm, um 1925.

4.5.3 Studierendes Lesen

Ziel des studierenden Lesens ist es, sich einen Stoff so zu erarbeiten, dass man ihn auch tatsächlich versteht und behält, wenn man etwa ein Lehrbuch für eine Prüfung durcharbeitet. Hierfür existieren verschiedene Techniken.

- Ort der Lektüre ist statt der Couch besser der Schreibtisch.
- Beim studierenden Lesen nimmt man sich manchmal ebenfalls ein Handbuch oder eine Studie vor. Es kann auch nur ein bestimmter Abschnitt sein.
- Vor der Lektüre muss man sich einige Grundlagen klarmachen: Um was für einen Text handelt es sich? Wenn Sie sich das wichtigste Lehrbuch zu einem Thema herausgesucht haben, um für eine Prüfung zu lernen, haben Sie diese Frage eigentlich schon, wenigstens teilweise, beantwortet. Wenn Sie im Proseminar einen Aufsatz vorgesetzt bekommen, den sie vorbereiten sollen, nicht. Hier müssen Sie zuallererst ein paar Grundlagen klären:
  - Wer ist der Autor? Ein Historiker, Politiker, Schriftsteller?
  - Wann wurde der Text geschrieben?
  - Was müssen Sie über den historischen Kontext wissen?
  - Um was für eine Textsorte handelt es sich? Ist es ein Handbuchartikel oder eine programmatische Streitschrift, ein Parteipamphlet, eine Rede oder ein Zeitungsartikel, eine wissenschaftliche Untersuchung?
  - An wen richtet sich der Text? An Fachkollegen oder ein breites Publikum, politische Gegner oder Parteifreunde? Um dies herauszufinden, sollte man nachsehen, wann und wo der Text zuerst veröffentlicht wurde.
- Die Struktur des Textes erfassen: Monographien haben ein Inhaltsverzeichnis, in dem ersichtlich wird, wie der Autor den Stoff strukturiert und gegliedert hat. Vielleicht kann man hier schon eine Auswahl treffen, welche Kapitel für einen selbst wichtig und interessant sind. Nicht immer ist es nötig, ein Buch vollständig zu lesen.

  Innerhalb eines Kapitels oder bei einem Aufsatz muss man selbst während der Lektüre die Struktur herausarbeiten. Welche Argumentationsschritte können Sie erkennen und unterscheiden? Erstellen Sie für sich eine Gliederung, die Ihnen das Gerüst des Textes deutlich macht.
- Die These bzw. Fragestellung des Autors herausarbeiten. Erste Hinweise gibt häufig bereits der Titel bzw. die Überschrift. In

Monographien wird all dies: der Gegenstand, die Fragestellung, These bzw. Thesen und das methodische Vorgehen in der Einleitung dargelegt. Auch in Aufsätzen finden sich die Hinweise hierzu am Anfang in einer Einleitung – auch wenn sie nicht explizit so genannt wird.

▸ Den Inhalt abschnittweise zusammenfassen: Haben Sie stets Papier und Stift neben dem Buch liegen und rekapitulieren Sie am Ende eines Abschnittes die wesentlichen Thesen und Ergebnisse in Stichworten. Machen Sie diese Zusammenfassung aus dem Gedächtnis ohne auf den Text zu sehen, so wird Ihnen besser klar, was Sie verstanden haben und was undeutlich geblieben ist. Bei einem Aufsatz können Sie auch selbst kleine Überschriften bilden und am Rand notieren, um leichter wiederzufinden, um was es an der jeweiligen Stelle im Text geht.

▸ Wichtiges herausschreiben: Schreiben Sie zentrale Sätze, Thesen oder Ergebnisse ab und vergessen Sie nicht, die Seitenzahl dazuzuschreiben. Sie können Zitate und Einzelaspekte auch auf Karteikarten oder Zettel notieren und mit Stichworten versehen. So können Sie später leicht finden, was verschiedene Autoren zu einem Einzelaspekt sagen, können Aussagen und Ergebnisse ver-

Beispiel für ein Exzerpt. | **Abb. 45**

Burkhardt, Johannes: Der Dreißigjährige Krieg, Frankfurt am Main 1992. UB-Signatur: GE 95/1870

S. 198-204: "1648 – Die Verewigung von Krieg und Frieden":

● S. 198: nach B. war auch der Friedensschluss sehr teuer; Verhandlungen zogen sich 5 Jahre hin, insgesamt 82 Gesandtschaften mussten in Münster und Osnabrück unterhalten werden, neben 5 Millionen Reichstalern Entschädigung an Schweden, habe der Frieden 3.205.219 Reichstaler gekostet (B. stützt sich hier auf F. Bosbach: Kosten des Westfälischen Frieden von 1648, Münster 1984.); trotz dieser hohen Kosten habe man aber überall den Frieden bejubelt und gefeiert

S. 199: in der Geschichtsschreibung des 19. und 20. Jahrhunderts sei der WF abgewertet worden, seit dem Ende des 2. Weltkrieges "erfreut er sich höchster Wertschätzung"; der WF habe völkerrechtlichen Modellcharakter, Souveränität der europ. Staaten, das Staatensystem und das Völkerrecht hätten durch ihn wichtige Impulse bekommen

● S. 200: Warum? Weil durch Anerkennung der einzelnen Verhandlungsteilnehmer europäisches Staatensystem eine Art erste Bestätigung fand; neue diplomatische Praktiken und Formen begannen sich auszuformen

? Frage: Kann man denn in der Frühen Neuzeit schon von Staaten sprechen, wie es B. tut?

EXZERPT, von lat. *excerpere* = einen Auszug machen, herausschreiben.

gleichen, ohne seitenlange Notizen durchblättern zu müssen. Mit Hilfe dieser Stichworte und Notizen, der sogenannten **EXZERPTE**, können Sie später den Inhalt rekapitulieren, ohne den gesamten Text nochmals lesen zu müssen.

- Stichworte markieren: Wenn Sie eine Kopie vor sich haben, können Sie dem gleichmäßigen Buchstabengrau einer vollgeschriebenen Seite mit Bleistift oder Textmarker eine Struktur geben, indem Sie Schlüsselbegriffe und wichtige Stichworte, auch mal einen ganzen Satz, markieren oder mit einem Strich am Rand hervorheben. Wenn Sie allerdings zu viel anstreichen, machen Sie den Sinn zunichte. Ist alles leuchtorange, wird die Struktur ebensowenig deutlich wie bei einer grauen Seite. Mit mehreren Farben zu hantieren hat nur dann Sinn, wenn Ihnen später noch deutlich ist, was welche Farbe bedeutet. – Und ganz wichtig ist: In Bücher aus der Bibliothek schreibt man grundsätzlich nichts hinein!
- Fragen und Unverstandenes notieren: Schreiben Sie auf, was Ihnen unbekannt ist, was Sie nicht wissen oder verstehen. Ein Fremdwörterbuch gehört auf Ihren Schreibtisch, um unbekannte Begriffe sofort nachschlagen zu können, auch ein Konversationslexikon sollten Sie in Reichweite haben. Weitergehende Fragen müssen Sie möglicherweise in der Bibliothek klären, mit Hilfe der verschiedenen historischen Fachlexika und Nachschlagewerke (→ Kap. 4.2.9)
- Jeder Text ist mehr als eine reine Aneinanderreihung von Fakten. Machen Sie sich klar, welche Fragestellung der Autor verfolgt, was sein Erkenntnisinteresse, seine Thesen und seine Ergebnisse sind. Diesen Analyseschritt sollten Sie für den Text insgesamt vollziehen und ebenso für kleine Unterabschnitte oder Kapitel. (→ Kap. 4.5.1).

4.5.4 Forschendes Lesen

Für ein Referat oder eine Hausarbeit muss man mit Literatur noch einmal anders umgehen. Man stößt auf sehr viele Titel, die mit dem eigenen Thema in Verbindung stehen. Diese kann man meist nicht alle vollständig, schon gar nicht intensiv lesen. Man „benutzt" die Literatur, wertet sie im Hinblick auf die eigene Fragestellung aus. Ganz wichtig ist deshalb, dass man die eigene Fragestellung nicht aus dem Blick verliert. Man darf sich von der Argumentation der Literatur nicht auf Abwege und Nebengeleise führen lassen, die einen

Abb. 46

Lesesaal der Universität Bonn.

von der eigenen Fragestellung wegführen. Stattdessen muss man sehr selektiv das heraussuchen, was für die eigene Fragestellung wichtig ist.
- Von zentraler Bedeutung ist es, sich die Fragestellung des Autors deutlich zu machen. Wie steht diese Fragestellung zum eigenen Erkenntnisinteresse. Wird etwa der gleiche Gegenstand in einem anderen Zusammenhang in den Blick genommen? Wo sind die Berührungspunkte zum eigenen Thema, was ist für mich weniger wichtig?
- Die wenigsten Bücher, die man für eine Hausarbeit oder ein Referat konsultiert, liest man ganz. In der Regel „benutzt" man sie, sucht also mit Hilfe von Inhaltsverzeichnis und Register diejenigen Kapitel und Abschnitte, die für das eigene Thema von Bedeutung sind.
- Wichtige Ergebnisse, eventuell ganze Sätze sollte man herausschreiben, auf Karteikarten, in eine Computerdatei oder auf Blätter. Die Notizen sollten so sein, dass man später einzelne Aspekte leicht wiederfindet. **Wichtig ist, zu jeder Notiz, die man sich macht, immer die Fundstelle dazuzuschreiben!**
- Welche weiterführenden Hinweise finde ich? Beim forschenden Lesen muss man die Fußnoten mit besonderer Aufmerksamkeit

> **Tipp**
>
> **Karteikarten anlegen**
>
> Notieren Sie für Ihre Arbeit wichtige Literatur auf Karteikarten, und nehmen Sie für jeden Titel eine neue Karte. Sie können dann etwa bei der Lektüre den Titel notieren und später die Signatur ergänzen, auf der Rückseite können Sie festhalten, wo Sie den Hinweis gefunden haben, was Sie in dem Titel besonderes erwarten, ein Zitat, das Sie dort nachprüfen wollen oder was Sie darin gefunden haben – je nachdem. Der Vorteil der Karteikarten liegt darin, dass Sie sie immer wieder neu sortieren können. In der Bibliothek etwa nach den Signaturen, um sich unnötige Wege zu ersparen, während des Arbeitsprozesses thematisch und dann, wenn Sie Ihr Literaturverzeichnis erstellen, alphabetisch.

lesen, denn hier erhält man Hinweise auf weiterführende Literatur, Forschungskontroversen, Urteile über Literatur etc.
- Notieren Sie Fragen, Unverstandenes, Unklarheiten, Wissenslücken. Auch hierfür sind Karteikarten nützlich: Schreiben Sie zunächst die Frage auf die Karte. Überlegen Sie dann, wo Sie nach der Antwort suchen wollen (oben finden Sie eine Liste von Nachschlagewerken und Hilfsmitteln), dann können Sie diese Liste später leicht abarbeiten, Antworten entweder direkt notieren oder auf Kopien, Signaturen etc. verweisen.
- Einordnung in den Forschungsdiskurs: Hierfür muss der erste Blick auf das Erscheinungsdatum des Werkes gehen. In einer gedachten chronologischen Reihe aller Literatur zu einem Thema geht man davon aus, dass jedes Werk die vorhergehende Literatur kennt, zumindest den Forschungs- bzw. Diskussionsstand, der an dem Punkt erreicht war, als der Beitrag veröffentlicht wurde. Umgekehrt liegt darin ein besonders schwerwiegender Vorwurf gegen jede Forschungsarbeit: Wenn deutlich wird, dass ein Historiker den Forschungsstand nicht oder nur unzureichend zur Kenntnis genommen hat.
- Die Frage nach dem Autor spielt wiederum eine zentrale Rolle: Steht er für ein bestimmtes thematisches oder methodisches Programm, für eine politische oder weltanschauliche Position? Das liegt auf der Hand bei Titeln, die während des „Dritten Reiches", also zwischen 1933 und 1945, erschienen sind und bei Arbeiten, die in der DDR veröffentlicht wurden. In beiden Staaten galten politisch-ideologische Vorgaben, die Zensurbedingungen gleichkamen. Während in diesen Fällen die ideologische Ausrichtung auf der Hand liegt, ist sie bei anderen möglicherweise gerade für Anfänger nicht auf den ersten Blick sichtbar, aber dennoch wichtig. Beim Thema Kulturkampf etwa, der Auseinandersetzung zwi-

schen dem von Bismarck geführten Deutschen Reich und der katholischen Kirche und dem Zentrum als der Partei der romtreuen Katholiken ist es durchaus wichtig zu wissen, ob ein Forscher katholisch ist oder protestantisch. Ein anderes Beispiel: Über den Ersten Weltkrieg schreiben deutsche Autoren anders als britische oder französische.

Aufgaben zum Selbsttest

- Welche Formen des Lesens kann man unterscheiden?
- Nennen Sie Kriterien, anhand derer Sie wissenschaftliche Literatur einordnen und beurteilen können.

Die Handbibliothek fürs Studium | 4.6

In der Nähe Ihres Schreibtisches sollten Sie eine Grundausstattung an Nachschlagewerken und Hilfsmitteln griffbereit haben.
- **Wörterbücher**: Neben einem Rechtschreibewörterbuch brauchen Sie ein Fremdwörterbuch, ein Bedeutungswörterbuch und ein Herkunftswörterbuch.
  Daneben brauchen Sie Wörterbücher der Fremdsprachen mit denen Sie arbeiten. Auf alle Fälle wird ein gutes Englisch-Wörterbuch für Ihr Geschichtsstudium unverzichtbar sein.
- Ein **Konversationslexikon** ist ebenfalls unverzichtbar: Zum schnellen Nachschlagen können Sie auch das Online-Lexikon Wikipedia verwenden, doch ein gedrucktes Lexikon – es kann ruhig eine Taschenbuchausgabe sein – führt oftmals schneller zum Ziel.
- Hermann Kinder u. Werner Hilgemann (Hrsg.), **dtv-Atlas zur Weltgeschichte**. Karten und chronologischer Abriss, 2 Bde., München zuerst 1964.
  Obwohl der dtv-Atlas zur Weltgeschichte nicht zitiert werden darf, ist er unverzichtbar, um grundlegende Fakten und Daten schnell nachzuschlagen.
- Winfried Baumgart, **Bücherverzeichnis zur deutschen Geschichte**. Hilfsmittel, Handbücher, Quellen, 15. durchges. u. erw. Aufl. München 2003.
- **Handbücher** und Epochendarstellungen sollten Sie im Laufe Ihres Studiums je nach Ihren Studien- und Interessenschwerpunkten anschaffen.

Literatur

Burschel, Peter / Schwendermann, Heinrich / Steiner, Kirsten / Wirbelauer, Eckhard, **Geschichte. Ein Tutorium**, Freiburg i. Br. 1997.

Enderle, Wilfried, **Bibliotheken**, in: Aufriß der Historischen Wissenschaften, hrsg. v. Michael Maurer, Bd. 6: Institutionen, Stuttgart 2002, S. 214 – 315.

Grund, Uwe / Heinen, Armin, **Wie benutze ich eine Bibliothek? Basiswissen – Strategien – Hilfsmittel**, München 1995.

Faber, Erwin / Geiß, Immanuel, **Arbeitsbuch zum Geschichtsstudium. Einführung in die Praxis wissenschaftlicher Arbeit**, 2. Aufl. Heidelberg 1992.

Hacker, Rupert, **Bibliothekarisches Grundwissen**, 7. Aufl. München 2000.

Jele, Harald, **Wissenschaftliches Arbeiten in Bibliotheken. Eine Einführung für Studierende**, 2. Aufl. München u. a. 2003.

Meyer, Gerhard, **Wege zur Fachliteratur: Geschichtswissenschaft**, München u. a. 1980.

Schulze, Winfried, **Zur Geschichte der Fachzeitschriften von der „Historischen Zeitschrift" zu den „zeitenblicken"**, in: zeitenblicke 2 (2003), Nr. 2 [22.10.2003]:
http://www.zeitenblicke.de/2003/02/schulze.htm.

Informationen aus dem Internet | 5

Überblick

Das Internet ist zu einem selbstverständlichen Element der Informationsbeschaffung geworden. Neben vielen Vorteilen der Arbeitserleichterung birgt das Netz aber auch eine Reihe von Tücken und Gefahren, vor allem die schlechter, falscher, unseriöser oder tendenziöser Informationen und Darstellungen. Das Kapitel zeigt, wie man Web-Seiten beurteilt und weist ein paar Wege abseits von Google, die zu wichtigen und interessanten Seiten für Geschichtsstudenten führen.

Grundsätzliches | 5.1

Chance und Risiko | 5.1.1

Ganz egal, was man wissen will: Man gibt die passenden Schlagworte in eine Suchmaschine ein, und schon wird einem das Wissen der Welt frei Haus geliefert. Blitzschnell und ohne Rennerei. Alles ist nur einen Mausklick entfernt. Das ist nicht nur die Verheißung, die einem vielfach in der Werbung suggeriert wird, es scheint auch so schon an der Schule gelehrt zu werden. Jedenfalls kommen viele Studenten mit dieser festen Überzeugung an die Universität. Es stimmt ja auch – zum Teil. In der Tat kann man mit Hilfe des Internet leicht viele Fragen klären, die früher aufwendige Recherchen erfordert hätten. Man kann vielerlei finden, eine zehnseitige kommentierte Bibliographie zur „Moderne" beispielsweise (http://www.philo.de/moderne/dok2.htm) oder das Tagebuch eines Matrosen der kaiserlichen Marine aus dem Ersten Weltkrieg (http://www.sms-hansa.de). Wenn man genau das gebraucht hat, ist es fein. Wenn nicht, ist man auch leicht von einer Seite zur nächsten gesurft, hat hier und da geschnuppert, dies und das gefunden, was zwar „irgendwie interessant" ist, man aber nicht wirklich braucht, und im Nu sind ein, zwei oder noch mehr Stunden vergangen.

Die Wissenschaftler – und wahrscheinlich ist das nicht nur bei den Historikern so – lassen sich derzeit grob in zwei Gruppen einteilen: Während die einen dem Medium skeptisch gegenüberstehen, bekunden, es nicht zu brauchen, Websites für modischen Firlefanz halten, Mailinglisten als Zeitvernichtungsmaschinen betrachten und ihre **E-MAILS** höchstens einmal in der Woche abfragen, sehen die anderen in allem, was mit Computer und Internet zu tun hat, die Zukunft: eine Revolution unserer Wissenswelt, die zu einem neuen Verständnis und einem neuen Umgang mit Texten und Bildern führen werde. Die digitalen Medien stehen für Modernität, sie verheißen Internationalität und Innovation. Literatur über das Thema Internet für Historiker stammt in der Regel von Mitgliedern der zweiten Gruppe, die damit ihre zögernden Kollegen zu überzeugen versuchen.

Dieses Kapitel richtet sich an keine der beiden Gruppen, sondern an eine dritte: die Studenten, die mit dem Computer so selbstverständlich aufgewachsen sind wie mit dem Telefon und die das Internet ebenso selbstverständlich benutzen. Dagegen ist nichts einzuwenden, doch für wissenschaftliches Arbeiten reicht es nicht aus, Schlagworte bei einer Suchmaschine einzugeben. So gibt es ein paar nützliche Ausgangspunkte im Netz, von denen aus sich Historiker – auch Studenten – die für sie wichtigen Informationen und die interessanten Seiten erschließen können. Noch wichtiger ist ein weiterer Punkt, der deshalb hier auch zuerst behandelt wird: Die Frage der Beurteilung und Bewertung von Webseiten. Denn trotz aller Warnungen „googeln" Sie doch, und es ist daran ja auch nichts grundsätzlich Verwerfliches. Doch Sie dürfen nicht vergessen, dass das Ergebnis ein buntes Sammelsurium ist, von dem manches nützlich und brauchbar ist, anderes jedoch nicht an eine wissenschaftliche Zielgruppe gerichtet und damit auch für Geschichtsstudenten ohne Belang ist; wieder anderes zeugt von zweifelhaften Absichten, ist falsch, unseriös, tendenziös oder gar extremistische Propaganda. Es gilt also schnell zu entscheiden, welche Seiten für die eigenen Fragestellungen und Bedürfnisse brauchbar sind, welche nicht, und von welchen man dringend die Finger lassen muss. Kurz: Es gilt, die Seiten, auf die man kommt, bewerten und beurteilen zu lernen, um abschätzen zu können, ob die auf ihnen angebotenen Informationen verlässlich sind.

E-MAIL, von engl. *electronic mail* = elektronisch übermittelte Post.

Die Struktur des Web | 5.1.2

Um das Web richtig nutzen zu können, um es zu beherrschen, muss man sich zunächst einiges über seine Struktur deutlich machen:

Das Web ist demokratisch, das heißt: Eigentlich kann jeder zu ganz geringen Kosten alles Mögliche im Netz veröffentlichen. Kein Lektor oder Zensor hat die Seiten geprüft. Das bedeutet umgekehrt, dass es im Netz Texte von jeder Qualitäts- und Güteklasse gibt. Sie können von Wissenschaftlern stammen, von Werbeleuten und Wichtigmachern ebenso wie von engagierten Privatleuten, geschäftstüchtigen Verkäufern oder Ideologen.

Das Web ist flüchtig, es existiert nur in der Gegenwart. Seiten können täglich verändert werden, ganz aus dem Web verschwinden oder auch jahrelang unverändert auf irgendeinem Server ihr Dasein fristen. Ein heute gültiger Link kann morgen schon ins Nichts führen. Die Nachprüfbarkeit und Zitierfähigkeit der Seiten ist somit schwieriger zu garantieren als bei gedruckten Publikationen.

Das Web ist frei und das bedeutet vor allem im Kopf seiner Benutzer: kostenfrei. Viele glauben, über das Netz zu allem Zugang zu erhalten. Doch Informationen zu sammeln, Fakten zu ermitteln, Texte zu schreiben, kostet Geld. Wer hat also ein Interesse daran, „seine" Informationen kostenfrei anderen zur Verfügung zu stellen? Anders gefragt: Hat der Betreiber einer Seite Nebenabsichten, die den Inhalt der Seite beeinflussen? Im Gegenzug gibt es eine wachsende Reihe von seriösen Informationsanbietern, die ihre Informationen eben nicht kostenlos ins Netz stellen, sondern für ihre Dienste Gebühren verlangen, auch im Internet. Solche Adressen muss man kennen, sie erscheinen nicht unbedingt auf den Trefferlisten der gängigen Suchmaschinen.

Informationen im Internet finden | 5.2

Wie findet man sich im Netz zurecht? Wie kann man die Unmengen von Informationen kanalisieren und das, was man braucht, finden? Wer sich grundsätzlich über Suchstrategien informieren möchte, findet wichtige Hinweise in der Suchfibel:
http://www.suchfibel.de/

Der Autor der Site hat deren Inhalt auch als Buch mit CD veröffentlicht: Stefan Karzauninkat, Die Suchfibel. Wie findet man Informationen im Internet? Leipzig 2002.

5.2.1 | Der direkte Weg zur Seite

SITE, engl. = Ort; auf Deutsch hat sich „Webseite" schon fest eingebürgert. Der deutsche Titel macht jedoch nicht deutlich, dass eine *site* mehrere *pages* haben kann, dass also unter einer Internet-Adresse mehrere Kapitel, Unterkapitel und Rubriken zu finden sein können.

SERVER, von engl. *to serve* = Dienst tun für, jemanden versorgen mit; Rechner innerhalb eines Netzwerkes, auf den von anderen Rechner aus zugegriffen werden kann.

URL, engl. *Uniform Resource Locator* = Internetadresse.

Kennt man die genaue Adresse einer **SITE**, so gibt man sie in das „Adresse"-Fenster des Browsers ein, drückt die „Return"-Taste und wird verbunden. Jeder **SERVER**, Einzelrechner und jede Seite im Internet hat eine ganz spezifische Adresse, um identifizierbar und ansprechbar zu sein, bei Websites ist das die sogenannte **URL**. Die URL ist nach einem bestimmten Schema aufgebaut:

– Am Anfang steht der Dienst, das ist im Word Wide Web in der Regel http (*Hyper Text Transfer Protocol*), meist gefolgt vom Doppelpunkt und zwei Schrägstrichen: (http://).
– Häufig folgen die drei Buchstaben www für *World Wide Web* und
– nach einem Punkt der Name des Rechners, des sogenannten *Host*. Sind mehrere Rechner unter einem Dach, einer sogenannten Domain zusammengefasst, besteht der Rechnername aus mehreren Worten. Diese können durch einen Punkt (.), Bindestrich (-) oder Unterstrich (_) miteinander verbunden sein.
– Die Homepage endet mit dem durch einen Punkt abgetrennten Kürzel, der sogenannten *Top Level Domain*, die Auskunft gibt über die organisatorische Zuordnung des Servers bzw. über den Ort ihrer Registrierung. Seiten aus Deutschland enden dementsprechend in der Regel mit .de, diejenigen aus Frankreich mit .fr, aus Österreich mit .at etc.

Das zweite Klassifikationsschema ordnet die Seiten bzw. ihre Urheber nach inhaltlichen Kriterien bestimmten organisatorischen Gruppen zu. Meistens wird es in den USA verwendet. Bei Seiten aus England findet sich manchmal beides: ein inhaltliches Kürzel gefolgt von der Länderkennung .uk.

Wenn man die genaue Adresse einer Seite nicht kennt, oder wenn man zu einem bestimmten Thema Informationen sucht, ohne genaue Adressen zu kennen, gibt es zwei Hilfsmöglichkeiten, sich im riesigen Datennetz zurechtzufinden: Suchmaschinen und Webkataloge.

5.2.2 | Suchmaschinen

Suchmaschinen sind Programme, die das gesamte World Wide Web oder bestimmte Teile davon – etwa nur deutschsprachige Seiten – nach bestimmten Stichworten durchsuchen. Aus dem Namen der bekanntesten Suchmaschine, Google, ist bereits das Verb „googeln"

Liste der inhaltlichen Top Level Domains		
.com	commercial entities	kommerzielle Anbieter
.edu	educational entities	Bildungseinrichtungen. Amerikanische Universitäten haben diese Endung
.org	organisations	sonstige Organisationen, meist nicht-kommerzielle
.net	network	Netzwerkbetreiber
.gov	government office oder agency	Stellen und Einrichtungen der US-amerikanischen Regierung
.mil	US military	US-Militär
zu diesen Endungen sind ein paar weitere hinzugekommen:		
.aero		für Tourismus und Luftfahrt
.biz	business	Unternehmen
.coop	kooperative	Kooperativen und Genossenschaften
.info	information	allgemeine Information
.museum		Museen
.name		Privatpersonen
.pro	professional	Berufsgruppen wie Ärzte und Rechtsanwälte
.eu		Behörden, Unternehmen, Privatpersonen und sonstige Einrichtungen in Ländern der EU

gebildet worden. In der Ergebnisliste werden alle Seiten genannt, auf denen dieses Stichwort auftaucht. Um die Liste zu verkürzen und ein genaueres Ergebnis zu erzielen, kann man etwa Kombinationen von Stichworten eingeben.

Ein Beispiel: Sie suchen Informationen zum sogenannten Kulturkampf, also der bald nach der Reichsgründung von 1871 einsetzenden innenpolitischen Auseinandersetzung zwischen Bismarck und den Liberalen einerseits und der katholischen Zentrumspartei und der katholischen Kirche andererseits.

Geben Sie bei Google „Kulturkampf" ein, erscheinen Seiten, auf denen der Begriff auftaucht. Es werden Ihnen neben Seiten zur Auseinandersetzung zwischen katholischer Kirche und Staat im 19. Jahrhundert auch Seiten etwa mit Presseartikeln zu politischen Äußerungen von Papst Benedikt XVI. angezeigt, in denen eine Analogie zur damaligen Auseinandersetzung hergestellt wird.

Kombiniert man „Kulturkampf" mit dem Stichwort „Kaiserreich", sind es statt 114 000 Treffern (im Juni 2005) nur noch 4910.

Abb. 47

Screenshot der Startseite von Google.

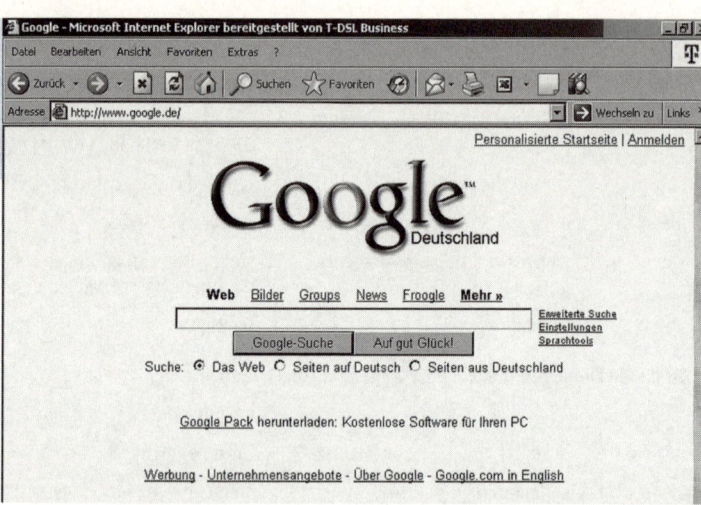

Immerhin. Doch werden Sie kaum alle diese Seiten lesen wollen oder können. Google bietet deshalb eine Priorisierung an, versucht also, die Trefferliste nach Wichtigkeit zu sortieren. Diese Beurteilung erfolgt nach der Zugriffshäufigkeit und nach der Verlinkung. Je häufiger eine Seite besucht wird, desto weiter oben erscheint sie in der Liste. Auch Links werden als eine Art Empfehlung des Ausstellenden gewertet, so dass eine Seite auf der Ergebnisliste weiter oben erscheint, je nachdem wie häufig auf sie von anderen Seiten mit einem Link hingeführt wird. Die Ergebnislisten von Google sind insofern mit Bestsellerlisten vergleichbar; und der Vergleich deutet bereits das Problem an. Ebensowenig wie sich die Qualität eines wissenschaftlichen Buches allein an seiner Auflage feststellen lässt, ist die Zugriffshäufigkeit ein geeignetes Kriterium für die Seriosität und Qualität von Websites.

Google ist derzeit diejenige Suchmaschine, die am häufigsten verwandt wird, doch es gibt natürlich noch andere. Sie werden aufgelistet, kurz vorgestellt und natürlich verlinkt auf der bereits erwähnten folgenden Site: http://www.suchlexikon.de/

5.2.3 Kataloge

Wenn Sie nicht nach einem bestimmten Stichwort suchen, keine genau eingegrenzte Fragestellung haben, sondern sich einem Thema systematisch nähern wollen, sind Kataloge oftmals besser geeignet als Suchmaschinen, denn sie erstellen Sparten und Rubriken, denen die einzelnen Sites zugeordnet werden. Diese Einordnung der Seiten in die Katalogsystematik erfolgt nicht, wie bei der Schlagwortsuche der Suchmaschinen, über ein Programm, sondern erfolgt „von Hand", also durch eine Redaktion. Sie können ein Thema auf diese Weise systematisch einkreisen und sich die Kompetenz und Sorgfalt der Redaktion zunutze machen. In der Rubrik Universitäten finden Sie in einem Webkatalog deshalb nicht alle diejenigen Seiten, auf denen das Wort „Universität" – in welchem Zusammenhang und mit welcher Intention auch immer – auftaucht, sondern tatsächlich eine Liste von offiziellen Homepages deutscher Universitäten. Auch Bibliotheken, Museen und Organisationen sind hier verzeichnet. Für eine spezielle Frage, die Suche nach einem Stichwort etwa, sind Kataloge weniger gut geeignet als Suchmaschinen. Und da jeder etwas anderes sieht, kann es nützlich sein, mehrere Kataloge zu benutzen.

Einige Kataloge, die nicht nur Spaß- und Shoppingrubriken enthalten, sondern für Wissenschaft und Studium relevant sein können:
http://de.dir.yahoo.com/
http://www.fireball.de/webkatalog/
http://www.excite.de/
http://www.yabba.de/

Yabba listet Spezialsuchmaschinen zu verschiedenen Themen auf, ist also ein Katalog, der zu Suchmaschinen führt.

Web-Seiten bewerten | 5.3

Dass viel „Schrott" im Netz steht, ist eigentlich nicht schlimm – wenn man diesen Schrott links liegen lässt und sich die qualitätsvollen Seiten herauspickt. Man muss also wissen, wie man das eine vom anderen unterscheidet.

Eigentlich beginnt die Beurteilung schon bevor Sie eine Seite tatsächlich besuchen, nämlich bei der Auswahl derjenigen Seiten von der Trefferliste der Suchmaschine, die sie dann tatsächlich anklicken.

Im Grunde ist es einfach: Jeder Text, ob auf Papier oder aus dem Netz, muss die Kriterien der Wissenschaftlichkeit erfüllen, um für wissenschaftliche Zwecke und damit auch, um für ein wissenschaftlichen Studium verwendet werden zu können (→ Kap. 2.2 und 4.1). Und doch gibt es im Netz ein paar Besonderheiten zu beachten.

Anders herum formuliert: Seiten, die sich an Schüler wenden oder an ein allgemeines Publikum, triviale Texte, Texte der Öffentlichkeitsarbeit, der Selbstdarstellung von Institutionen oder Regionen, selbstverständlich auch Werbung und politische Kampf- und Propagandaseiten kommen für die wissenschaftliche Arbeit nicht in Frage. Solche Seiten müssen Sie also identifizieren und schnell verlassen, Sie sollten sie nicht verwenden, sich schon gar nicht auf sie verlassen, und keinesfalls dürfen Sie sie zitieren.

Die in den folgenden Unterkapiteln ausgeführten **Kriterien** können Ihnen bei der Beurteilung von Netzseiten eine Hilfestellung sein.

5.3.1 | Der Autor

Wer hat das geschrieben? Wie bei jedem Text ist dies ist die erste und eine sehr wichtige Frage.

Es fällt auf, dass man auf vielen Seiten mühsam suchen muss, bis man erfährt, wer der Autor eines Textes ist. Dabei gilt im Netz grundsätzlich das gleiche wie für klassisch Gedrucktes: Seriöse Texte mit wissenschaftlichem Anspruch sind namentlich gekennzeichnet. Fehlt die Angabe des Autors, ist sofort eine gehörige Portion Misstrauen angebracht, ob es sich hier um eine vertrauenswürdige, verlässliche Information handelt. Vor allem ist zu bezweifeln, dass es sich um eine wissenschaftliche Publikation handelt.

Ist der Autor genannt, muss man seine Seriosität und Kompetenz überprüfen. Das kann anhand folgender Kriterien geschehen:
– Ist der Autor durch Examina und **wissenschaftliche Titel** (Doktortitel, Habilitation, Professor) als wissenschaftlicher Fachmann ausgewiesen?
– Ist der Autor mit einer seriösen, wissenschaftlichen **Institution oder Organisation** verbunden?

Um diese Fragen zu beantworten, leisten Suchmaschinen wiederum wunderbare Dienste. Mit Hilfe einer Suchmaschine hat man nämlich schnell herausgefunden, ob der betreffende Autor Hochschulprofessor oder Journalist, Hobbyhistoriker oder etwas anderes ist, denn die meisten Hochschulen und öffentlichen Forschungs- und Bildungseinrichtungen haben mittlerweile eigene Homepages. Daher gilt umgekehrt bereits: Findet man nichts, ist der Autor höchstwahrscheinlich eben kein professioneller Historiker.
– Ist der Autor durch **Publikationen** einschlägig ausgewiesen?

Jetzt gilt es, zu bibliographieren. Hierfür gelten grundsätzlich die in Kapitel 4.4 beschriebenen Techniken, allerdings muss es ja vor allem schnell gehen, wenn es darum geht, die Glaubwürdigkeit einer Webseite einzuschätzen. Das wird glücklicherweise durch die Hilfe von Suchmaschinen sehr erleichtert. Ist der Betreffende Autor eines im Buchhandel erhältlichen Werkes, kann man bei professionellen Online-Buchshops (www.amazon.de oder www.buchkatalog.de) die von ihm veröffentlichten Bücher rasch finden. Neben Informationen zum Buch gibt es dort ggf. noch zusätzliche Angaben zum Autor. Vielleicht findet man zudem Links zu Rezensionen des Werkes. Als weiteren Schritt kann man im Bibliothekskatalog der eigenen Uni-Bibliothek nach einer Veröffentlichungsliste der Monographien des Autors suchen und über die Historische Bibliographie der AHF (Arbeitsgemeinschaft Außeruniversitärer Historischer Forschungseinrichtungen in der Bundesrepublik Deutschland), http://www.ahf-muenchen.de, (→ Kap. 4.2.8.) die Veröffentlichungsliste seit 1990 einschließlich der Aufsätze abrufen.

– Man kann nach einer **Selbstauskunft** des Autors suchen, die im Impressum oder auf „Wir über uns"-Seiten zu finden sein sollte. Dies ist besonders bei Hobbyhistorikern meist der einzige Weg, etwas über sie zu erfahren. Hobbyhistoriker investieren in ihren Internetauftritt häufig viel Engagement und großen Zeitaufwand, die Seiten sind zum Teil auch durchaus interessant – aber eben doch meist keine Wissenschaft und deshalb für Ihr Studium nicht verwendbar, das heißt nicht zitierfähig.

Der Betreiber der Web-Seite

| 5.3.2

Insbesondere bei nicht namentlich gekennzeichneten Texten und Einzelseiten muss man fragen, wer die Website insgesamt erstellt hat, sie betreibt bzw. für sie verantwortlich ist. Man muss also die Homepage suchen und von dort aus den Zugang zum Impressum suchen. Weitere Informationen finden sich z.B. auf „Wir über uns"-Seiten oder wie auch immer sie heißen mögen; sie geben Aufschluss darüber, wer aus welchen Gründen diese Seite erstellt hat. Die URL, die Adresse einer Website, gibt häufig bereits selbst Hinweise. Besondere Wachsamkeit ist natürlich dann geboten, wenn Angaben zum Betreiber schwer zu finden, vielleicht sogar nur indirekt zu ermitteln sind. Aus welchem Grund möchte hier jemand seine Urheberschaft verschleiern?

Steht dahinter

- eine **Firma, ein Unternehmen** mit kommerziellen Absichten? Das kann unter Umständen sogar ein Zeichen von Seriosität sein, denn Information kostet, wie gesagt, Geld. Dieses Geld wird oder wurde bisher durch den Buchverkauf erwirtschaftet. Wird etwa ein Nachschlagewerk nun nicht oder nicht nur im Druck veröffentlicht, sondern auch über das Internet, muss man den Dienst entweder abonnieren oder für einzelne Dienstleistungen zahlen. Letzteres ist z. B. bei Zeitungsarchiven meistens der Fall. Auch für den Online-Zugang zu Datenbanken, Zeitschriften oder Nachschlagewerken sind meist Gebühren fällig. Hier sind es aber in der Regel nicht Einzelgebühren für die jeweilige Nutzung, sondern Jahresgebühren, die Sie als Student wahrscheinlich nicht entrichten wollen und können. Universitätsbibliotheken erwerben diese Lizenzen allerdings in der Regel, und das bedeutet, dass Sie als Student den Online-Zugang zu diesen Ressourcen ebenso erhalten wie zu den gedruckten Büchern in den Regalen. In der Regel erfolgt der Zugang über die Site und das Login der Universitätsbibliothek.
- eine **Partei oder Kirche** oder sonst eine weltanschauliche oder ideologische Vereinigung?
- ein **Privatmann**? Vorsicht bei den Seiten von Hobbyhistorikern. Manche sind ambitioniert und durchaus gut gemacht, andere hingegen bunt gewürfelte Sammelsurien von zweifelhafter Qualität oder zeugen gar von Hurrapatriotismus, Kriegsbegeisterung, wenn nicht gar ewiggestriger Geisteshaltung.
- eine **öffentliche Einrichtung**, eine Behörde oder staatliche Institution und wenn ja, was für einen Auftrag hat sie? Ist es eine wissenschaftliche Organisation, eine Universität oder ein Archiv, eine Akademie oder eine Einrichtung der Öffentlichkeitsarbeit, eine Landeszentrale oder die Bundeszentrale für politische Bildung, ein öffentliches Museum? Selbstverständlich richten sich nicht alle an ein wissenschaftliches Publikum.

> **SITEMAP**, gewissermaßen die Inhaltsangabe einer Site. Sie zeigt, z. B. in der Form eines Verzeichnisses, die Struktur des gesamten Internetauftritts, der sich hinter der URL verbirgt.

5.3.3 Die Sitemap

Gibt es eine **SITEMAP**, die Aufbau und Struktur der Seite transparent macht? Ein positives Beispiel finden Sie bei clio-online, dem Fachportal für Geschichtswissenschaften, als Menüpunkt auf der Homepage http://www.clio-online.de/.

WEB-SEITEN BEWERTEN

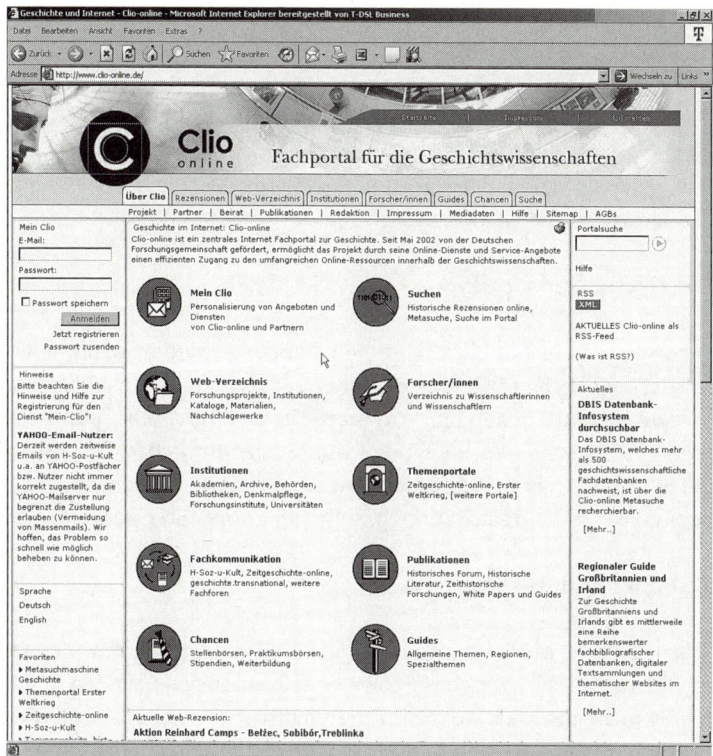

Abb. 48

Screenshot der Startseite von clio-online.

Wenn man eine Einzelinformation etwa über eine Suchmaschine gefunden hat, muss man stets nach dem inhaltlichen Kontext fragen, in dem diese steht. So kann eine biographische Information beispielsweise aus einem offenen, von Freiwilligen und also Amateuren gemeinsam verfassten Net-Lexikon stammen, von einer PR-Seite einer Firma oder Institution, die mit dieser Persönlichkeit in irgendeiner Form verbunden ist, von der ebenfalls an ein breites Publikum gerichteten Seite eines Museums, von der Seite einer Partei oder Organisation, mit der die Persönlichkeit in Verbindung steht und natürlich auch aus einem frei zugänglichen wissenschaftlichen Lexikon stammen. Auch Universitäten haben häufig PR-Seiten, auf denen etwa der Namenspatron vorgestellt sein kann. Diese von Mitarbeitern der Pressestelle erstellte Biographie ist dann natürlich kein wissenschaftlicher Text und entsprechend anders zu behandeln, als wenn ein Historisches Seminar Biographien präsentiert. Sie würden ja auch nicht aus einer Werbebroschüre zitieren.

PR (PUBLIC RELATIONS), engl. = Öffentlichkeitsarbeit.

5.3.4 Die Verlinkung

LINK, engl. = Verbindung.

Über welchen Link ist man auf eine Seite gestoßen (wenn man nicht direkt von einer Suchmaschine kommt) und wohin führen LINKS von dieser Seite? Schaut man also nach dem geistigen Umfeld, gewissermaßen dem „Freundeskreis", erhält man Hinweise auf die Seriosität und Glaubwürdigkeit einer Seite.

5.3.5 Die Grafik und Optik

Schon auf den ersten Blick sieht man einer Seite häufig an, ob sie seriös ist oder nicht. Misstrauisch sollten Sie werden, wenn allzu viele Spielereien auftauchen, gar mit martialischen Inhalten: Flammenmeere, Kriegssymbole, wehende Fahnen oder ähnliches. Besonders bei Symbolen, die in Verbindung stehen zum Nationalsozialismus oder zu Neonazi-Organisationen, sollten Sie vorsichtig werden.

5.3.6 Tendenz und Absicht

Warum wurde die Seite gemacht? Welche Ziele werden mit ihr verfolgt? Um dies zu ermitteln, reichen die Informationen über den Autor häufig nicht aus, auch wenn sie unverzichtbare Hinweise liefern. Hier muss man den Text und den Aufbau der Seite kritisch prüfen und dabei die gleichen Kriterien anwenden, die für jeden Text gelten.

5.3.7 Adressaten

An wen ist die Seite gerichtet? An Wissenschaftler, Schüler, Kinder, ein breites Publikum oder Spezialisten?

Da Sie auch in der gedruckten Version beispielsweise kein biographisches Lexikon für Kinder und Jugendliche verwenden würden und Ihre Referate nicht auf der Grundlage von „Was ist Was"-Büchern schreiben, sollten Sie auch bei online gefundenen Texten nur solche verwenden, die sich an ein studentisches und wissenschaftliches Publikum richten.

5.3.8 Datum

Eine gute Site enthält das Datum, an dem sie erstellt bzw. zuletzt geändert wurde. Das Datum ist genau wie bei jedem gedruckt veröffentlichten Aufsatz oder Buch wichtig, denn es zeigt an, welchen Stand der wissenschaftlichen Diskussion der Autor verarbeitet hat. Zusätzlich sollte man stets das Datum angeben, an dem man die Site zuletzt besucht hat.

Wissenschaftlichkeit | 5.3.9

Auch im Netz gelten die gleichen Kriterien, die an jeden Text angelegt werden: Wer teilnehmen will am wissenschaftlichen Diskurs, muss sich an die hier geltenden Regeln halten. Jeder Text muss also daraufhin geprüft werden, ob er die Kriterien der Wissenschaftlichkeit erfüllt:
– Wird eine Problem- oder Fragestellung verfolgt?
– Ist der Text nachvollziehbar durch sachliche und argumentierende Darstellung?
– Sind die Thesen, Fakten und Schlussfolgerungen nachprüfbar durch Angabe der Quellen- und Literaturgrundlage?

Werbung | 5.3.10

Ist eine Seite vollgestopft mit Werbebannern, **POP-UPS** und Links zu kommerziellen Seiten, ist Vorsicht geboten. Hier geht es möglicherweise weniger um Inhalte als darum, Werbung zu platzieren und die Besucher zu kommerziellen Seiten zu locken.

POP-UP, von engl. *to pop* = knallen, aufplatzen, plötzlich auftauchen; neue Fenster, die auf dem Bildschirm auftauchen.

Zitierhinweise | 5.3.11

Grundsätzlich gilt: Wie jede gedruckte Literatur, sind auch im Internet veröffentlichte Texte urheberrechtlich geschützt. Bezieht man sich auf sie oder zitiert sie, muss man die Quelle genauso präzise angeben wie bei gedruckten Texten. Ihre Angaben müssen nachprüfbar und nachvollziehbar sein. Die Angabe der URL allein ist nicht ausreichend, hinzukommen müssen die Angaben zu Autor und Titel des zitierten Werkes. Sonst wäre es etwa so, als würden Sie von einem Buch nur die Bibliothekssignatur angeben. Gute, wissenschaftlich geführte und betreute Seiten geben Zitiervorschläge oder -richtlinien an. Findet man solche Richtlinien nicht, sollte man sich an den **Grundsätzen der allgemeinen Zitierregeln** orientieren, und das heißt:
– Autor des Beitrages,

- Titel des Beitrages,
- übergeordnete Publikation, also Angaben, um was für eine Seite es sich handelt (Homepage von XY, oder Homepage eines Museums, einer Universität, Titel, Jahrgang und Ausgabe einer E-Zeitschrift etc.),
- Datum der Erstellung der Seite – gute Seiten sind datiert, E-Zeitschriften haben wie ihre papiernen Schwestern Nummern und ein Erscheinungsdatum,
- dann erst kommt als Pendant zum Veröffentlichungsort die Online-Adresse, also die URL. Sie wird in geschweiften oder spitzen Klammern angegeben ({ } oder < >)
- Anschließend müssen Sie noch in runden Klammern das Datum angeben, an dem Sie die Seite besucht haben.
- Statt Seitenzahlen, die es im Netz nicht gibt, enthalten Online-Aufsätze häufig eine Zählung der Absätze. Diese Zahl ist entsprechend anstelle der Seitenzahl anzugeben.

Ausführliche Hinweise zu Zitierregeln für Internetdokumente gibt historicum.net unter: http://www.historicum.net/lehren-lernen/internet-im-geschichtsstudium/wissenschaftliches-publizieren/

Beispiele:
Die wissenschaftliche Online-Zeitschrift zeitenblicke gibt folgenden Zitiervorschlag für **Aufsätze**:
Winfried Schulze: Zur Geschichte der Fachzeitschriften. Von der 'Historischen Zeitschrift' zu den 'zeitenblicken', in: zeitenblicke 2 (2003), Nr. 2 [22.10.2003], URL: <http://www.zeitenblicke.historicum.net/2003/02/schulze.html>

Die Zitierempfehlung der Online-Ausgabe der Zeithistorischen Forschungen für einen Aufsatz lautet:
Maurus Reinkowski, Das Osmanische Reich – ein antikoloniales Imperium?, in: Zeithistorische Forschungen/Studies in Contemporary History, Online-Ausgabe, 3 (2006), H. 1, URL: <http://www.zeithistorische-forschungen.de/16126041-Reinkowski-1-2006> Beim Zitieren einer bestimmten Passage aus dem Aufsatz bitte zusätzlich die Nummer des Textabschnitts angeben, z.B. 12 oder 14–16.

Die empfohlene Zitierweise für eine **Rezension**, die bei H-Soz-u-Kult erschienen ist, sieht folgendermaßen aus:

Anette Schlimm: Rezension zu: Schmidt, Daniel: Statistik und Staatlichkeit. Wiesbaden 2005. In: H-Soz-u-Kult, 14. 06. 2006, <http://hsozkult.geschichte.hu-berlin.de/rezensionen/2006-2-188>.
Hinzufügen müssen Sie jeweils noch in runden Klammern das Datum, an dem Sie die Seite besucht haben.

Das Historische Lexikon der Schweiz, ein **Nachschlagewerk**, das sowohl auf Papier wie elektronisch veröffentlich ist, schlägt folgende Zitierweise für einzelne Artikel vor:
Albert Tanner: Bürgertum. Kap. 2: 19. und 20. Jahrhundert, in: Historisches Lexikon der Schweiz (HLS), Version vom 05.09.2003, URL: {http://hls-dhs-dss.ch/textes/d/D16379-2-2.php (Datum, an dem Sie die Site besucht haben)}

5.4 Eine (unvollständige) Linkliste

Noch schneller als Bücher veralten Links, so dass eine Linkliste schon zwischen Fertigstellung des Manuskriptes und Erscheinen des Buches veraltet sein würde. Hier soll deshalb keine Linkliste stehen, sondern der Hinweis zu den wichtigen Linklisten und Adressen, von denen aus man sich als Historiker das Netz jenseits von Suchmaschinen erschließen kann.

5.4.1 Bibliothekskataloge

Wichtig ist zuerst der **OPAC**, also der öffentlich zugängliche Online-Bibliothekskatalog Ihrer Universitätsbibliothek, dessen Adresse in der Regel auf der Uni-Homepage verlinkt ist.
Die Universitätsbibliothek bietet aber noch mehr: eine Reihe von Datenbanken und kostenpflichtigen Angeboten sind Mitgliedern der Hochschule – also auch Studenten! – zugänglich. Hierfür müssen Sie allerdings über das Rechenzentrum Ihrer Hochschule eingeloggt sein, oder sich über ein Passwort in der Bibliothek anmelden. Auf der Homepage der Unibibliothek finden sich dann Links zu den Datenbanken in alphabetischer Ordnung oder nach Fächern eingeteilt. Unter http://www.ubka.uni-karlsruhe.de/kvk.html findet sich der „**Karlsruher virtuelle Katalog**", der gleichzeitig den Zugriff auf eine Vielzahl deutscher und ausländischer wissenschaftlicher Bibliotheken erlaubt.

OPAC, Online Public Access Catalogue, also der öffentlich über das Internet zugängliche Bibliothekskatalog, in dem man mit verschiedenen Funktionen recherchieren kann.

Abb. 49

Screenshot der Startseite des Karlsruher Virtuellen Katalogs.

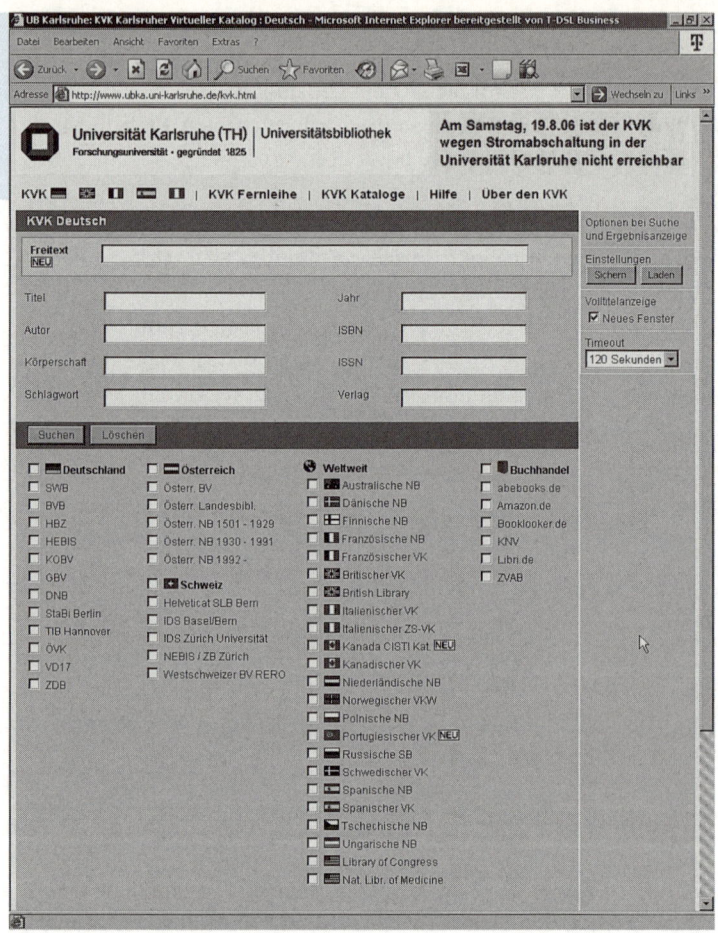

Die **Deutsche Nationalbibliothek**
http://www.d-nb.de/

ist die zentrale Archivbibliothek der Bundesrepublik Deutschland, die das gesamte Schrifttum seit 1913 sammelt und alle in Deutschland erscheinenden Veröffentlichungen bibliographisch verzeichnet. Aus historischen Gründen gibt es zwei Filialen: In Leipzig, wo 1912 die Deutsche Bücherei gegründet wurde und dementsprechend das ältere Material sowie das der DDR liegt, und in Frankfurt am Main, wo 1947 die Deutsche Bibliothek Frankfurt am Main gegründet wurde und wo auch im Deutschen Exilarchiv 1933–1945 die deutsche Literatur gesammelt wird, die während der Zeit des

Nationalsozialismus nur im Ausland erscheinen konnte. Hinzu kommt das seit 1970 bestehende Deutsche Musikarchiv Berlin. Die Kataloge der Deutschen Nationalbibliothek sind online kostenfrei zugänglich, die Bücher selbst werden allerdings nicht ausgeliehen; sie können nur vor Ort im Lesesaal benutzt werden.

Über die Homepage der Deutschen Nationalbibliothek erreichen Sie unter Datenbanken auch die deutsche **Zeitschriftendatenbank**, in der Sie für jede Zeitschrift ermitteln können, von wann bis wann sie erschienen ist und welche Bibliotheken sie führen – sogar mit der Signatur. Einzelne Artikel können kostenpflichtig online bestellt werden.

Die Bayerische Staatsbibliothek stellt eine digitalisierte Version der **Allgemeinen Deutschen Biographie [ADB]** und das Register der Neuen Deutschen Biographie [NDB] online bereit:
http://mdz1.bib-bvb.de/~ndb/adb_index.html.

Subito ist ein Serviceangebot der angeschlossenen Bibliotheken, mit dem Sie Kopien von Zeitschriftenaufsätzen online bestellen können. Auch die Fernleihe von Büchern ist online möglich, also das Bestellen von Büchern, die in Ihrer Unibibliothek nicht vorhanden sind. Das Bestellen über Subito kostet erheblich mehr als eine normale Fernleihe, die bei der heimischen Bibliothek aufgegeben wird, dafür hat man den benötigten Text in der Regel sehr viel schneller:
http://www.subito-doc.de/.

| 5.4.2

Einige nützliche Seiten fürs Geschichtsstudium

- http://www.uni-konstanz.de/FuF/Philo/Geschichte/Tutorium/
  Eine Einführung für Studienanfänger, die, aufgehängt an den Erfahrungen des Studenten Jan, in das Geschichtsstudium und in wichtige Arbeitstechniken einführt.
- http://www.phil-fak.uni-duesseldorf.de/geschichte/links
  Das Historische Seminar der Uni Düsseldorf hat eine nützliche Linksammlung zusammengestellt, die viele Seiten mit Hilfestellungen für Studenten, Ratgeberseiten und Einführungen enthält. Sie hat allerdings den Nachteil, dass man nicht direkt auf die verlinkte Seite weitergeleitet wird, also deren genaue Adresse auch nicht im eigenen Browser wiederfindet. Leider sieht man der Liste auch nicht an, wann sie zum letzten Mal überprüft bzw. auf den neuesten Stand gebracht wurde.

- http://www.uni-bielefeld.de/zsb/zsb1.html
  „Tips zu Studientechniken" heißt die Seite, die von der Zentralen Studienberatung der Universität Bielefeld erstellt wurde. Sie richtet sich explizit an Anfänger, die von den Anforderungen und dem Niveau der zu erbringenden Leistungen erst einmal erschreckt sind und enthält allgemeine Hinweise zu den Techniken des Studierens: Zur Arbeitseinteilung und -organisation, von den Lesetechniken bis zum Schreiben einer wissenschaftlichen Hausarbeit.
- http://www.geschichte-online.at
  Geschichte Online ist ein Internet-Tutorium, das Studenten der Geschichte Grundlagen für das Studium vermitteln will. Sie können fürs Selbststudium verwendet oder in Verbindung mit Lehrveranstaltungen eingesetzt werden. In vier Modulen geht es um zentrale Arbeitstechniken der historischen Wissenschaften (Modul 1), Literatur- und Informationsrecherche (Modul 2) und Themenfelder der Geschichtsdidaktik (Modul 3). Das vierte Modul enthält ein Redaktions- und Datenbanksystem (VMS5), das für Lehrveranstaltungen einsetzbar ist und als datenbankbasierte Lehr- und Lernsoftware in Seminaren und Vorlesungen eingesetzt werden kann.
  Entwickelt wurde Geschichte Online in den Jahren 2002 bis 2004 vom Institut für Wirtschafts- und Sozialgeschichte und vom Institut für Geschichte der Universität Wien zusammen mit Kooperationspartnern in historischen Instituten an den Universitäten Innsbruck, Graz, Linz, Salzburg und Wien.
- http://www.adfontes.unizh.ch/1000.php
  „Ad fontes" ist ein E-Learning-Tutorium, das an der Universität Zürich erstellt wurde, um in die praktische Arbeit im Archiv einzuführen. Anhand von Beispielen aus dem Stiftsarchiv Einsiedeln können Sie üben, mit handschriftlichen Quellen des Mittelalters und der Frühen Neuzeit umzugehen. Es richtet sich an Geschichtsstudenten, die einmal ein Archiv besuchen wollen.
- http://www.vascoda.de/
  Vascoda ist ein interdisziplinäres Internetportal für wissenschaftliche Informationen. Von hier aus finden Sie den Zugang zu den Portalen verschiedener wissenschaftlicher Disziplinen sowie zu den Angeboten von Bibliotheken und Institutionen.
- http://www.ieg-maps.uni-mainz.de/
  Das Institut für Europäische Geschichte in Mainz stellt auf seinem Server digitale Karten zur persönlichen Nutzung bereit.

Fachwissenschaftliche Seiten und Portale für Historiker | 5.4.3

– http://hsozkult.geschichte.hu-berlin.de/
  H-Soz-u-Kult ist ein „moderiertes Informations- und Kommunikationsnetzwerk für professionell tätige Historikerinnen und Historiker", wie es in der Selbstbeschreibung, also der Rubrik „Über H-Soz-u-Kult", heißt. Es richtet sich damit in erster Linie an diejenigen, die auf dem Gebiet der Geschichtswissenschaft bereits selbstständig forschen, also nicht primär an Studenten. Das heißt jedoch nur, dass gewisse Grundlagen und Standards als bekannt vorausgesetzt werden, nicht, dass Studenten unwillkommen oder gar ausgeschlossen wären. Über diese Plattform werden fachinterne Neuigkeiten ausgetauscht und Diskussionen geführt. Rezensionen zu historischen Neuerscheinungen, Terminankündigungen, Tagungsberichte, Debatten, Stellenangebote (auch für Praktika) werden täglich über eine Mailingliste an die Abonnenten versandt und sind auch auf dem Server abrufbar ebenso wie eine Liste wissenschaftlicher Zeitschriften mit Kurzporträt, Inhaltsverzeichnissen und z. T. Links zu den jeweiligen Homepages.

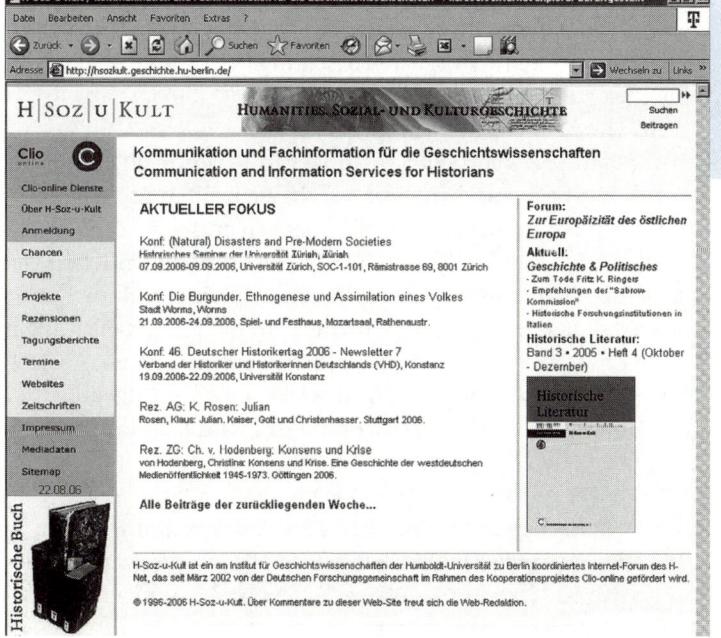

| Abb. 50

Screenshot der Startseite von H-Soz-u-Kult.

Alle Beiträge werden von einer Redaktion gesichtet, die am Historischen Seminar der Berliner Humboldt-Universität angesiedelt und mit dem amerikanischen H-Net (http://www.h-net.msu.edu/) verbunden ist. Die Überprüfung, ob die Beiträge den formalen und inhaltlichen Kriterien der Geschichtswissenschaft genügen, die Sie bei Online-Veröffentlichungen in der Regel selbst vornehmen müssen (→ Kriterienkatalog in Kap. 5.3), ist Ihnen hier bereits von einer Redaktion von Fachleuten abgenommen worden. H-Soz-u-Kult entwickelt sich immer mehr zum zentralen Netzforum in der Geschichtswissenschaft.

- http://www.clio-online.de

Clio-Online ist ein zentrales Internet Fachportal zur Geschichte, das mehr als 7000 Links systematisch sortiert enthält (Stand August 2006). Das Portal wird am Institut für Geschichtswissenschaften der Humboldt-Universität unter wissenschaftlicher Leitung gepflegt, von der Deutschen Forschungsgemeinschaft (DFG) gefördert und von einem Netzwerk mehrerer Forschungseinrichtungen und Bibliotheken unterstützt.

- http://www.zeitgeschichte-online.de/

Ein Element von Clio-Online ist Zeitgeschichte-Online, das Themenportal für Zeitgeschichte im Internet. Es wird von wissenschaftlichen Einrichtungen betreut, dem in Potsdam ansässigen Zentrum für Zeithistorische Forschung (ZZF) und der Staatsbibliothek zu Berlin – Preußischer Kulturbesitz (SBB).

- http://www.historicum.net/index.php

Ein weiteres Fachportal für Historiker ist „Historicum.net". Es ist hervorgegangen aus dem „Server frühe Neuzeit", und auch, wenn Historicum.net mittlerweile alle Epochen einschließt, so ist ein gewisser Schwerpunkt auf Themen der frühneuzeitlichen Geschichte noch immer spürbar. Das Portal richtet sich nicht nur an Fachwissenschaftler, sondern auch an interessierte Privatleute. Es enthält eine umfangreiche Linkliste, Rezensionen, Ausstellungsberichte, direkten Zugang zu elektronisch verfügbaren Aufsätzen und zu Unterrichtsmaterialien. Es wird hauptsächlich getragen von den Universitäten München und Köln.

- http://www-geschichte.fb15.uni-dortmund.de/links/

Am Historischen Institut der Universität Dormund wird der älteste systematische Linkkatalog gepflegt. Das Verzeichnis ist allerdings mit 922 (am 27.07.2006) gelisteten Links weniger umfangreich als dasjenige von Clio-online.

Fachbibliographien online | 5.4.4

- **Jahresberichte für deutsche Geschichte**, hrsg. von der Berlin-Brandenburgischen Akademie der Wissenschaften.
  http://www.bbaw.de/forschung/jdg/index.html
  (→ Kap. 4.2.8.) Die Datenbank ist frei zugänglich
- **Historische Bibliographie**, hrsg. v. der Arbeitsgemeinschaft Außeruniversitärer Historischer Forschungseinrichtungen in der Bundesrepublik Deutschland (AHF),
  http://www.ahf-muenchen.de
  (→ Kap. 4.2.8.) Beachten Sie, dass die AHF kostenpflichtig und damit nicht frei zugänglich ist. Die Lizenzgebühr entrichtet Ihre Universitätsbibliothek und gewährt Ihnen als Student damit Zugang, der allerdings über die Internetseite Ihrer UB und mit Ihrem Login erfolgen muss.
- **Bibliographie zur Zeitgeschichte** (Beilage der Vierteljahrshefte für Zeitgeschichte).
  http://www.ifz-muenchen.de/bibliothek/bibliographie.html
- **Internationale Bibliographie der Zeitschriftenliteratur (IBZ)**. Neben der gedruckten Ausgabe ist die IBZ als Online-Ressource verfügbar, jedoch nicht im *open access*. Sie müssen daher – sofern Ihre UB die Lizenzgebühr bezahlt – über die Seite Ihrer UB zugreifen. Deshalb wird an dieser Stelle auch kein Link angegeben.
- Die **Internationale Bibliographie der Rezensionen (IBR)** ermöglicht das ermitteln von Rezensionen. Neben der Buchausgabe liegt sie als Online-Ressource vor, ist allerdings genauso wie die IBZ lizenzpflichtig. Der Zugang erfolgt ebenfalls über Ihre UB.

Wissenschaftliche Zeitschriften | 5.4.5

Neben dem traditionellen Publikationsverfahren, dem Drucken auf Papier, das zu Heften und Büchern gebunden wird, setzt sich allmählich das E-Publishing als zusätzliche Möglichkeit durch. Wissenschaftliche Zeitschriften, die online veröffentlicht werden, unterscheiden sich in wesentlichen Strukturmerkmalen nicht von ihren gedruckten „Kollegen": Es gibt einen oder mehrere Herausgeber, die entscheiden, ob ein Aufsatz in der Zeitschrift veröffentlicht wird. Dafür wird geprüft, ob die Arbeit neu, korrekt gemacht und wissenschaftlich bedeutend ist. Diese **PEER REVIEW** genannte Form der Qualitätsprüfung durch kompetente Kollegen sichert das

PEER REVIEW, von engl. *peer* = der Gleichgestellte, Ebenbürtige und *review* = Überprüfung; Die Beurteilung von Forschungsergebnissen durch Fachkollegen.

Niveau und den wissenschaftlichen Standard einer Zeitschrift – egal, ob online oder gedruckt.

Gedruckte wie Online-Zeitschriften erscheinen in Ausgaben in bestimmten Zeitabständen, etwa monatlich, vierteljährlich oder halbjährlich und werden in Jahrgängen zusammengefasst.

Die Publikation im Internet hat gegenüber der klassischen Form den Vorteil, dass sie erheblich preiswerter ist, sowohl in der Herstellung als auch im Abonnement. Beides ist wichtig in Zeiten schrumpfender Universitätsetats.

Ein erheblicher Nachteil gegenüber dem Papier liegt in der Flüchtigkeit des Internet. Sollen die Forschungsergebnisse in beständiger Form dauerhaft zugänglich bleiben, unabhängig davon, wer wann noch welchen Server betreibt und pflegt, ist der Druck auf Papier immer noch das optimale Medium. Einige Online-Zeitschriften bieten deshalb zusätzlich eine Print-Ausgabe an, die dann jahrzehntelang in den Bibliotheken im Regal stehen kann und Forschungsergebnisse auch ohne Strom und Datenleitung künftigen Generationen noch zugänglich macht.

– Eine reine Online-Zeitschrift der Geschichtswissenschaft ist **Zeitenblicke**:

http://www.zeitenblicke.de/

Zeitenblicke ist prinzipiell epochenübergreifend und interdisziplinär angelegt, hat aber dennoch einen Schwerpunkt in der frühen Neuzeit. Die Herausgeber möchten die interaktiven und multimedialen Darstellungspotentiale des elektronischen Publizierens nutzen. Zeitenblicke ist frei zugänglich, die Herausgeber treten für den **OPEN ACCESS** wissenschaftlichen Publizierens ein.

OPEN ACCESS, wörtl. freier Zugang; im Herbst 2003 wurde die „Berlin Declaration" von deutschen Forschungsorganisationen und weiteren Unterzeichnern verabschiedet. Darin fordern die Unterzeichner freien Zugang zu allen Inhalten des Internets.

– Eine Zeitschrift, die sowohl Online als auch auf Papier erscheint, ist **Zeitgeschichtliche Forschungen**/ Studies in Contemporary History [ZF/SCH], deren Online-Ausgabe ebenfalls frei zugänglich ist:

http://www.zeithistorische-forschungen.de/

Auch die gedruckt erscheinenden Zeitschriften nutzen immer stärker das Netz. Manche stellen ihre Inhaltsverzeichnisse ein oder Zusammenfassungen der Aufsätze, sogenannte *abstracts*, manchmal gibt es jeweils einen Aufsatz pro Ausgabe als Volltext-Version oder gar beide Veröffentlichungsformen parallel wie bei den „Zeithistorischen Forschungen".

Eine ungemein nützliche und in mehrfacher Hinsicht umfangreiche Liste historischer Fachzeitschriften findet sich bei **H-Soz-u-Kult**: http://www.h-soz-u-kult.de/zeitschriften/

Sie enthält neben Angaben zu Herausgebern, Verlag und Erscheinungsweise auch Informationen zum thematischen, zeitlichen oder methodischen Schwerpunkt der Zeitschrift, sowie einen Link zum Verlag bzw. – falls vorhanden – zur Zeitschrift selbst. Dort erhält man je nach Angebot Zugang zu Inhaltsverzeichnissen, kurzen oder gar Volltext-Versionen der Aufsätze.
- Das **Zeitschriftenfreihandmagazin** http://www.phil.uni-erlangen.de/~p1ges/zfhm/zfhm.html enthält nicht nur aktuelle Inhaltsangaben, sondern auch diejenigen der alten Ausgaben, die z.T. bis ins 19. Jahrhundert reichen. Hinzu kommen Datenbanken über historische Dissertationen, Festschriften und Ausstellungskataloge.
- **JSTOR** heißt ein Projekt amerikanischer Universitätsverlage, das ältere Ausgaben amerikanischer wissenschaftlicher Zeitschriften nachträglich digitalisiert. Geisteswissenschaftliche Zeitschriften verschiedener Disziplinen bilden dabei einen Schwerpunkt. Die Ausgaben der letzten drei bis fünf Jahre sind dabei nicht erfasst, um den Zeitschriften nicht wirtschaftlich zu schaden. Auf den Dienst können Sie über Ihre Universitätsbibliothek zugreifen.
- **DigiZeitschriften** (http://www.digizeitschriften.de/) ist das deutsche Pendant hierzu, das im Aufbau befindlich und deshalb (noch) nicht ganz so umfangreich ist: Hier sind einige, aber nicht alle Zeitschriften im *open access*, deshalb ist auch hier der Zugriff über Ihre UB empfehlenswert.

Mailinglisten

| 5.4.6

Auf Mailinglisten werden Diskussionen per E-Mail ausgetragen. Es gibt sie zu allen möglichen und also auch zu historischen Themen. Seinen Beitrag sendet man anders als bei einer gewöhnlichen E-Mail nicht an einen Adressaten, sondern über die Liste an alle Teilnehmer. Dabei gibt es grundsätzlich zwei Formen: moderierte und unmoderierte Listen. Bei moderierten Listen sorgt ein Moderator dafür, dass nur zum Thema gehörende Beiträge versandt werden, kein E-Müll, keine Werbung o.ä.

Die bekannteste und am weitesten verbreitete Mailingliste für Historiker ist H-Soz-u-Kult (→ Kap. 5.4.3): http://hsozkult.geschichte.hu-berlin.de/index.asp

Es handelt sich um eine offene Mailingliste, die jeder kostenfrei abonnieren kann, um dann täglich aktuelle Rezensionen von Büchern, Websites oder digitalen Medien, Tagungsberichte und Diskussionsbeiträge zu erhalten. Die Beiträge sind auch nach Rubriken geordnet auf der Homepage von H-Soz-u-Kult abrufbar.

5.4.7 Rezensionen online

- http://www.sehepunkte.de
  Seit 2001 erscheint zwölf Mal im Jahr jeweils zur Monatsmitte dieses Rezensionsorgan im *open access* – also ohne Lizenzgebühren frei zugänglich. Der von Johann Martin Chladenius stammende Begriff des „Sehepunktes" als Titel (→ Kap. 2.1.6) steht für eine multiperspektivische Geschichtswissenschaft.
- http://hsozkult.geschichte.hu-berlin.de/rezensionen/
  H-Soz-u-Kult hat sogar das Zeitschriftenschema verlassen, denn die Rezensionen werden täglich über eine Mailingliste verschickt (s. o.) und werden zugleich auf dem internationalen H-Net-Server allgemein zugänglich gemacht. Neben Monographien werden auch CD-ROMs, Filme, Websites und andere Online-Publikationen besprochen.
- http://www.clio-online.de/rezensionen
  „Historische Rezensionen online" ist ein Dienst von clio-online, der die Suche nach online erschienenen und frei zugänglichen Rezensionen ermöglicht.

5.4.8 Kommerzielle Seiten

Dass es kommerzielle Seiten ganz verschiedenen Zuschnitts gibt, versteht sich im Grunde von selbst. Für Historiker sind sicherlich diejenigen der Buchversender interessant. Etwa:
- Amazon: http://www.amazon.de/
- Libri: http://www.libri.de/
- Bücher.de: http://www.buecher.de/

Antiquarische Bücher finden Sie u. a. über:
- ZVAB, eine gemeinsame Suchplattform der angeschlossenen Antiquariate. Während man im vorelektronischen Zeitalter in Antiquariaten nur stöbern konnte und Antiquariatskataloge nach Zufallsfunden durchsuchen musste, kann man jetzt mit relativ wenig Zeitaufwand nach gebrauchten Büchern recherchieren, sie per E-Mail bestellen und erhält sie per Post vom jeweils anbieten-

den Antiquariat http://www.zvab.com/
oder über
- Abebooks, wo auch Privatpersonen ihre alten Bücher anbieten: http://www.abebooks.de/

Unter http://www.hausarbeiten.de kann man sowohl eigene Hausarbeiten ins Netz stellen als auch diejenigen anderer Studenten gegen Gebühr herunterladen. Das kann insofern durchaus nützlich sein, weil man hier positive Beispiele findet, wie man eine Hausarbeit strukturiert, gliedert, wie man eine Einleitung schreibt und an welche Stellen Anmerkungen gehören. Zitierfähig sind diese Hausarbeiten eher nicht. Schreibt man allerdings kleinere oder gar größere Passagen aus ihnen ohne Angabe der Quelle ab, ist das schlicht Betrug und wird entsprechend geahndet.

Didaktik und Schule | 5.4.9

Der Bildungsserver ist ein Fachportal für alle Fragen von Bildung und Unterricht vom Kindergarten über Schule und Hochschule bis zur Erwachsenenbildung, getragen vom Bund und den Ländern, angesiedelt beim Deutschen Institut für Internationale Pädagogische Forschung in Frankfurt am Main. Der Bildungsserver bietet eine Fülle von Informationen und Links:
http://www.bildungsserver.de/
Zugriff auf die Bildungsserver der einzelnen Bundesländer erhält man unter der folgenden Adresse.
http://www.learn-line.nrw.de/nav/bildungsserver/serverderlaender/

Warnungen | 5.4.10

Wikipedia ist eine Enzyklopädie, also ein Nachschlagewerk. Es wird allerdings nicht von einer Redaktion von Fachleuten geschrieben, statt dessen kann jeder, der sich berufen fühlt, an diesem Gemeinschaftswerk mitarbeiten und Texte einstellen. Die Idee lautet, dass Fehler auf diese Weise korrigiert werden und ein demokratisches Nachschlagewerk entsteht. Da Sie allerdings die Kompetenz der Beiträger nicht überprüfen können, ist diese Enzyklopädie nicht als wissenschaftliche Literatur im eigentlichen Sinne zu bezeichnen. Sie ist deshalb auch in Ihren Hausarbeiten nicht zitierfähig.
http://de.wikipedia.org/Hauptseite

Ähnlich verhält es sich mit dem **Projekt Gutenberg**, das kostenlos klassische Texte ins Netz stellt. Es mag manchmal nützlich sein, hier schnell etwas nachschauen zu können, zitierfähig sind diese Texte jedoch nicht, da sie den Kriterien der Wissenschaftlichkeit nicht genügen. Man erfährt nicht, aus welcher Ausgabe der Text abgeschrieben wurde, wer ihn eingestellt hat etc. Natürlich können beim Einstellen auch Fehler aufgetreten sein – kurz: Das Kriterium der Nachprüfbarkeit, das für wissenschaftliche Literatur entscheidend ist, ist hier nicht gegeben.
http://gutenberg.spiegel.de/

Das **Dokumentarchiv** stellt in Privatinitiative historische Quellen ins Netz. Sie sind natürlich ebensowenig nachprüfbar und damit zitierfähig wie die literarischen Texte im Projekt Gutenberg.
http://www.documentarchiv.de/ksr.html
Wenn Sie eine Quelle für eine Hausarbeit verwenden möchten, die Sie im Dokumentarchiv gefunden haben, müssen Sie auf die wissenschaftliche Edition oder eine andere zitierfähige Veröffentlichung der Quelle zurückgreifen.

Aufgaben zum Selbsttest

- Benennen Sie Kriterien, anhand derer Sie entscheiden können, ob Sie einen Text, den Sie im Internet gefunden haben, im Rahmen einer wissenschaftlichen Arbeit verwenden können.
- Welche Angebote im Internet können Sie für Ihre Arbeit im Geschichtsstudium mit Gewinn nutzen?

Literatur

Eder, Franz X./Berger, Heinrich/Casutt-Schneeberger, Julia/Tantner, Anton (Hrsg.), **Geschichte Online. Einführung in das wissenschaftliche Arbeiten – Literatur- und Informationsrecherche**, Wien u. a. 2006.
Enderle, Wilfried, **Der Historiker, die Spreu und der Weizen. Zur Qualität und Evaluierung geschichtswissenschaftlicher Internetressourcen**, in: Haber, Peter/Christophe Koller/Ritter, Gerold (Hrsg.), Geschichte im Internet. Raumlose Orte – Geschichtslose Zeit, Basel 2002, S. 49 – 63; online unter: http://www.hist.net/hs-kurs/qualitaet/doku/enderle_qualitaet.pdf
Grosch, Waldemar, **Geschichte im Internet. Tipps, Tricks und Adressen**, Schwalbach/Ts. 2002.
Epple, Angelika (Hrsg.), **Vom Nutzen und Nachteil des Internet für die historische Erkenntnis**. Version 1.0, Zürich 2005.
Jenks, Stuart (Hrsg.), **Internet-Handbuch Geschichte**, Köln u. a. 2001.
Ohrmund, Andreas/Tiedemann, Paul, **Internet für Historiker. Eine praxisorientierte Einführung**, Darmstadt 1999.

Selbst wissenschaftlich arbeiten | 6

Überblick

Sie haben ein Thema erhalten für eine Hausarbeit oder ein Referat – jetzt stellt sich die Frage, wie und wo anfangen, um das Thema in den Griff zu bekommen. Und wie müssen solche Arbeiten aussehen? Das Kapitel gibt Ihnen zunächst allgemeine Hinweise zum Vorgehen, teilt den Arbeitsprozess in Schritte auf, die mit dem Abgeben der Arbeit oder dem Halten des Referates enden. Die einzelnen Arbeitsformen: Hausarbeit, Referat, Thesenpapier und das Schreiben von Rezensionen werden dann ausführlich vorgestellt.

Ein paar Grundregeln vorneweg | 6.1

- Nehmen Sie sich genügend Zeit. Ein **REFERAT** und vor allem eine Hausarbeit schreibt man nicht nebenher. Etwa vier bis sechs Wochen sollten Sie zur Verfügung haben.

    REFERAT, von lat. *referre* = mitteilen, berichten.

- Machen Sie sich stets **Notizen**: Schreiben Sie wichtige Zitate ab und vergessen Sie nicht, die genaue Fundstelle zu notieren. Auch auf Kopien sollten Sie nie vergessen, die exakte bibliographische Angabe zu notieren. Damit können Sie sich später lange, mühsame und ärgerliche Suchaktionen ersparen.
  Auch Fragen, Gedanken, Ideen und erste Ergebnisse sollten Sie sofort aufschreiben. Es erleichtert später das Schreiben, wenn man bereits auf solche Vorarbeiten zurückgreifen kann.
- **Einfacher ist besser**. Diese Grundregel gilt für die Gliederung und Struktur Ihrer Arbeit ebenso wie für Ihre Sprache. Suchen Sie nach dem klaren, direkten Weg etwas zu strukturieren und auszudrücken. In der Regel ist es dann zugleich präziser. Denn auch die umgekehrte Binsenweisheit gilt meist: „Wirre Worte, wirrer

Sinn". Sätze, in deren Geäst man sich verheddert und eine unpräzise Wortwahl zeugen meist davon, dass der Autor selbst den Sachverhalt nicht ganz verstanden hat.
- Versuchen Sie nicht zu schreiben, was der Dozent hören will, oder von dem Sie denken, dass er es wahrscheinlich hören will. Denn er will gar nicht, dass Sie ihm nach dem Mund reden. Natürlich müssen Sie die Spielregeln beachten, also die formalen und handwerklichen Bedingungen erfüllen (und dabei soll Ihnen ja dieses Buch helfen). Doch inhaltlich müssen Sie nicht den ausgetretenen Pfaden der Forschung folgen. Sie dürfen **neue Fragen stellen und provozierende Thesen ausprobieren**. Sie sollen sogar, denn Wissenschaft lebt von der Bereitschaft zum Widerspruch und davon, dass auch scheinbar Gesichertes hinterfragt wird. Wenn Sie aufgrund von Quellenbefunden Zweifel haben an dem, was Sie in der Literatur finden, sollten Sie eher sich selbst trauen als dem, was Sie lesen.
- Geben Sie nicht auf. Referat und Hausarbeit sind kein Hexenwerk. Viele andere haben es vor Ihnen geschafft, und Sie werden es auch schaffen. Dass Probleme und Schwierigkeiten auftauchen werden, gehört dazu, ist gewissermaßen normal. **Suchen Sie nach Auswegen**, denn es gibt immer welche. Scheuen Sie sich nicht, um Hilfe zu bitten: Kommilitonen, Bibliothekare oder Ihren Dozenten.

Mit diesen Grundregeln im Hinterkopf können Sie Ihr Thema angehen. Im nächsten Unterkapitel erfahren Sie, wie Sie Ihren Arbeitsprozess organisieren können.

6.2 | Die Arbeitsschritte

1. Arbeiten Sie **vom Allgemeinen zum Besonderen**: Machen Sie sich zunächst klar, in welchem Zusammenhang, in welchem historischen Kontext Ihr Thema steht. Einerseits zeitlich: in welcher Epoche, welchem Abschnitt; dann sachlich: Um welches Thema geht es? Machen Sie sich mit diesem allgemeinen Rahmen vertraut, lesen Sie sich anhand der Epochendarstellungen und der Handbücher (→ Kap. 4.2.2 und 4.2.3) ein. Meist gibt es zu einem Seminar einen Semesterapparat in der Seminar- oder Institutsbibliothek, wo zentrale Werke bereits für Sie zusammengestellt sind.
2. **Präzisieren** Sie Ihr Thema. Um was soll es genau gehen? Grenzen Sie ein, suchen Sie den konkreten Gegenstand bzw. machen Sie

ihn sich klar. Machen Sie sich bereits Notizen, schreiben Sie Gedanken und Gedankensplitter ebenso auf wie Fragen.
3. Suchen Sie nach **Quellen**. Auch wenn Ihnen bereits eine Quelle vorgegeben ist, sollten Sie diesen Schritt nicht ganz überspringen. Denn möglicherweise ist es sinnvoll, diese Quelle zu ergänzen. Etwa die Reichstagsrede eines Politikers durch Briefe oder die entsprechende Passage in seinen Memoiren. Bei Parlamentsreden sollten Sie sich immer auch die Debatte insgesamt anschauen: Wer hat vorher gesprochen? Um welches Thema ging es? Wurde schließlich ein Gesetz verabschiedet? Welches?

   Hinweise finden Sie wiederum in der Handbuchliteratur (besonders die Reihen „Oldenbourg Grundriss der Geschichte" und „Enzyklopädie deutscher Geschichte" bemühen sich um umfangreiche Literaturangaben) und in Quellenkunden (→ Kap. 3.4).
4. Wenn eine Quelleninterpretation im Zentrum Ihrer Arbeit steht: **Entscheiden** Sie sich – wenn dies nicht bereits vorgegeben ist – für eine zentrale, besonders wichtige oder besonders aussagekräftige Quelle, die Sie dann ins Zentrum Ihrer Arbeit rücken. Dies gilt ganz besonders für Proseminararbeiten. Sie sollten sich keinesfalls zuviel vornehmen, also zu viele Quellen oder ein zu umfangreiches Thema bearbeiten.
5. **Um was geht es** in der Quelle? Was sind die zentralen Stellen? Welche Aspekte sind wichtig, welche Stellen sind weniger wichtig? Notieren Sie bei der Lektüre, was Ihnen an den Quellen auffällt, wo Sie etwas nicht wissen oder verstehen, was wichtig und interessant zu sein scheint.
6. Klären Sie einzelne **Sachfragen**. Recherchieren Sie zu einzelnen Personen, Orten und Problemen, die in der Quelle angesprochen werden, anhand von Lexika und Nachschlagewerken (→ Kap. 4.2.9).
7. Formulieren Sie eine **Fragestellung**. Das „Warum" ist eine Schlüsselfrage, die Ihnen dabei helfen kann, von Ihrem Thema oder Ihrer Quelle zu einer Fragestellung zu gelangen. Die Fragestellung hilft Ihnen zudem, eine argumentative Schneise durch das Dickicht der Fakten zu schlagen, also zu sortieren, was für Sie wichtig ist und was Sie beiseite lassen können.
8. Suchen Sie **Spezialliteratur** zu Ihrem Thema. Gehen Sie aus von den Literaturhinweisen in den Handbüchern, suchen Sie über das Stichwortverzeichnis des OPAC bzw. im Sachkatalog bei Zettelkatalogen nach neueren Monographien zu Ihrem Thema. Dort finden Sie im Literaturverzeichnis und in den Fußnoten weite-

re Titel. Sehen Sie nach in den Jahresbibliographien „Jahresberichte für deutsche Geschichte" und „Historische Bibliographie" (beide sind online verfügbar) nach neueren Aufsätzen in Zeitschriften und Sammelbänden und Monographien. Prüfen Sie, ob zu Ihrem Thema wichtige Literatur in anderen Sprachen erschienen ist. Ausgehend von der neuesten Literatur lesen Sie sich in die Forschung zum Gegenstand Ihres Themas ein. (→ Kap. 4.4.)

Verbringen Sie hierfür mindestens einen Tag in der Bibliothek. Hier haben Sie den Seminarapparat, Handbücher, Zeitschriften und die meiste Literatur direkt zugänglich, können also bei einem Blick ins Inhaltsverzeichnis prüfen, ob ein Buch für Ihre Fragestellung wichtig ist und im Literaturverzeichnis nach weiteren Titeln suchen.

Notieren Sie (mit bibliographischer Angabe und Seitenzahl) wichtige Fakten, Argumente, Thesen oder auch Zitate entweder auf Karteikarten, Zettel oder direkt in den Computer. Wenn Sie später etwas suchen, das Sie „irgendwo" gelesen haben, werden Sie es mit solchen Notizen erheblich leichter finden.

9. Wenn Sie jetzt die Quellen erneut lesen bzw. Ihr Thema ansehen, werden Sie merken, dass Ihnen mehr und andere Dinge auffallen, dass Ihr Blick sich verändert und geschärft hat. Vielleicht **verändern Sie Ihre Fragestellung**, präzisieren oder konkretisieren sie.

10. Die Fragestellung leitet Sie dann beim Aufstellen der **Gliederung**. Fragen Sie sich stets: Was ist wichtig, um meine Fragestellung zu beantworten? So können Sie entscheiden, welche Punkte in Ihrer Arbeit enthalten sein müssen, welche hingegen wegfallen können oder vielleicht sogar wegfallen sollten. Denn bei einer Hausarbeit gilt nicht das Motto: Wer am meisten schreibt, hat gewonnen. Es kommt vielmehr darauf an, das Wesentliche herauszupicken und eine stringente Argumentation zu entwickeln.

11. Jetzt können Sie anfangen zu **schreiben**. Das wird Ihnen sehr viel leichter fallen, wenn Sie sich von Anfang an Notizen, Stichpunkte, Einfälle, Fragen und Ideen notiert haben, die Sie jetzt sortieren und als Ausgangspunkt verwenden können. Es ist sinnvoll, mit einer ersten Rohfassung der Einleitung zu beginnen, aber natürlich müssen Sie das nicht unbedingt so machen. Jedenfalls sollten Sie Ihre Einleitung zum Schluss noch einmal kritisch ansehen und gegebenenfalls ändern, denn nur selten wird eine Arbeit am Ende wirklich so, wie man es sich anfangs vorgestellt und vorgenommen hat.

Wenn Ihnen das leere Blatt oder die leere Bildschirmseite Schrecken einflößen, kann es helfen, zunächst mit den formalen Aspekten zu beginnen, etwa der Quellenkritik. Beschreiben Sie die Quelle und entwickeln Sie daraus die Fragen nach der Bedeutung und dem Zusammenhang.

Niemand sagt, dass Sie eine Hausarbeit von vorne nach hinten schreiben müssen. – Sie muss hinterher nur von vorne nach hinten lesbar, also logisch und stringent sein. Sie können mit dem Schreiben also ebensogut in der Mitte anfangen, wenn Sie der Anfang schreckt.

12. **Setzen Sie nichts als selbstverständlich oder bekannt voraus.** Selbst das Bekannte kann man noch einmal in Erinnerung rufen oder einfließen lassen.

    Ein Beispiel: Natürlich müssen Sie nicht schreiben: „Das Deutsche Reich wurde 1871 gegründet", aber Sie können es mit einfließen lassen, etwa: „Im ersten Reichstag des 1871 gegründeten Deutschen Reiches stellte das Zentrum die zweitstärkste Fraktion. Mit 18,6 Prozent der Stimmen hatte die erst im Dezember 1870 gegründete Partei der papsttreuen Katholiken bei den ersten Reichstagswahlen überraschend gut abgeschnitten."

    Auch bekannte Begriffe sollten Sie klären und Personen kurz vorstellen. Manchmal reicht schon ein Satz oder Nebensatz oder sogar eine kurze Bemerkung, etwa: „der nationalliberale Reichstagsabgeordnete Heinrich von Treitschke", oder: „Reichskanzler Otto von Bismarck".

13. Besonders dann, wenn Sie zum ersten Mal eine Hausarbeit oder ein Referat verfassen, sollten Sie mindestens einmal während des Arbeitsprozesses die **Sprechstunde Ihres Dozenten aufsuchen** und sich vergewissern, dass Sie auf dem richtigen Weg sind. Ein guter Zeitpunkt ist dann, wenn Sie eine Fragestellung entwickelt und eine erste Gliederung entworfen haben. Natürlich können Sie sich auch sonst an Ihren Dozenten wenden, wenn Probleme auftauchen. Es ist allemal besser, als aufzugeben und die Hausarbeit abzubrechen.

14. Wenn eine Rohfassung steht, prüfen Sie, ob sich im Laufe des Arbeitsprozesses Ihre Fragestellung verändert hat. Das ist nicht ungewöhnlich, wahrscheinlich ist es sogar eher die Regel als die Ausnahme. Prüfen Sie aber noch einmal, dass alle Teile Ihrer Arbeit sich auf diese **letztlich gültige Fragestellung** beziehen und ändern Sie gegebenenfalls die nicht mehr passenden Teile.

Ist Ihre Rohfassung zu lang? Nutzen Sie Ihre Fragestellung als Hilfe beim Kürzen: Welche Teile sind wichtig für die Argumentation, die Beantwortung der Frage? Welche sind weniger wichtig oder sogar entbehrlich?

15. Schreiben oder verändern Sie **Einleitung** und **Schluss** am Ende so, dass Sie sich aufeinander beziehen. Sie können die Frage beantworten oder aber herausgefunden haben, dass Sie nicht zu beantworten ist, vielleicht nur mit anderen Quellen zu beantworten wäre. Wichtig ist, dass diese beiden Teile Ihrer Arbeit zueinander passen und miteinander korrespondieren.
16. Suchen Sie mindestens einen **kritischen Leser**, der prüft, ob Ihre Argumentation schlüssig ist und Ihre Sprache klar. Ihr Lektor muss dabei kein Historiker sein, – Sie sollen ja ohnehin allgemeinverständlich schreiben.
17. Prüfen Sie, ob die Rechtschreibung stimmt, die **formalen Vorgaben** erfüllt werden, die Fußnoten und Literaturangaben stimmen. Wie wollen Sie glaubhaft machen, dass Sie präzise gearbeitet haben, wenn schon das Äußere schludrig ist?

6.3 | Thema und Fragestellung

Keine Arbeit kommt ohne eine **Fragestellung** aus. Hier benennen Sie nicht allein den Gegenstand Ihrer Untersuchung, sondern formulieren ein Interesse. Je präziser und genauer die Frage ist, desto interessanter wird Ihre Antwort ausfallen können. Die reine Darstellung von Fakten ist öde und langweilige Stoffhuberei. „Was war?" ist nur die Grundlage um zu fragen: „Warum war es so?" Das „Warum?" kann deshalb auch eine wichtige Hilfe sein beim Entwickeln einer Fragestellung: Warum ist etwas geschehen oder gemacht worden? Was waren die zu einer Entwicklung bzw. einem Ereignis führenden Strukturen oder Intentionen.

Das Thema, der Gegenstand Ihrer Hausarbeit, und die Fragestellung müssen so gewählt sein, dass Sie es auf dem Ihnen zur Verfügung stehenden Platz auch tatsächlich bewältigen können. „Die Entwicklung des Militärwesens von den preußischen Reformen bis zur Bundesrepublik" etwa können Sie nicht tatsächlich auf 10 Seiten untersuchen. Für dieses Thema braucht man mehrere hundert Seiten. Eine kurze Zusammenfassung der wichtigsten Entwicklungslinien ergäbe einen Überblicksartikel im Lexikonstil, – und das ist nicht das, was in einer Hausarbeit von Ihnen erwartet wird. Hinzu kommt ein weiteres Problem: Um einen umfangreichen Gegenstand auf knappem Raum darzustellen, muss man sich in der Materie sehr genau auskennen. Jedes Wort muss mit Bedacht gewählt sein, sonst entsteht schnell ein schiefes Bild. Ungenauigkeiten, Halbwahrheiten schleichen sich ein. Nicht umsonst werden Lexikonartikel und Überblicksdarstellungen in der Regel von Kennern des jeweiligen Gegenstandes geschrieben. Davon sollten Sie zunächst einmal die Finger lassen.

Was Sie im Rahmen einer Hausarbeit leisten können, ist etwa folgendes Thema „Die Einführung der allgemeinen Wehrpflicht in Preußen 1814". Die Fragestellung könnte dann lauten, warum zu diesem Zeitpunkt in Preußen die allgemeine Wehrpflicht eingeführt wurde. Mit dieser Fragestellung können Sie dann überlegen, welche Gesichtspunkte Sie berücksichtigen müssen, etwa: Wie fand die Rekrutierung vor der Einführung der allgemeinen Wehrpflicht statt? Was war der Anstoß für die Änderung? Hier müssten Sie die militärische Niederlage Preußens bei Jena und Auerstedt 1806 und den Tilsiter Frieden 1807 anführen und die daraufhin ins Werk gesetzten preußischen Reformen. Sie müssten fragen, wer die treibenden Persönlichkeiten dieser Reformen, vor allem natürlich der Militärreformen, waren und welche Ziele die Reformer verfolgten.

Achten Sie stets darauf, möglichst nah an den Quellen zu argumentieren. Im Proseminar ist Ihnen die Quellengrundlage häufig bereits vorgegeben. Im Hauptseminar wird von Ihnen bereits erwartet, dass Sie zu einem Thema eine Fragestellung entwickeln und die passende(n) Quellen finden.

Die Fragestellung hilft Ihnen auch, eine zweite Gefahr zu umschiffen: Es geschieht schnell, dass man sich von Literatur mit anderen Fragestellungen davontragen lässt und vom eigentlichen Thema abkommt wie Rotkäppchen vom Weg. Benutzen Sie die Literatur, aber bleiben Sie bei Ihrer Fragestellung.

Ein **Beispiel**: In einem Seminar über die deutsche Flottenrüstung haben Sie sich entschieden, als Quellengrundlage für Ihre Arbeit die Rede Bernhard von Bülows zu untersuchen, die er am 6. Dezember 1897 im deutschen Reichstag gehalten hat (Bernhard von Bülow, Reichstagsrede vom 6. Dezember 1897, in: Stenographische Berichte über die Verhandlungen des Reichstages. IX. Legislaturperiode, V. Session 1897/97, Bd. 1, Berlin 1898, S. 60 ff., wiederabgedruckt in: Michael Behnen (Hrsg.), Quellen zur deutschen Außenpolitik im

Zeitalter des Imperialismus 1890 – 1911 (Ausgewählte Quellen zur deutschen Geschichte der Neuzeit; Bd. 26), Darmstadt 1977, S. 165 f.)

Zunächst gilt es sich klarzumachen, was mit „Flottenrüstung" gemeint ist, also der Aufbau einer deutschen Kriegsmarine seit 1898. Lesen Sie die entsprechenden Abschnitte in den Handbüchern zur allgemeinen Geschichte, den Handbüchern zur Militärgeschichte sowie in den Epochendarstellungen, um über den Kontext informiert zu sein.

Jetzt beginnt die Quellenkritik, zunächst mit den Äußerlichkeiten: Am Anfang steht der Zeitpunkt, das Datum. Sie werden feststellen, um was es in der Debatte am 6. Dezember 1897 ging: Gegenstand war das erste Flottengesetz, das dann am 28. März 1898 verabschiedet wurde. Schon aus dem Datum können Sie also ableiten, dass in der Debatte die Regierung ihren Gesetzentwurf verteidigt hat und also die Gründe dargelegt, warum Deutschland eine Kriegsmarine bauen müsse, während die parlamentarischen Gegner höchstwahrscheinlich Gegenargumente vorgetragen haben werden.

Als Nächstes müssen Sie den Redner einordnen, also Bernhard von Bülow. Für eine ausführliche Biographie ist in einer kurzen Hausarbeit kein Platz, etwa eine halbe Seite können Sie darauf verwenden, ihn vorzustellen. Darin muss als wichtigste Information herausgestellt werden, dass der spätere Reichskanzler zu diesem Zeitpunkt gerade Staatssekretär im Auswärtigen Amt geworden war. Es ist also anzunehmen, dass er die außenpolitischen Gründe vorträgt, aus denen die Reichsregierung den Bau einer Flotte für notwendig hält. Jetzt müssen Sie sich noch vor Augen halten, um was für eine Quelle es sich bei einer Reichstagsrede eines Regierungsmitgliedes im Kaiserreich handelt: Seine Argumentation zielt auf die Parteien und auf die Öffentlichkeit. Zu fassen ist damit die offizielle, die öffentliche Begründung, mit der die Regierung um Zustimmung zu ihrer Politik und damit zum Gesetzentwurf warb. – Ob dies auch die tatsächlichen Motive des Kaisers, der Militärs und der Regierung waren, lässt sich mit dieser Quelle allein nicht bestimmen. Hier stößt sie also an Grenzen, die man sich klarmachen und auch benennen muss.

Das Thema der Hausarbeit ist damit klar, ohne dass man ein Wort der Quelle gelesen haben muss: Was man hier greifen kann ist „Die außenpolitische Begründung des Flottenbaus durch die Reichsregierung". Und die Frage, die Ihnen nun hoffentlich auch schon auf den Nägeln brennt, ist die, wie Bülow die Notwendigkeit des Flottenbaus denn nun tatsächlich begründete. Was sind die von ihm genannten Motive? Warum ist es in seiner Darstellung aus außenpolitischen Gründen geboten, eine Flotte zu bauen? Mit dieser Fragestellung sollten Sie jetzt die Quelle aufmerksam lesen. Notieren Sie, welche Argumente Ihnen auffallen, versuche Sie zugleich, die Struktur der Rede zu verstehen, also den Aufbau der Argumentation.

Sie werden in der Rede ein berühmtes Zitat finden: „Wir wollen niemand in den Schatten stellen, aber wir verlangen auch unseren Platz an der Sonne." – Das Bekenntnis zu einer offensiven Kolonialpolitik, die das Deutsche Reich kurz zuvor mit der Besetzung der Bucht von Kiautschou in China in die Tat umgesetzt hatte. Ihre Fragestellung wird sie dahin leiten, dass der geforderte, als nötig dargestellte Erwerb, die Eroberung von Kolonien zur Begründung der Flotte dient. Denn ohne Flotte, so argumentierte Bülow, sei Kolonialpolitik unmöglich.

Wenn Sie jetzt anfangen nach Speziallitteratur zu suchen, werden Sie feststellen, dass dieses Bülow-Zitat immer genannt wird, wenn es um die deutsche Kolonialpolitik geht. Da Sie aber Ihre Fragestellung fest im Blick haben, werden Sie vieles davon interessiert zur Kenntnis nehmen ohne es in Ihrer Arbeit intensiv zu behandeln, denn Sie schreiben ja nicht über den deutschen Imperialismus, sondern über die außenpolitische Begründung des Flottenbaus. Haben Sie jedoch keine präzise Vorstellung von Ihrer Frage-

Tipp

Eine Fragestellung finden

Folgende Leitfragen können Ihnen helfen, aus einem Thema eine Fragestellung zu entwickeln:
- Warum? Fragen Sie nach den Gründen für eine Entwicklung, Veränderung, für Zustände oder Ereignisse.
- Was ist an meinem Thema oder Gegenstand unklar, unbekannt, unverständlich, widersprüchlich, problematisch oder zweifelhaft?
- Lässt sich eine Forschungsmeinung oder These an einem Einzelbeispiel überprüfen, erhärten oder in Frage stellen?

Ist die Fragestellung zu umfangreich und zu komplex für Ihre Hausarbeit, so können und sollten Sie sich auf einen Teilbereich beschränken, das Thema also eingrenzen. Das kann bedeuten:
- Welchen (vielleicht klitzekleinen) Beitrag soll Ihre Arbeit zur Lösung eines wissenschaftlichen Problems oder zum Verständnis eines historischen Phänomens beitragen?
- Sie überprüfen eine gängige oder neue These oder Theorie an einem Beispiel oder Einzelfall.
- Sie analysieren einen Sachverhalt, eine Theorie, Hypothese oder Begebenheit.
- Gibt es einen Zusammenhang zwischen zwei Phänomenen? Lässt er sich herstellen oder untersuchen?

stellung, kann es leicht passieren, dass die Forschungsliteratur Sie von Ihrem eigentlichen Thema abbringt und Sie über etwas schreiben, was vom Seminarthema abführt. Eine solche Sackgasse wäre es etwa, das berühmte Zitat zum Anlass zu nehmen, „Die Anfänge deutscher Kolonialpolitik" darzustellen. Eine Sackgasse ist es nicht allein, weil es mit dem Seminarthema nur noch indirekt verbunden ist, schwerer wiegt, dass eine Zusammenfassung der Kolonialpolitik, eine reine Darstellung der Fakten und damit zu wenig problemorientiert wäre. Hier fehlt die Fragestellung. Vor allem ist die Quelle hier gar nicht „Quelle", sie wird nicht befragt, aus ihr wird keine Erkenntnis geschöpft, sie ist vielmehr bloßer Anlass für eine Zusammenfassung von Handbuchliteratur.

6.4 Fußnoten

Wie jeder wissenschaftliche Text, soll auch Ihre Hausarbeit Fußnoten enthalten. In ihnen belegen Sie Ihre Aussagen und machen deutlich, auf welche Quellen bzw. Forschungsliteratur Sie sich stützen. Die Fußnoten haben den Zweck, dem Leser zu ermöglichen, Ihre Aussagen und Argumente zu überprüfen. Sie sind „Belege" für Ihre Thesen und Argumente und müssen also an den Stellen erfolgen, an denen ein solcher Beleg erforderlich ist.

6.4.1 Wann Fußnoten setzen?

Je mehr wissenschaftliche Literatur Sie lesen, desto sicherer können Sie entscheiden, an welchen Stellen eine Fußnote angebracht ist. Hier nur ein paar grundsätzliche Hinweise:
- Ein wörtliches **Zitat** müssen Sie immer nachweisen, d.h. in einer Fußnote die genaue Fundstelle des Zitates angeben. Da Sie am Ende Ihrer Arbeit ein Literaturverzeichnis mit den vollständigen bibliographischen Angaben liefern, genügt in den Fußnoten eine Kurzangabe, also Verfasser, Kurztitel, Seitenangabe, etwa: Berghahn, Tirpitz-Plan, S. 35.
- Auch wenn Sie eine **Aussage in indirekter Rede** wiedergeben, müssen Sie einen Beleg in Form einer Fußnote liefern.
- Bei einer Wiedergabe von Ideen, Thesen und Ergebnissen aus der Literatur, auch wenn sie mit Ihren Worten erfolgt, ist eine Fußnote ebenfalls erforderlich.

- Mit einer Fußnote können Sie zudem auf **weiterführende Literatur** verweisen zu Themen, die Sie nur kurz streifen, die Sie also auch nicht selbst aus den Quellen erforscht haben, sondern bei denen Sie sich auf die vorhandene wissenschaftliche Literatur stützen. Die Fußnote würde dann etwa beginnen mit „Siehe hierzu:", worauf die Literaturangabe folgt.
  Beispiel: Sie schreiben einen kurzen biographischen Absatz über eine wichtige Person oder den Autor Ihrer Quelle. Sie können dann die gesamte biographische Literatur, die Artikel, eventuell eine monographische Biographie in einer Fußnote gesammelt angeben. Das Ganze sieht dann etwa so aus:
  [3]Zu Meier siehe:
  (und jetzt alle von Ihnen benutzten Titel auflisten).
- Sie sollten es ebenfalls dem Leser mitteilen und durch Fußnoten belegen, wenn Sie **gestützt auf Quellen und mit guten Argumenten zu anderen Ergebnissen** kommen, als sie in der Literatur bisher vertreten werden.

Die Form der Fußnoten | 6.4.2

Der Fußnotentext wird mit einer Großschreibung begonnen und endet mit einem Punkt.
Eine bewährte Konvention lautet, dass Fußnotenzeichen
- **vor** nichtschließenden Satzzeichen (z.B. Komma, Semikolon, Doppelpunkt, Bindestrich) und
- **nach** schließenden Satzzeichen stehen. Schließende Satzzeichen schließen den dann vollständigen Satz ab, zu ihnen zählen neben dem Punkt Ausrufezeichen und Fragezeichen.

Falls Sie es anders machen, achten Sie jedenfalls auf **Einheitlichkeit**.
  Um eine Fußnote zu setzen, fügt man im Text an der betreffenden Stelle eine hochgestellte Zahl ein, denn Fußnoten werden fortlaufend nummeriert. Diese Zahl taucht am Fuß der Seite, also am unteren Rand der Seite, wieder auf. Dort wird der zugehörige Text eingefügt. Grundsätzlich ist es auch möglich, den Text der Fußnoten nicht am Ende der jeweiligen Seite, sondern gesammelt als sogenannte **Endnoten** an den Schluss der Arbeit zu setzen. Das ist optisch schöner, für den an wissenschaftlichen Belegen interessierten Leser allerdings umständlicher, da er ständig hin- und herblättern muss. Und mit einem modernen Textverarbeitungsprogramm ist die Fußnotenverwaltung ein Kinderspiel.

> **Tipp**
>
> **Fußnoten verwalten in Microsoft Word**

Gehen Sie mit dem Cursor an die Stelle, wo Sie Ihre Fußnote platzieren möchten. Wählen Sie im Menü Einfügen > Fußnote bzw. in manchen Word-Versionen Einfügen > Referenz > Fußnote. Sie werden dann nach den Optionen gefragt. Wählen Sie „Fußnote", erscheinen die Texte automatisch am Ende der jeweils passenden Seite, „Endnoten" erscheinen am Ende des Textes. Üblich ist die Nummerierung in arabischen Ziffern (1, 2, 3, …). Beides ist in der Regel so voreingestellt. Wenn Sie „Einfügen" drücken, ist das hochgestellte Fußnotenzeichen gesetzt, und Sie befinden sich mit dem Cursor in einem eigenen Fußnotenfenster. Dort können Sie Ihren Text eingeben.

Unter „Extras", „Anpassen" gibt es auch ein eigenes Icon für das Einfügen von Fußnoten, das Sie sich auf Ihre Schaltflächenleiste legen können.

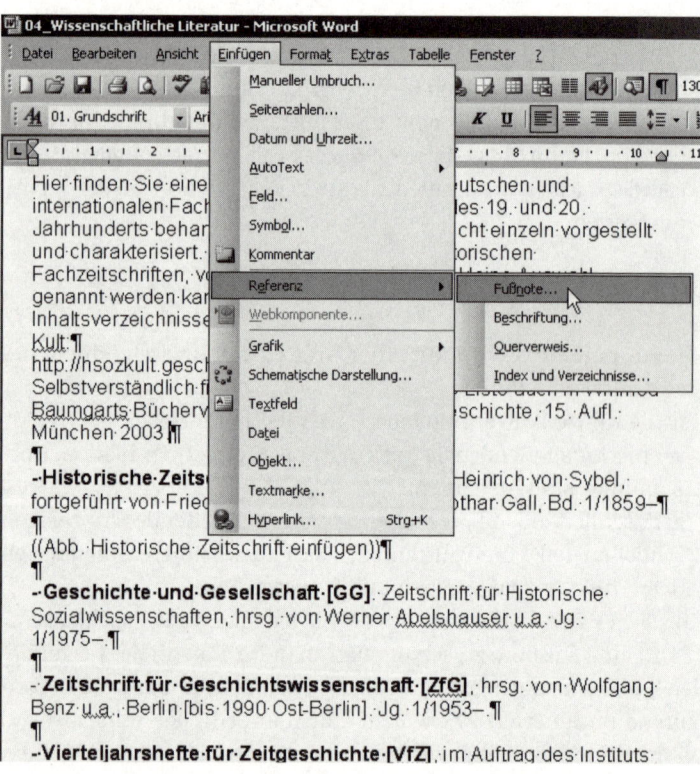

Abb. 51

Die Funktion „Fußnote einfügen" in Word.

Die Fußnotenverwaltung durch das Textverarbeitungsprogramm ist empfehlenswert, denn Sie nimmt Ihnen viel mühsame Formatierungsarbeit ab. Die Zählung erfolgt automatisch und wird jeweils angepasst, wenn Sie nachträglich eine Fußnote einfügen oder streichen. Auch der Seitenumbruch wird vom System so erstellt, dass der Fußnotentext auf der richtigen Seite steht.

In Aufsätzen werden Sie einen Titel bei der ersten Nennung mit der vollständigen bibliographischen Angabe finden, später dann nur noch den Namen des Autors, eventuell einen Kurztitel, wenn vom selben Autor mehrere Werke in dem Text angeführt werden, gefolgt von dem Zusatz a. a. O. oder dem Hinweis auf die Fußnote mit der vollständigen Angabe (s. Fußnote x)., also z. B.:
[12] Gessner, Die Weimarer Republik, a. a. O., S. 38.

Aufsätze in Zeitschriften und Sammelbänden haben allerdings in der Regel, anders als Ihre Hausarbeit, kein Literaturverzeichnis, das alle zum Auffinden eines Titels nötigen Angaben enthält. Deshalb ist es in einer Hausarbeit ausreichend, in den Fußnoten lediglich den Autornamen (ohne Vornamen) und einen Kurztitel zu nennen. Dieses System hat den Vorteil, dass es Platz spart und sowohl für den Autor als auch für den Leser leicht zu handhaben ist. Zur Identifizierung eines Werkes finden Sie manchmal auch die Angabe des Erscheinungsjahres statt eines Kurztitels, dann etwa: Berghahn (1971).

Diese Form des Nachweises ist auch möglich, sie ist in der geschichtswissenschaftlichen Literatur allerdings weniger üblich. In der Regel kann man sich einen Titel auch leichter merken als das Erscheinungsjahr, so dass man dann eher weiß, welches Buch gemeint ist, ohne jedes Mal im Literaturverzeichnis nachschauen zu müssen.

Nennen Sie einen Titel in zwei aufeinander folgenden Fußnoten, also direkt hintereinander, genügt beim zweiten Mal statt Autor und Titel ein „ebd." (ebenda) oder „ibid." (**IBIDEM**), gefolgt von der Seitenzahl, sollte diese abweichen.

IBIDEM, lat. = ebendort.

Nennen Sie nacheinander, innerhalb einer Fußnote oder in zwei aufeinander folgenden Fußnoten mehrere Titel desselben Autors, müssen Sie den Namen nur beim ersten Mal angeben, im Folgenden heißt es: „ders." (für derselbe) bzw. „dies." (dieselbe oder dieselben). Angaben wie „ders." oder „ebd." beziehen sich stets auf den direkt zuvor genannten Titel.

Nennen Sie in einer Fußnote mehrere Titel, werden diese durch Semikolon getrennt, am Ende der Fußnote steht ein Punkt.

Beispiel:
[1] Berghahn, Tirpitz-Plan, S. 45.
[2] Ebd., S. 60.
[3] Ders., Rüstung und Machtpolitik, S. 14.
[4] Ders., Tirpitz-Plan, S. 45; Kehr, Schlachtflottenbau, S. 90.
[5] Berghahn, Tirpitz-Plan, S. 47.

Wenn Sie aus einem Dokument zitieren, das sich in einer Quellenedition befindet, so müssen Sie in der Fußnote zunächst das Dokument nennen und dann die Publikation, der Sie es entnommen haben.
Beispiel:
Rede des Abgeordneten Windthorst im Deutschen Reichstag am 25.11.1871, in: Stenographische Berichte über die Verhandlungen des Deutschen Reichstages; Bd. 26 (I. Legislaturperiode, II. Session 1871, 1), S. 525–532.
Oder:

EPISKOPAT, von lat. *episcopus* = Bischof.

Eingabe des preußischen **EPISKOPATS** an das preußische Staatsministerium vom 26. Mai 1873, in: Hans Fenske (Hrsg.), Im Bismarckschen Reich 1871–1890 (Quellen zum politischen Denken der Deutschen im 19. und 20. Jahrhundert; Bd. 6), Darmstadt 1978, S. 108 f.

Es reicht nicht aus, das Buch zu nennen und die Seitenzahl. Das Prinzip ist das gleiche wie beim Zitieren eines Aufsatzes aus einem Sammelband. Hier genügt es auch nicht, den Herausgeber und den Titel des Sammelbandes zu nennen, erforderlich ist vielmehr die Angabe von Autor und Titel des Aufsatzes. Nach: „in:" erfolgt die bibliographische Angabe zu dem Sammelband oder zu der Zeitschrift, in der der Aufsatz gedruckt ist.
Beispiel:
Ulrich Muhlack, Die Universitäten im Zeichen von Neuhumanismus und Idealismus: Berlin, in: Peter Baumgart/Notker Hammerstein (Hrsg.), Beiträge zu Problemen deutscher Universitätsgründungen in der frühen Neuzeit, Nendeln/Liechtenstein 1978, S. 299–340.

In manchen Fächern ist es üblich, reine Literaturverweise im Text in Klammern zu setzen und Fußnoten nur für Anmerkungen, also kleine Exkurse oder Zusätze, zu verwenden. Der Lesefluss wird auf diese Weise allerdings gestört. In der Geschichtswissenschaft ist dieses System nicht üblich, nur in den Handbuchreihen „Olden-

Info

Rechtschreibung – alt oder neu? ▶ Auch wenn Sie die Regeln der neuen Rechtschreibung anwenden, müssen Sie **in Zitaten stets die Schreibweise des von Ihnen zitierten Dokumentes** übernehmen. Bei Zitaten aus älteren Büchern oder aus Büchern, die in der herkömmlichen Rechtschreibung gesetzt sind, muss „daß" mit „ß" geschrieben sein und bei Texten aus dem 19. Jahrhundert etwa „Thatsache" mit „Th" am Wortanfang.

bourg Grundriss der Geschichte" und „Enzyklopädie deutscher Geschichte" wird allerdings mit diesem Schema gearbeitet und ganz auf Fußnoten verzichtet.

Abkürzungen | 6.4.3

Verwenden Sie Abkürzungen sparsam, denn sie sind immer Stolpersteine im Text. Umgangssprachliche Abkürzungen wie **ETC**., d. h. (für das heißt) oder z.B. (zum Beispiel) dürfen Sie natürlich verwenden. Abkürzungen aus der Verwaltung oder der Politik (z.B: CDU, SPD, OPEC, OECD) müssen Sie beim ersten Gebrauch oder in einem Abkürzungsverzeichnis auflösen.

ETC., lat. *et cetera* = und andere.

In den Fußnoten werden Abkürzungen häufig verwendet, hier helfen sie Platz zu sparen. Gebräuchliche Abkürzungen finden Sie im Anhang dieses Buches.

Formen wissenschaftlicher Arbeiten im Studium | 6.5

Die Hausarbeit | 6.5.1

Die Hausarbeit ist die schriftliche Untersuchung und Darstellung eines bestimmten, begrenzten Themas. Insofern ist es wissenschaftliche Literatur, und die Kriterien von Wissenschaftlichkeit gelten. Von der ersten Proseminararbeit über Hausarbeiten im Hauptseminar bis hin zur Examensarbeit und vielleicht zur Doktorarbeit werden Ihre Arbeiten an Umfang und Komplexität zunehmen. Im Grundsatz, im Aufbau und in der Art unterscheiden sie sich jedoch nicht. Das bedeutet, Ihre Hausarbeit:
- basiert auf Quellen,
- auf wissenschaftlicher Literatur,
- ist nachprüfbar – hat also Fußnoten,
- ist nachvollziehbar, also
- in der Darstellung argumentierend und sachlich, verfolgt ein Problem bzw. eine Fragestellung,
- ist eigenständig, im Idealfall sogar in einem Teilbereich, dem Ausschnitt oder im Zugang neu.

Kurz: Sie sollten versuchen, selbst schon ein bisschen wissenschaftlich zu arbeiten. Natürlich wird niemand verlangen, dass Sie im ersten Semester die Forschung revolutionieren, aber eine eigenständige Leistung, die über das Zusammenfassen der Forschungsliteratur hinausgeht, darf es schon sein. Diese Eigenständigkeit ergibt sich fast von selbst aus der Fragestellung. Dabei wird das Thema überschaubar sein und in der Regel auch schon gut erforscht, so dass Sie sich auf diese Literatur stützen können und auch sollen.

Das alles kommt Ihnen wie ein unbezwingbarer Berg vor? Lassen Sie sich nicht abschrecken, sondern fangen Sie einfach an. Zunächst mit dem Äußeren, Formalen, Beschreibenden, daraus ergibt sich schon fast die Quellenkritik und Sie haben so bereits eine Grundlage für die analytischen Teile.

Die äußere Form
- Der Umfang: Eine Proseminararbeit hat in der Regel 10 bis maximal 15 Seiten (das sind etwa 15 000 Zeichen ohne Leerzeichen), eine Hausarbeit im Hauptseminar 20 bis 25 Seiten. Für Examensarbeiten können nur ungefähre Werte angegeben werden, etwa 20 bis 30 Seiten für die Bachelor-Arbeit, für Magister- oder Master-Arbeiten 80 bis 100 Seiten.
- Schreiben Sie mit dem Computer (notfalls auch mit einer Schreibmaschine, auf keinen Fall mit der Hand) einseitig auf weißes Papier der Größe DIN A4.
- Nummerieren Sie die Seiten.
- Heften Sie die Arbeit in eine Ordnermappe. Lose Blätter sind unpraktisch und aufwendige Bindungen unnötig.
- Lassen Sie ausreichend Rand! Links 2,5 cm, damit Ihr Text nicht im Knick der Heftmappe verschwindet oder gar dem Locher zum Opfer fällt. Rechts sind etwa 5 cm nötig als Korrekturrand, den Sie keinesfalls vergessensollten, denn nur, wenn Ihr Dozent dafür Platz hat, kann er Anmerkungen, Lob und Kritik notieren.
- Aufwendig gestaltete Titelblätter und Layouts sind überflüssig. Sie wirken schnell unsachlich, was Ihnen eher schaden als nützen würde. Die Form dient der Funktion, d. h. Ihre Arbeit soll übersichtlich und gut zu lesen sein.
- Deshalb sollten Sie auch keinesfalls mit zu kleiner Schrift, geringerem Zeilenabstand oder weniger Rand versuchen, das Kürzen zu langer Texte zu umgehen. Verärgern Sie Ihre Dozenten nicht durch Texte, die nur mit einer Lupe lesbar sind oder bei denen einem die Zeilen vor den Augen verschwimmen. Das Richtmaß lautet: Schriftgrad 12 Punkt, Zeilenabstand 1,5.
- Denken Sie an die Silbentrennung.

Der Aufbau
Eine wissenschaftliche Hausarbeit besteht aus:
- Titelblatt,
- Inhaltsverzeichnis,
- Einleitung,
- Hauptteil in mehreren Kapiteln,
- Schluss oder Zusammenfassung,
- Quellen- und Literaturverzeichnis,
- eventuell Anhang mit Abbildungen, Statistiken, Karten etc.

Das Titelblatt
Im Zentrum Ihres Titelblattes steht der Titel, das Thema Ihrer Arbeit. Darüber stehen die Angaben zu dem Seminar, in dem Ihre Arbeit angefertigt wurde und in der unteren Hälfte erfolgen die Angaben zu Ihnen.

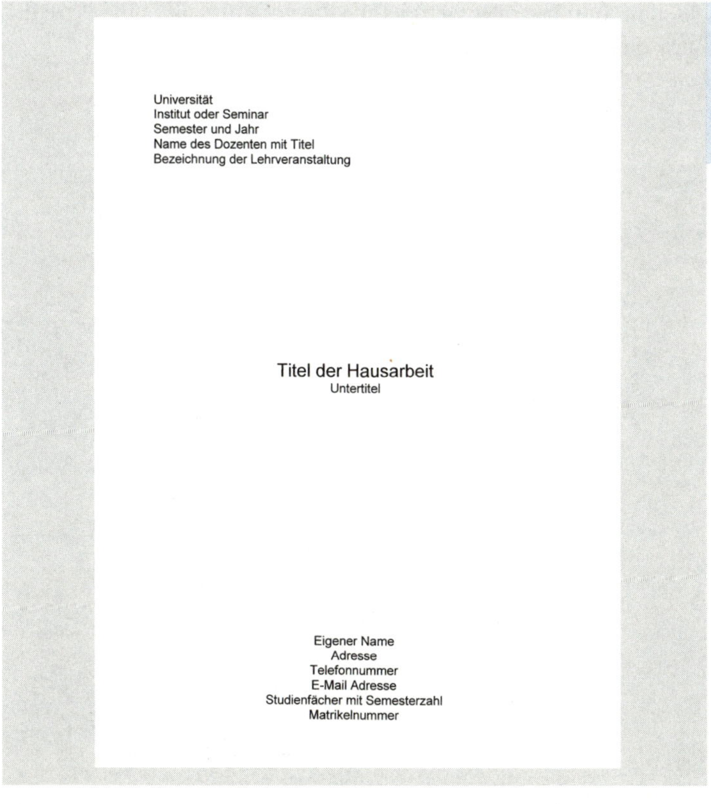

Abb. 52

Titelblatt einer Hausarbeit (Muster).

Universität
Institut oder Seminar
Semester und Jahr
Name des Dozenten mit Titel
Bezeichnung der Lehrveranstaltung

Titel der Hausarbeit
Untertitel

Eigener Name
Adresse
Telefonnummer
E-Mail Adresse
Studienfächer mit Semesterzahl
Matrikelnummer

Es ist unnötig, das Titelblatt optisch aufzuputzen durch Bildchen, verspielte Schriften oder ähnliches. Auch das Logo Ihrer Universität sollten Sie hier nicht hineinkopieren, denn das erweckt den unzutreffenden Eindruck, Ihre Arbeit sei ein offizielles Dokument der Universität.

Das heißt nicht, dass Bilder in einer Hausarbeit generell verboten seien. Porträts, Karten, Schaubilder oder Grafiken können durchaus sinnvoll sein, wenn sie in einer Verbindung zum Text stehen, diesen illustrieren, ergänzen oder untermauern. Als bloße Ausschmückung, als Girlande gewissermaßen, sind sie unangebracht.

Das Inhaltsverzeichnis

Aus dem Inhaltsverzeichnis geht Ihre Gliederung hervor. Vergessen Sie nicht, die Anfangsseiten der Kapitel anzugeben.

Der erste Punkt Ihrer Gliederung ist die Einleitung, es folgen auf der gleichen Ebene die Kapitel des Hauptteils, der Schluss und das Quellen- und Literaturverzeichnis. Insgesamt sollte eine Proseminararbeit etwa sechs bis acht Kapitel enthalten.

Abb. 53

Inhaltsverzeichnis einer Hausarbeit (Muster).

Inhaltsverzeichnis

		Seite
I.	Einleitung	1
II.	Erstes Hauptkapitel	2
	1. Unterkapitel	2
	2. Unterkapitel	4
III.	Zweites Hauptkapitel	7
	1. Unterkapitel	7
	2. Unterkapitel	8
	3. Unterkapitel	9
IV.	Drittes Hauptkapitel	10
V.	Zusammenfassung	12
VI.	Quellen- und Literaturverzeichnis	13
	1. Quellen	13
	2. Literatur	13

Für das Gliederungsschema stehen Ihnen mehrere Varianten zur Verfügung. Alternativ zu dem in Abb. 53 gezeigten Schema gibt es die Möglichkeit, für die Hauptkapitel römische Zahlen, dann für die Kapitel arabische Zahlen, für die Unterkapitel Großbuchstaben, und – falls diese Gliederungsebene auftaucht – für Abschnitte Kleinbuchstaben zu verwenden.

Das Gliederungsschema mit arabischen Zahlen (das in diesem Buch verwendet wird) lässt sich im Prinzip unendlich fortführen, was zugleich sein Vorteil wie sein Nachteil ist, denn Kapitel 2.5.1.4.3 klingt zwar systematisch, hat aber zugleich eine abschreckende Wirkung.

Wofür Sie sich entscheiden, ist im Prinzip Geschmackssache. Achten Sie jedenfalls darauf, nicht zu viele Gliederungsebenen einzuführen. Das einmal gewählte Schema muss dann konsequent durchgehalten werden. Jede Gliederungsebene muss mindestens zwei Punkte haben. Wenn Sie also unter Kapitel 1. den Abschnitt A einführen, muss es auch einen Abschnitt B geben, sonst können und sollten Sie die Gliederungsebene weglassen.

Die Einleitung
Mit der Einleitung beginnt der Text.
Sie sollte folgende Elemente enthalten:
– Hinführung zum Thema,
– Fragestellung, Zielsetzung oder Problem,
– evtl. Eingrenzung des Themas, Konkretisierung,
– Forschungsstand,
– Vorgehensweise.

Die Einleitung führt den Leser zunächst mit einem oder zwei Sätzen zu Ihrem Thema hin. Mit diesen Sätzen stimmen Sie ihn auf Ihr Thema ein. Denn bevor er Ihre Arbeit aufgeschlagen hat, hat er sicherlich etwas anderes gemacht und muss nun in Ihr Thema finden. Häufig eignet sich ein gut gewähltes Zitat, das zum Thema hinführt.

Dann präsentieren Sie Ihre Fragestellung. „Fragestellung" bedeutet dabei, dass Sie nicht allein den Titel Ihrer Arbeit wiederholen oder den Gegenstand benennen sollen, sondern tatsächlich eine Frage, ein Problem, eventuell gar eine **THESE** formulieren. Fragen Sie sich: Was ist an dem Thema, das ich bearbeite, spannend? Steht es vielleicht im Zusammenhang einer größeren, umfassenderen Frage? In einen solchen Zusammenhang sollten Sie nach Möglichkeit Ihr Problem stellen, auch wenn es selbstverständlich unmög-

THESE, griech. *thesis* = das Aufgestellte

> **Tipp**
>
> **Die Einleitung** Schreiben Sie zwei Fassungen der Einleitung! Eine vorläufige, relativ am Anfang Ihres Arbeitsprozesses, wenn Sie sich einigermaßen eingearbeitet haben. Dann dient Ihnen das Schreiben einer ersten Fassung der Einleitung dazu, Ihre Gedanken zu ordnen, sie schon einmal zu Papier zu bringen und die Marschrichtung festzulegen. Möglicherweise wird sich dann im Laufe des Arbeitsprozesses noch manches ändern. Entweder an der Fragestellung oder an den Arbeitsschritten, also an der Gliederung. Das ist normal. Deshalb sollten Sie zum Schluss noch einmal prüfen, ob Ihre Einleitung noch zu der Arbeit in ihrer endgültigen Form passt. Ganz zum Schluss schreiben Sie dann die endgültige Version der Einleitung.

lich ist, die zentralen historischen Fragen auf zehn Seiten erschöpfend zu behandeln. Wahrscheinlich werden Sie also einen kleinen Baustein liefern zur Behandlung eines größeren Problems. Sie grenzen das Thema ein und stellen es zugleich in einen größeren Zusammenhang. Dieser größere Zusammenhang ergibt sich aus der historischen Forschung.

Umreißen Sie kurz den Forschungsstand, skizzieren Sie also, mit welchen Gegenständen und Fragestellungen sich die Geschichtswissenschaft beschäftigt hat, welche Thesen in der neuesten Literatur aufgestellt werden, in welchen Punkten möglicherweise kontroverse Auffassungen vertreten werden. Damit zeigen Sie zugleich, dass Sie die Literatur zu Ihrem Thema kennen und die zentralen Thesen und Themen verstanden haben.

Als nächstes erläutern Sie dem Leser, wie Sie Ihre Frage- bzw. Problemstellung bearbeiten werden. Wie grenzen Sie das Thema ein? Auf welchen Aspekt konzentrieren Sie sich, welche Quelle oder Quellen bilden die Grundlage Ihrer Arbeit?

Schließlich legen Sie dar, wie Sie vorgehen, welche Argumentationsschritte nötig sind, um Ihre Frage zu beantworten. Es reicht nicht, Ihre Gliederung als Fließtext zu wiederholen, vielmehr sollen Sie die Kapitel als Arbeits- oder Argumentationsschritte verstehen und also deren Aufeinanderfolge begründen.

Diese Einleitung sollte bei einer Proseminararbeit etwa eine, maximal 1,5 Seiten umfassen.

Der Hauptteil

Mit Punkt 2 oder II beginnt der Hauptteil, in dem die eigentliche inhaltliche und thematische Behandlung Ihres Themas stattfindet. „Hauptteil" ist jedoch kein Gliederungspunkt! Wie Sie Ihr Thema sinnvoll strukturieren, müssen Sie von der Sache her entscheiden, deshalb können hier nur allgemeine Hinweise gegeben werden:

Sind etwa Personen oder Institutionen vorzustellen? Welches ist der Hintergrund des Themas bzw. der Quelle, gibt es einen Zusammenhang, Sachfragen oder Gegenstände, die erläutert werden müssten? Wenn eine Quelle im Mittelpunkt Ihrer Arbeit steht, müssten Sie diese spätestens jetzt ausführlich vorstellen, zunächst mit der Quellenkritik, um sie dann zu interpretieren: Wie ist die Quelle in den von Ihnen bereits benannten Zusammenhang einzuordnen, welche Hinweise gibt sie, welche Thesen werden hier vorgebracht?

Sie sollten den Hauptteil nach Sachgesichtspunkten gliedern und die Überschriften so wählen, dass aus ihnen der Inhalt oder Gegenstand des Kapitels deutlich wird. Achten Sie stets darauf, sich von der Fragestellung leiten zu lassen. Die Aneinanderreihung von Daten und Fakten allein ist Stoffhuberei und keine Wissenschaft. Jetzt kommt es darauf an zu analysieren, zu argumentieren und Ihre Gedanken und Ergebnisse sachlich darzustellen. Wenn Sie Ihre Fragestellung fest im Blick haben, laufen Sie nicht Gefahr, sich von der Literatur zu anderen Themen davontragen zu lassen, sondern ziehen das heraus, was für Sie wichtig ist. Sortieren Sie, und lassen Sie alles weg, was für Ihr Thema nicht wichtig ist, – auch wenn es noch so interessant ist.

Der Schluss

Im letzten Kapitel, das Sie „Schluss", „Zusammenfassung" oder „Fazit" nennen können, fassen Sie Ihre Ergebnisse zusammen und kommen auf Ihre eingangs formulierte Fragestellung oder These zurück. Was haben Sie herausgefunden? Können Sie eine Frage (teilweise) beantworten? Hat sich eine These erhärtet oder haben Sie im Gegenteil Zweifel an einer These anzumelden? Muss die Frage weiter offen bleiben? Vielleicht haben Sie sogar eine Idee, wie man der Frage weiter nachgehen könnte. In welche Richtung könne man weiterfragen oder weiterforschen? Wenn Sie ein solches weitergehendes Forschungsprojekt skizzieren können, ist das sehr schön, es ist jedoch nicht zwingend erforderlich und auch nicht immer möglich.

Der Schluss sollte nicht zu knapp ausfallen, sondern etwa so lang wie die Einleitung sein. Außer der eventuellen Skizze einer etwas größeren Forschungsarbeit sollte der Schluss nichts Neues mehr enthalten, sondern die Ergebnisse Ihrer Arbeit bündeln und resümieren.

Das Quellen- und Literaturverzeichnis
Am besten, Sie unterteilen es in die zwei Unterkapitel „Quellen" und „Literatur".

Führen Sie zunächst die von Ihnen verwendeten Quellen an. Es folgt das Verzeichnis der von Ihnen verwendeten Literatur, also Aufsätze, Monographien, Nachschlagewerke. Sie sollen hier keine vollständige Bibliographie liefern, also keine Aufstellung aller zu diesem Thema existierenden Literatur, deshalb sollten Sie es auch nicht Bibliographie nennen. Das Ziel besteht vielmehr darin zu zeigen, welche Literatur sie benutzt haben, auf welche Literatur Sie sich bei Ihrer Arbeit gestützt haben. Die Titel werden daher in der Regel auch mindestens einmal in einer Fußnote erwähnt werden. Das Literaturverzeichnis kann in Ausnahmefällen aber auch Titel enthalten, die Sie nicht in einer Fußnote erwähnt haben.

Nennen Sie die Titel in alphabetischer Reihenfolge. Es ist daher sinnvoll, den Nachnamen zuerst zu nennen.

Denken Sie daran, nur wissenschaftliche, also „zitierfähige" Literatur zu nennen.

(Zur Form bibliographischer Angaben → Kap. 4.3)

6.5.2 Das Referat

Das Referat ist der mündliche Vortrag über ein Thema. Ein Seminarreferat soll als Grundlage und Ausgangspunkt dienen für die sich dann anschließende Diskussion im Seminar. In der Regel ist das Referat auch die Grundlage für die spätere schriftliche Hausarbeit, daher gilt für den Aufbau des Referates das für die Hausarbeit Gesagte gleichermaßen. Dennoch sollte das Referat nicht nur die vorgelesene Hausarbeit sein.

Hier sollen deshalb stichwortartig diejenigen Punkte benannt werden, die das Referat von der Hausarbeit unterscheiden.

– Das Referat kann vorläufigen Charakter haben: Während des Semesters bleibt oftmals nicht die Zeit für eine so gründliche Arbeit, wie sie die Hausarbeit verlangt. Das ist in Ordnung, aber zwei bis drei Wochen müssen Sie auch hier einplanen. Das Referat kann durchaus vorläufig sein und eine thesenhafte Annäherung an das Thema bedeuten.
– Beschränkung auf das Wesentliche: Wenn ein Referat **vorläufig** sein darf, ist damit natürlich **nicht unfertig** gemeint. Vielmehr kommt es darauf an, die zentralen Gesichtspunkte hervorzuhe-

ben. Nebenaspekte und Details haben dann Zeit und können für die Hausarbeit hinzukommen.
- Ganz wichtig ist auch hier die Fragestellung: Was wollen Sie zeigen, um was soll es gehen? Welches Problem wollen Sie erörtern?
- Länge des Referates: Zunächst gilt natürlich die Angabe Ihres Seminarleiters als verbindlich. Üblicherweise werden im Proseminar eher Kurzreferate von 10 – 15 Minuten Länge gehalten, ein Referat im Hauptseminar kann 20 bis maximal 30 Minuten lang sein.
- Zu der Frage, ob es vorteilhafter ist mit einem ausformulierten **Redemanuskript oder im freien Vortrag** zu referieren, gibt es im Prinzip keine feste Regel, es sei denn, Ihr Seminarleiter hat eine verbindliche Vorgabe gemacht. Beides hat Vor- und Nachteile. Es ist normal, aufgeregt zu sein. Das ausformulierte Redemanuskript gibt Ihnen mehr Sicherheit, wenn Sie aufgeregt sind. Sie können schon vorher überprüfen, ob alle Argumente vorkommen und ob der zeitliche Rahmen eingehalten wird. Bevor Sie sich in einem Wust von Zetteln und Notizen verheddern und anfangen zu stammeln, ist es besser, einen ausformulierten Text zu haben, an dem Sie sich orientieren können. Die Gefahr liegt darin, zu schnell zu sprechen, sich häufig zu verhaspeln oder monoton abzulesen. Dem freien Vortrag kann man meist besser zuhören und gedanklich folgen, doch der Vortrag ohne fertiges Manuskript erfordert noch mehr Sicherheit und Souveränität. Durch Unsicher-

Tipp

Referieren mit ausformuliertem Manuskript

- Lesen Sie Ihr Redemanuskript nicht ab, sondern tragen Sie es vor. Das erleichtert man sich, indem man den Text anders ausdruckt als für die Abgabeversion einer Hausarbeit. Wenn die Schrift etwas größer ist (14 Punkt statt 11 oder 12) und der Zeilenabstand mindestens eineinhalb-, besser zweizeilig, fällt es Ihnen leichter, den Blick ab und zu vom Text zu lösen und ins Publikum zu schauen. Unterstreichen Sie im Manuskript Wörter und Passagen, die Sie besonders betonen wollen.
- Sprechen Sie langsam und deutlich.
- Bevorzugen Sie kurze Sätze, und vermeiden Sie unbedingt Schachtel- und Bandwurmsätze.
- Beachten Sie, dass man beim Zuhören anders aufnimmt als beim Lesen, denn der Hörer kann das Tempo nicht bestimmen und auch nicht noch einmal weiter oben ansetzen, wenn er etwas nicht verstanden, vergessen oder den Faden verloren hat.
- Bauen Sie kurze Zwischenzusammenfassungen am Ende eines Abschnittes ein. Etwa: „Hiermit sollte deutlich werden, dass…."
- Machen Sie während des Vortrages immer wieder deutlich, an welchem Punkt der Gliederung Sie sich befinden. Den Beginn eines neuen Kapitels können Sie etwa ankündigen mit dem Satz: „Nachdem ich die Bedeutung der militärischen Niederlage Preußens 1806 umrissen habe, stelle ich jetzt die maßgeblichen Träger der preußischen Militärreform vor."

heit, Stottern, zu viele „Ähs", „Ähäms" und Wiederholungen kann sich der Vorteil allerdings auch ins Gegenteil verkehren.

Wenn Sie **Zitate in Ihren Vortrag einbauen**, muss beim Hören deutlich werden, wo das Zitat beginnt und endet. Eröffnen Sie das Zitat mit „Ich zitiere:" oder mit dem Wort „Zitatanfang" und sagen Sie am Ende des Zitates „Zitatende". Malen Sie keine Anführungszeichen in die Luft!

Zitieren Sie zum Beispiel so:
„Hans-Ulrich Wehler führt den Kulturkampf in seiner Deutschen Gesellschaftsgeschichte zurück auf einen Grundsatzkonflikt, in dem – ich zitiere – die Machtansprüche des säkularisierten Staates und der Heil verheißenden Konfessionen aufeinanderprallten – Zitatende."

Und in der schriftlichen Fassung des Referates (als Hausarbeit) steht an der Stelle eine Fußnote mit den bibliographischen Angaben zu dem Zitat:

Hans-Ulrich Wehler, Deutsche Gesellschaftsgeschichte, Bd. 3: Von der „Deutschen Doppelrevolution" bis zum Beginn des Ersten Weltkrieges, 1849–1914, München 1995, S. 892.

Um ein Seminar mit Gewinn zu besuchen, sollten Sie auch den **Referaten anderer Studenten** Aufmerksamkeit schenken:
– Kommen Sie nicht gänzlich unvorbereitet in die Sitzung, sondern informieren Sie sich vorher anhand der Handbuchliteratur über den allgemeinen Zusammenhang.

Tipp	
Einen freien Vortrag halten	– Sie müssen eine genaue Gliederung des Stoffes und ausführliche Stichworte und Notizen vor sich haben, z. B. auf Karteikarten. Diese sollten richtig sortiert sein, damit Sie nicht blättern und suchen müssen oder gar Aspekte vergessen. – Beachten Sie, dass Sie beim freien Vortrag in der Regel sehr viel mehr Zeit brauchen als mit fertigem Text. – Legen Sie deshalb eine Uhr gut sichtbar auf den Tisch, damit Sie beim Vortrag die Zeit im Blick behalten können. – Vertrauen Sie nicht darauf, dass Ihnen beim Vortrag schon alles einfällt; machen Sie sich deshalb zu jedem Aspekt Stichpunkte. – Es kann nützlich sein, auch dann ein schriftliches Manuskript vorzubereiten, wenn Sie frei sprechen wollen. Häufig merkt man nämlich erst beim Formulieren, ob ein Sachverhalt einem selbst tatsächlich klar geworden, ob man ihn verstanden und durchdrungen hat. Aus dem Manuskript können Sie dann Ihre Stichpunkte kondensieren oder sie im Text markieren. – Halten Sie Ihr Referat vorher einmal probeweise. So können Sie feststellen, ob Sie die Struktur verinnerlicht haben, ob Ihre Stichpunkte ausreichen und ob die Zeitplanung stimmt.

- Machen Sie sich Notizen. Notieren Sie zentrale Gesichtspunkte und den Gang der Argumentation. Ergeben sich für Sie Fragen oder Ansatzpunkte für die Diskussion?
- Diskutieren Sie mit. Scheuen Sie sich nicht, etwas zu sagen, Fragen zu stellen und zu widersprechen. So können Sie selbst dazu beitragen, dass das Seminar spannend und anregend wird.

Das Thesen- und Arbeitspapier | 6.5.3

Nicht immer ist es nötig, aber manchmal sehr nützlich, den Zuhörern etwas Schriftliches an die Hand zu geben. Manche Dozenten verlangen es geradezu. Erfahrungsgemäß ist es leichter, etwas aufzunehmen, wenn der Stoff nicht nur angehört, also akustisch vorgetragen, sondern zugleich visualisiert wird, so dass die Augen an diesem Aufnahmeprozess beteiligt sind. Dennoch sollten Sie nicht zuviel Papier herumgeben. Die Zuhörer können sich im Wortsinn „verzetteln", sie lesen, statt Ihnen zuzuhören, schlimmstenfalls sorgen die Papiere für Unruhe und Verwirrung, obwohl sie doch eigentlich die Verständlichkeit erhöhen und den Konzentrationsprozess fördern sollen.

Das **Thesenpapier** etwa kann das Thema ihrer Arbeit festhalten, die zentrale Fragestellung oder These (deshalb der Name) und die Gliederung, um den Argumentationsgang sichtbar zu machen. Das erleichtert es dem Zuhörer, während des Vortrages zu sehen, an welchem Punkt der Argumentation Sie sich befinden. Auch die einzelnen Argumentationsschritte können Sie hier aufnehmen und sogar etwas zuspitzen. Möglich ist es ebenfalls, gegensätzliche Forschungspositionen gegenüberzustellen. Solche Behauptungen können für die Diskussion sehr nützlich sein. Mehr als eine, maximal zwei Seiten sollte ein solches Thesenpapier nicht umfassen.
Das Thesenpapier enthält:
- Im Kopf: Angabe zum Seminar (Thema, Dozent, Semester) Thema der Sitzung, Name des Referenten.
  Fragestellung des Referates.
- Thesen zum Thema des Referates.
- Fazit oder These des Referenten.
- Ansatzpunkte für die Diskussion.

Arbeitspapiere, manchmal als **Handouts** bezeichnet, liefern zusätzliches Material, auf das Sie in Ihrem Vortrag Bezug nehmen. Wenn Sie Quellen ausführlich interpretieren, kann es sinnvoll sein, diese den Zuhörern optisch vor Augen zu stellen. Statistische Daten in Form von Grafiken und Tabellen (z.B. Wahlergebnisse), Bilder sowieso, Karten etc. sind leichter verständlich, wenn man sie sieht. Manche Zusammenhänge werden leichter deutlich, wenn man sie grafisch darstellt. Das betrifft Stammbäume genauso wie Zahlenmaterial. Strukturen von Organisationen (etwa eine Verfassung oder der Aufbau von Regierungen und Verwaltungen) werden durch ein Diagramm unmittelbarer anschaulich als durch die verbale Beschreibung. Auch der Interpretation eines kurzen Textes kann man leichter folgen, wenn man ihn vor sich hat. Hinzu kommt, dass auf diese Weise ein Bezugspunkt für die Diskussion vorliegt.

Das Handout enthält:
- Im Kopf: Angabe zum Seminar (Thema, Dozent, Semester)
  Thema der Sitzung, Name des Referenten.
- Fragestellung des Referates.
- Gliederung.
- Angabe der wichtigsten verwendeten Literatur.
- Material: Graphiken, Tabellen, Schaubilder, Abbildungen, Karten, längere Quellenzitate.

Diese **optische Präsentation** können Sie auf Blätter kopieren und austeilen, auf Folien kopieren und mit Overheadprojektor an die Wand projizieren oder als PowerPoint-Präsentation mit Laptop und Beamer vorführen. Die technischen Hilfsmittel haben den Vorteil, sehr fortschrittlich und professionell zu wirken, doch in der Aufregung spielt einem die Tücke des Objekts manchmal Streiche, die diesen positiven Effekt zunichte machen können.

Wenn Sie die Technik nicht wirklich sicher beherrschen, Ihr Laptop mit dem Beamer des Instituts nicht korrespondiert und niemand herausfindet, warum, wenn die Projektionsfläche an der Wand zu klein ist für Ihr Bild, dieses nicht scharf wird, kann Ihre so schön vorbereitete Präsentation untergehen. Sie werden nervöser als Sie ohnehin schon sind, und Ihr Vortrag leidet, statt zu gewinnen. Machen Sie sich also mit der Technik und den Gegebenheiten im Seminarraum vorher vertraut und kommen Sie rechtzeitig, um vor Beginn der Sitzung alles in Ruhe aufbauen und ausprobieren zu können.

Mit Kopien sind Sie da insofern auf der sicheren Seite, als Sie sie ausführlich vorbereiten und so lange verbessern können, bis alles perfekt ist. Dann kann beim Referat selbst nichts mehr schiefgehen – wenn Sie eine ausreichende Anzahl Kopien mitgebracht haben, so dass Ihre Kommilitonen wenigstens zu zweit ein Blatt anschauen können.

Ganz gleich, für welche Präsentationsform Sie sich entscheiden, sollten Sie darauf achten, dass die optische Präsentation das Referat unterstützt.

- Es sollten also nur solche Quellen ausgeteilt werden, auf die Sie auch explizit Bezug nehmen. Sonst liest das Publikum möglicherweise, statt Ihnen zuzuhören.
- Arbeitspapiere sollten übersichtlich sein.
- Vergessen Sie bei Quellen nicht die Beschriftung und den bibliographischen Nachweis: Was zeigt das Bild, Diagramm oder die Tabelle, und woher haben Sie es?

Die Rezension 6.5.4

Eine Rezension ist die Beschreibung und Beurteilung einer Veröffentlichung. Ebenso wie Film- und Literaturkritiken dienen die Rezensionen wissenschaftlicher Literatur dazu, dass man sich von einem Kenner informieren lässt, um was es geht – mit dem Ziel natürlich zu entscheiden, ob man den Film sehen, die Platte kaufen oder das Buch lesen will. Die Rezension ist damit eine Art Service an den Lesern, also – um wieder zur Wissenschaft zurückzukommen – den Kollegen, denn in der Flut der Neuerscheinungen kann man nicht alles selbst lesen. Rezensionen helfen, eine Vorentscheidung zu treffen, welche Bücher für ein bestimmtes Thema wichtig sind. Zudem machen sie die wichtigsten Ergebnisse, Thesen und Erkenntnisse eines Autors einem größeren Publikum bekannt, das trotz Interesses nicht die Zeit hat, das Buch selbst ganz zu lesen. Auf diese Weise kann man mehr Forschung „zur Kenntnis nehmen" als man tatsächlich Bücher lesen kann. Rezensionen sind deshalb umso besser, je kürzer sie sind. Überlange Rezensionen zeugen weniger vom Fleiß des Verfassers als von seiner Unfähigkeit und Unwilligkeit, das Wichtigste herauszuarbeiten.

Im Kopf der Rezension steht die vollständige bibliographische Angabe des Buches. Sie ist umfangreicher als in Literaturverzeichnissen üblich, denn hier finden sich auch die sonst nicht genannten Angaben zu Verlag, Umfang, ISBN-Nummer und Preis.

Ebenfalls im Kopf, manchmal auch am Ende der Rezension wird deren Autor genannt, häufig mit der Angabe der Universität oder Institution, an der er (oder sie) beschäftigt ist.

Der Text der Rezension muss das Buch und seinen Autor einerseits vorstellen und in einem zweiten Schritt beurteilen. Folgende Informationen und Aspekte sollten in der Rezension vorkommen:
- Um was für eine Art Veröffentlichung handelt es sich? Eine Dissertation oder Habilitationsschrift, die Studie eines Anfängers oder eines berühmten Gelehrten, der in seinem Themengebiet bereits einschlägig ausgewiesen ist? Ist es ein Sammelband mit Aufsätzen, hervorgegangen etwa aus einer Tagung oder erstellt zu Ehren eines Gelehrten, eine Festschrift also? Ist es eine Quellenedition?
- Welcher Epoche, welchem Zeitabschnitt widmet sich das Werk?
- Um welches Thema geht es?
- Was ist der Gegenstand des Buches, welche Fragestellung wird verfolgt?
- Welche Methoden werden verwandt?
- Welche Quellen dienen als Grundlage?
- Wie ist die Studie in die bisherige Forschung eingebunden? Nimmt sie eine bestimmte Diskussion auf, ist sie in eine bestimmte Schule oder Tradition eingebunden oder eröffnet sie ein neues Feld? Oder – das wäre natürlich ein großer Minuspunkt: wird wichtige Literatur hier nicht verarbeitet?
- Wie ist das Buch aufgebaut? Wie ist die Argumentation, welche Aspekte werden genannt? Sind das die wichtigen Aspekte oder sind hier Lücken festzustellen?
- Wird der Autor seinem methodischen und inhaltlichen Programm gerecht?
- Wird der Gegenstand sprachlich präzise und verständlich dargestellt?
- Zu welchen Ergebnissen kommt der Autor? Inwieweit bringt das Buch die Forschung voran, kurz: Was ist neu, interessant und spannend an dem Werk?
- Auch das Urteil des Rezensenten sollte deutlich werden: Ist es ein gelungenes, ein gutes Buch? Und warum? Dieses Urteil kann bereits ganz am Anfang stehen oder am Schluss, es kann sehr deutlich oder eher zurückhaltend formuliert werden.

Eine gelungene Rezension zeichnet sich auch dadurch aus, dass sie knapp ist. Nur dann nützt sie, sonst könnte man das Buch ja gleich selber lesen. Gerade im Internet veröffentlichte Online-Rezensionsorgane lassen diese Tugend manchmal etwas verkümmern. Üblicherweise wird wichtigen Werken mehr Platz eingeräumt, aber

| Abb. 54

Eine Rezension, erschienen in der HZ 282 (2006), S. 217.

Buchbesprechungen 19./20. Jahrhundert   217

Julie-Marie Strange, Death, Grief and Poverty in Britain, 1870–1914. Cambridge/New York/Melbourne, Cambridge University Press 2005. X, 294 S., £ 48,–.

Für die Erfassung des Wesens des viktorianischen und des edwardianischen Zeitalters spielt die Kulturgeschichte des Todes und der Trauer in Verbindung mit Armut eine wichtige Rolle. Wie von Pat Jalland (Death in the Victorian Family, 1996) beschrieben, war der von Königin Viktoria selbst vorgelebte Trauerkult jedoch nicht allein eine der Oberschicht vorbehaltene Angelegenheit. Vielmehr muß nach der Auffassung von Julie-Marie Strange die Gesellschaft in ihrer Gesamtheit in den Blick genommen werden. Die von Armut gezeichneten Bevölkerungsschichten hinterließen zwar weniger eigene historische Zeugnisse, aber sie wurden von zeitgenössischen Kommentatoren, Journalisten und Schriftstellern in ihrem sozialen Habitus genau beobachtet. Die Romane von Charles Dickens wie zum Beispiel *Oliver Twist* und *Great Expectations* sind hierfür zwei berühmte von zahlreichen Beispielen. Die Autorin untersucht detailliert und quellennah Fragen des Begräbnisses und der Armenbestattung, den Friedhof als Erinnerungsort der Trauer und die Schwierigkeit, mit dem Gefühl des Verlustes umzugehen. Das eindringlichste Kapitel widmet sich der Trauer um verstorbene Kinder, bevor das Buch mit einem kurzen Epilog über den Umgang mit dem Massensterben im Ersten Weltkrieg abschließt. Strange kommt in ihrer überzeugenden und perspektivenreichen Studie zu dem Ergebnis, daß es auch in der Arbeiterklasse einen fest umrissenen, rituell eingespielten Trauerkult gab, der einem klaren und von der Allgemeinheit getragenen Verständnis von Respekt, Würde, Anstand und Gewohnheit geschuldet war. Die Beerdigungsriten stellten das soziale Forum dar, in dem für das Individuum die Anteilnahme der Gesellschaft mediatisiert wurde. Die Totenfeier war mithin ein Ort, der nach Strange dazu geeignet ist, die Sozialgeschichte des Arbeiterlebens mit der Kulturgeschichte von Tod und Trauer zu verknüpfen. Das ist ihr methodisch einwandfrei gelungen.

London   *Benedikt Stuchtey*

---

mehr als drei Seiten sind in jedem Fall zuviel: 9000 Buchstaben mit Leerzeichen sollte die Rezension eines einzelnen Buches nicht überschreiten. Wenn mehrere Werke eines Themenkomplexes in einer Sammelbesprechung vorgestellt und gewürdigt werden, darf und muss das Manuskript natürlich entsprechend länger sein.

Wichtig ist auch hier der Anfang. Zugleich fällt dies manchen Rezensenten schwer. So behelfen sie sich mit Floskeln, wie „Überblicksdarstellungen haben Konjunktur." Besser ist es, einen Aspekt herauszugreifen, das wichtigste Verdienst des Werkes zu nennen oder vielleicht mit einem Zitat die Aufmerksamkeit des Lesers zu fesseln.

6.6 | Die Sprache wissenschaftlicher Arbeiten

Die Sprache ist Ihr Werkzeug und Arbeitsmittel. Ihre Urteile und Ergebnisse können nur so präzise sein wie Ihre Formulierungen. Sie muss deshalb ebenso genau sein wie das Skalpell des Chirurgen scharf.

Formulieren Sie klar und präzise. Nur das, was Sie auch verstanden haben, können Sie präzise schildern bzw. wiedergeben. Je knapper Sie formulieren, desto besser müssen Sie sich sogar auskennen, denn wenn Sie einen Sachverhalt zusammenfassen oder auch nur paraphrasieren, wird Unverstandenes schnell ungenau, halbwahr oder sogar falsch. Deshalb gilt umgekehrt, dass eine unklare Ausdrucksweise in der Regel von undeutlichen Gedanken zeugt.

Verwenden Sie viel Sorgfalt auf Ihre Argumentation, auf Sprache und Ausdruck. Vermeiden Sie Tipp-, Rechtschreib- und Interpunktionsfehler. Formulieren Sie sachlich und argumentierend in korrektem Hochdeutsch und in Schriftsprache.

Wörtliche Zitate werden stets in der Schreibweise des Originals wiedergegeben. Wenn Sie also aus einem Text des 19. Jahrhunderts zitieren, müssen Sie dessen Schreibweise ebenso übernehmen (z. B. Thatsache) wie die sogenannte „alte" Rechtschreibung, wenn Sie aus Quellen oder Werken der Sekundärliteratur zitieren, die entweder vor der Reform erschienen sind oder dieser nicht folgen. Darauf müssen Sie besonders dann achten, wenn Ihr Computerprogramm etwa „daß" automatisch in „dass" umwandelt.

Achten Sie darauf, nicht im **Tempus** zu springen. Grundsätzlich sollten Sie für historische Sachverhalte die Vergangenheitsform, also das Imperfekt, verwenden. Ein Ereignis fand zu einem bestimmten Zeitpunkt statt. 1871 wurde das Deutsche Reich gegründet, nicht: 1871 wird das Deutsche Reich gegründet.

Das Präsens wird verwendet für allgemeine Aussagen. Dazu gehört der Bericht über den Inhalt eines Textes, sei es eine Quelle oder wissenschaftliche Literatur.

„Wehler schreibt in seiner „Deutschen Gesellschaftsgeschichte", der Aufbau einer deutschen Kriegsmarine im Kaiserreich sei wesentlich aus innenpolitischen Gründen erfolgt." Ebenso: „Bülow führt in seinen Memoiren das Argument an …", oder: „Der Autor der Quelle nennt als Ziel der Maßnahme …" Auch räsonierende und argumentierende Passagen stehen im Präsens, etwa: „Die genannten Fakten führen zu der Annahme …"

Wenn Sie erst von einem vergangenen Ereignis berichten und anschließend eines erwähnen, das noch früher stattgefunden hat, müssen Sie auf die **Zeitenfolge** achten, etwa: „Bernhard von Bülow führte vor dem Reichstag außenpolitische Gründe an, die den Aufbau einer deutschen Kriegsmarine notwendig machten. Erst kurz zuvor **hatte er** das Amt des Staatssekretärs im Auswärtigen Amt angetreten und sprach in der Debatte über das Flottengesetz erstmals in seiner neuen Funktion vor dem Parlament."

Geben Sie Thesen, Argumente und Gedanken anderer stets in **indirekter Rede** wieder. Versuchen Sie nicht zu mogeln, also den Indikativ zu verwenden und durch ein „nach Müller" oder „laut Müller" zu relativieren. Also nicht: „Nach Müller hat es im Mai 1980 geschneit", sondern: „Müller berichtet, es habe im Mai 1980 geschneit."

Wählen Sie **treffende Verben**. Das folgende Beispiel zeigt Ihnen, wie Sie **nicht** formulieren sollten: „Das Gesetz wurde ein Jahr nach dem Zweiten Weltkrieg von der amerikanischen Besatzungsmacht verfasst und verabschiedet." Ein Gesetz, eher noch ein Gesetzentwurf, wird von Referenten verfasst, nicht von einer Besatzungsmacht. Verabschiedet wird es von einem Parlament, jedenfalls einem Gremium, das Beschlüsse fassen kann. „Die Besatzungsmacht" kann – rein grammatikalisch – Gesetze erlassen, sie kann etwas verfügen, bestimmen oder anordnen.

Was Sie in einer wissenschaftlichen Arbeit unbedingt vermeiden sollten:
– **Persönliche Bekenntnisse, Gefühle, Meinungen**: Nicht, weil Sie ein Thema interessant finden, behandeln Sie es, sondern weil es aus bestimmten Gründen interessant und wichtig ist. „Ich meine", „Ich finde", „Ich möchte", „Ich bin der Ansicht" gehören nicht hierher, denn mit diesen Formulierungen steht ein Bekenntnis im Raum. Stattdessen sollen Sie aber zu begründeten und damit nachvollziehbaren Urteilen gelangen. Am besten vermeiden Sie persönliche Formulierungen ganz, denn neutrale Formulierungen erfordern automatisch Begründungen und Argumente. Dabei können und sollen Sie auch zum Ausdruck bringen, wenn eine These unsicher ist: Etwas „lässt darauf schließen, dass ...", oder „etwas legt die Annahme nahe, dass ...", oder ganz vorsichtig: „dies und das könnte darauf hindeuten, dass ..." Das gilt auch, wenn Sie den Aufbau Ihrer Arbeit in der Einleitung begründen. Nicht: „Zunächst möchte ich den Redner kurz vorstellen", son-

dern „Um die Rede angemessen einordnen und interpretieren zu können, ist es zunächst notwendig, den Redner kurz vorzustellen." Die unpersönliche Formulierung erfordert sehr viel stärker die Begründung, deren Fehlen beim „Bekenntnis" nicht so sehr auffällt.
- **Ironische Bemerkungen**, denn sie sind das Gegenteil von sachlichen, argumentierenden Aussagen.
- **Moralische Wertungen**. Das Urteil darüber, ob jemand gut oder böse war, wie er hätte handeln und sich verhalten sollen, steht uns als Historikern nicht zu. Noch wichtiger ist das Argument, dass moralische Urteile leicht den Blick für die Motive, Ziele und Intentionen verstellen. In welchen Kategorien dachten die Menschen, welchen Denkmustern und Mentalitäten waren sie verhaftet? Das aufzudecken ist für den Historiker die spannendere Frage, sie führt zum historischen Urteil.
- **Saloppe, umgangssprachliche Formulierungen**. In der Regel sind sie unpräzise. „Nach dem Krieg hatte die amerikanische Wirtschaft ganz schön mit der Umstellung von Rüstungs- auf Friedensindustrie zu kämpfen [...]." Abgesehen davon, dass „die Wirtschaft" nicht kämpft, ist der Aussagewert von „ganz schön" begrenzt. Es ist eine flapsige Formulierung, die den Leser im Unklaren lässt, worin die Probleme der amerikanischen Wirtschaft nach dem Krieg konkret bestanden.
- **Trockenes Amtsdeutsch**.
- **Gespreizte Formulierungen**: „Am 31. 12. 1880 erblickte der spätere Militär und Politiker George Catlett Marschall das Licht der Welt." Schlichter und besser wäre: er „wurde geboren".
- **Pseudowissenschaftlicher Jargon**, wozu die Häufung substantivierter Verben und der übermäßige Einsatz von Fremdworten zählen.
- **Unterschwellig wertende Partikel** wie „natürlich", „leider" oder „selbstverständlich", die bereits eine versteckte Interpretation beinhalten. Sprechen Sie Ihre Interpretationen stattdessen offen aus und begründen Sie sie.
- **Adjektive**, ganz besonders solche, **die werten**, statt zu beschreiben. „Nach den schlimmen Ereignissen" ist so ein willkürlich herausgegriffenes Negativbeispiel. Denn welche Ereignisse gemeint sind, erfährt der Leser nicht, auch nicht, was an ihnen „schlimm" war. In diesem Fall ist das Adjektiv zudem besonders unpassend, denn der Satz geht folgendermaßen weiter: „Nach den schlimmen Ereignissen, die in der Zeit des Nationalsozialismus gesche-

hen waren, ist nun klar gewesen, dass Deutschland endlich vom Nationalsozialismus befreit werden musste."
Die Verbrechen des Nationalsozialismus sind zu monströs, um sie als „schlimm" zu bezeichnen, es sind auch keine „Ereignisse", die gleichsam von selbst geschehen sind, sich ereignet haben. Der Angriffskrieg mit seinen willkürlichen Verbrechen ebenso wie der Völkermord und die ideologisch oder rassisch begründeten Verbrechen der Diktatur sind Taten, Handlungen, keine „Ereignisse".

All diese Ratschläge lassen sich auch kurz zusammenfassen: „Es kann niemand gut reden ohne Kenntnisse, und die Erkenntnis ist lahm ohne das Licht der Rede." (Melanchthon)

„Wer's nicht einfach und klar sagen kann, der soll schweigen und weiterarbeiten, bis er's klar sagen kann." (Karl Popper)

Franz Schnabel meinte das gleiche, wandte sich aber an die Lehrer mit der Aufforderung, „die Schüler nur mit ernsten und gewichtigen Dingen zu beschäftigen und sie zu befähigen, diese ernsten und gewichtigen Dinge geistig zu durchdringen und lichtvoll darzustellen."

Aufgaben zum Selbsttest

- Mit welchen Formen wissenschaftlicher Arbeit werden Sie es im Rahmen Ihres Studiums zu tun bekommen? Skizzieren Sie die Unterschiede.
- Welche formalen Kriterien muss jede wissenschaftliche Arbeit erfüllen?

Literatur

Braun, Roman, **Die Macht der Rhetorik. Besser reden – mehr erreichen**, Frankfurt am Main 2001.
Esselborn-Krumbiegel, Helga, **Von der Idee zum Text. Eine Anleitung zum wissenschaftlichen Schreiben im Studium**, Paderborn [u.a.] 2002.
Faber, Erwin/Geiß, Immanuel, **Arbeitsbuch zum Geschichtsstudium. Einführung in die Praxis wissenschaftlicher Arbeit**, Heidelberg 1992.
Freytag, Nils/Piereth, Wolfgang, **Kursbuch Geschichte. Tipps und Regeln für wissenschaftliches Arbeiten**, Paderborn [u.a.] 2004.
Jele, Harald, **Wissenschaftliches Arbeiten: Zitieren**, München 2006.
Niederhauser, Jürg, **Duden – Die schriftliche Arbeit. Ein Leitfaden zum Schreiben von Fach-, Seminar- und Abschlussarbeiten in der Schule und beim Studium. Literatursuche, Materialsammlung und Manuskriptgestaltung mit vielen Beispielen**, 3., völlig neu erarb. Aufl. Mannheim [u.a.] 2000.
Reiners, Ludwig, **Stilfibel. Der sichere Weg zum guten Deutsch**, 26. Aufl. München 1993.
Reiners, Ludwig, **Stilkunst. Ein Lehrbuch deutscher Prosa**, 2. Aufl. der neubearb. Ausg. München 2004.
Schmale, Wolfgang (Hrsg.), **Schreib-Guide Geschichte. Schritt für Schritt wissenschaftliches Schreiben lernen**, Köln [u.a.] 2006.
Schneider, Wolf, **Deutsch für Kenner. Die neue Stilkunde**, München 2005.

Literaturempfehlungen

1. Zum Studium
Arnold, John H., **Geschichte. Eine kurze Einführung**, Stuttgart 2001 (zuerst engl. 2000).
Carr, Edward, **Was ist Geschichte?** Stuttgart 1963.
Cornelißen, Christoph (Hrsg.), **Geschichtswissenschaften. Eine Einführung**, Frankfurt am Main 2000.
Möller, Horst/Wengst, Udo (Hrsg.), **Einführung in die Zeitgeschichte**, München 2003.
Sellin, Volker, **Einführung in die Geschichtswissenschaft**, 2. Aufl. Göttingen 2001.
Schulze, Winfried, **Einführung in die Neuere Geschichte**, 3. Aufl. Stuttgart 1996.
Wirsching, Andreas (Hrsg.), **Neueste Zeit** (Oldenbourg Geschichte Lehrbuch), München 2006.

2. Arbeitstechniken
Borowsky, Peter/Vogel, Barbara/Wunder, Heide, **Einführung in die Geschichtswissenschaft, I. Grundprobleme, Arbeitsorganisation, Hilfsmittel** (Studienbücher Moderne Geschichten 1), 5. Aufl. Opladen 1989.
Freytag, Nils/Piereth, Wolfgang, **Kursbuch Geschichte. Tipps und Regeln für wissenschaftliches Arbeiten**, Paderborn [u. a.] 2004.
Jordan, Stefan, **Einführung in das Geschichtsstudium**, Stuttgart 2005.
Lingelbach, Gabriele/Rudolph, Harriet, **Geschichte studieren. Eine praxisorientierte Einführung für Historiker von der Immatrikulation bis zum Berufseinstieg**, Wiesbaden 2005.

3. Arbeitshilfen
Baumgart, Winfried, **Bücherverzeichnis zur deutschen Geschichte. Hilfsmittel, Handbücher, Quellen**, 15. durchges. u. erw. Aufl. München 2003.
Baumgart, Winfried (Hrsg.), **Quellenkunde zur deutschen Geschichte der Neuzeit von 1500 bis zur Gegenwart**, 7 Bde., Darmstadt 1982 – 2003.
Dülmen, Richard van (Hrsg.), **Fischer Lexikon Geschichte**, Frankfurt am Main 1990.
Fuchs, Konrad/Raab, Heribert, **dtv-Wörterbuch zur Geschichte**, 2 Bde., 10. Aufl. München 1996.
Hein, Dieter, **Deutsche Geschichte in Daten**, München 2005.
Jordan, Stefan (Hrsg.), **Lexikon Geschichtswissenschaft. Hundert Grundbegriffe**, Stuttgart 2002.
Kinder, Hermann/Hilgemann, Werner (Hrsg.), **dtv-Atlas zur Weltgeschichte. Karten und chronologischer Abriss**, 2 Bde., München zuerst 1964.
Meyers Taschenlexikon Geschichte in 6 Bänden, hrsg. unter redaktioneller Leitung v. Werner Digel, Mannheim [u. a.] 1982.
Schildt, Axel (Hrsg.), **Deutsche Geschichte im 20. Jahrhundert. Ein Lexikon**, München 2005.

4. Theorie und Methode der Geschichte
Burke, Peter, **Was ist Kulturgeschichte?** Frankfurt am Main 2005.
Daniel, Ute, **Kompendium Kulturgeschichte. Theorien, Praxis, Schlüsselwörter**, (Suhrkamp-Taschenbuch Wissenschaft; 1523), 2. Aufl. Frankfurt am Main 2001.
Goertz, Hans-Jürgen (Hrsg.), **Geschichte. Ein Grundkurs**, Reinbek bei Hamburg 1998.
Goertz, Hans-Jürgen, **Umgang mit Geschichte. Eine Einführung in die Geschichtstheorie**, Reinbek bei Hamburg 1995.
Lorenz, Chris, **Konstruktionen der Vergangenheit. Eine Einführung in die Geschichtstheorie**, Köln u. a. 1997.
Meier, Christian/Rüsen, Jörn (Hrsg.), **Historische Methode** (Theorie der Geschichte. Beiträge zur Historik; Bd. 5), München 1988.

5. Geschichte der Geschichtswissenschaft
Hardtwig, Wolfgang (Hrsg.), **Über das Studium der Geschichte**, München 1990.
Jaeger, Friedrich/Rüsen, Jörn, **Geschichte des Historismus. Eine Einführung**, München 1992.
Raphael, Lutz, **Geschichtswissenschaft im Zeitalter der Extreme. Theorien, Tendenzen und Methoden von 1900 bis zur Gegenwart**, München 2003.

Literaturempfehlungen

6. Gesamtdarstellungen und Handbücher
Gesamtdarstellungen
Görtemaker, Manfred, **Geschichte der Bundesrepublik Deutschland. Von der Gründung bis zur Gegenwart**, München 1999.
Hobsbawm, Eric, **Das Zeitalter der Extreme. Weltgeschichte des 20. Jahrhunderts**, München 1995.
James, Harold, **Geschichte Europas im 20. Jahrhundert. Fall und Aufstieg 1914–2001**, München 2004.
Nipperdey, Thomas, **Deutsche Geschichte**, 3 Bde., München 1990–1992.
Schwarz, Hans-Peter, **Die Ära Adenauer** Bd. 1: 1949–1957. Gründerjahre der Republik. Mit einem einl. Essay von Theodor Eschenburg; Bd. 2: 1957–1963. Epochenwechsel. Stuttgart 1981 u. 1983.
Ullrich, Volker, **Die nervöse Großmacht 1871–1918. Aufstieg und Untergang des deutschen Kaiserreichs**, Frankfurt am Main 1997.
Wehler, Hans-Ulrich, **Deutsche Gesellschaftsgeschichte**, 5 Bde., München 1987–2004.
Winkler, Heinrich August, **Der lange Weg nach Westen**. Bd. 1: Deutsche Geschichte vom Ende des Alten Reiches bis zum Untergang der Weimarer Republik, Bd. 2: Deutsche Geschichte vom „Dritten Reich" bis zur Wiedervereinigung, München 2000.

Handbuchreihen
Deutsche Geschichte der neuesten Zeit. Vom 19. Jahrhundert bis zur Gegenwart, hrsg. von Martin Broszat [u. a.] in Verbindung mit dem Institut für Zeitgeschichte, München 1984–1997.
Die Deutschen und ihre Nation (= Siedler Deutsche Geschichte). Berlin 1982–2000.
Enzyklopädie deutscher Geschichte [EdG], hrsg. von Lothar Gall [u. a.]; Bd. 1–100. München 1988–.
Gebhardt. Handbuch der deutschen Geschichte, 1. Aufl. Bd. 1–2, Stuttgart 1891 u. 1892. 8. Aufl. hrsg. von Herbert Grundmann, Bd. 1–4, Stuttgart 1954–1960. 10. Aufl. hrsg. von Alfred Haverkamp [u. a.], Bd. 1–24, Stuttgart 2002–.
Geschichte Kompakt, hrsg. v. Martin Kintzinger, Uwe Puschner, Barbara Stollberg-Rillinger, Darmstadt.
Handbuch der Europäischen Geschichte, hrsg. v. Theodor Schieder, 7 Bde., Stuttgart 1968–1981.
Handbuch der Geschichte Europas, hrsg. v. Peter Blickle, Stuttgart.
Oldenbourg Grundriss der Geschichte [OGG], hrsg. von Jochen Bleicken, Lothar Gall, Hermann Jacobs. Bd. 1–. München.
Propyläen Geschichte Deutschlands, hrsg. von Dieter Groh. Bd. 1–9. Berlin 1983–1995.

Wichtige Abkürzungen

a.a.O.	am angeführten Ort	ggf.	gegebenenfalls
Abb.	Abbildung	H.	Heft
Abdr.	Abdruck	Habil.	Habilitationsschrift
Abh.	Abhandlung	Hg./Hrsg.	Herausgeber
Abk.	Abkürzung	hg./hrsg.	herausgegeben von
Abs.	Absatz	i.e.	id est (= das ist)
Abt.	Abteilung	i.e.S.	im engeren Sinne
allg.	allgemein	i.S.d.	im Sinne des/der
Anh.	Anhang	i.S.v.	im Sinne von
Anm.	Anmerkung	i.V.m.	in Verbindung mit
Art.	Artikel	ibid.	ibidem (= ebenda)
Aufl.	Auflage	J.	Journal
Ausg.	Ausgabe	Jb./Jbb.	Jahrbuch/-bücher
Bd./Bde.	Band/Bände	Jg./Jgg.	Jahrgang/-gänge
Bearb.	Bearbeiter	Jh./Jhdt.	Jahrhundert
bearb.	bearbeitet	Kap.	Kapitel
Begr.	Begründer	Komm.-Bd.	Kommentarband
begr.	begründet	lit.	littera (Buchstabe)
Beibl.	Beiblatt	m.a.W.	mit anderen Worten
Beih.	Beiheft	m.E.	meines Erachtens
Beil.	Beilage	m.W.	meines Wissens
bes.	besonders	Masch.-Schr.	Maschinenschrift
Bl.	Blatt	Ms./Mss.	Manuskript/e
Bsp.	Beispiel	n.Chr.	nach Christus
bzw.	beziehungsweise	N.F.	Neue Folge
ca.	circa	N.N.	nomen nominandum (= der zu
d.h.	das heißt		nennende [unbekannte]
d.i.	das ist		Name), auch nomen nescio
dass.	dasselbe		(= den Namen weiß ich nicht)
ders.	derselbe	o.ä.	oder ähnliches
Diss.	Dissertation	o.J.	ohne Jahr
Dok.	Dokument	o.O.	ohne Ort
ebd.	ebenda	o.O.u.J.	ohne Ort und Jahr
Ed.	Edition	o.V.	ohne Verfasserangabe
Einf.	Einführung	P.S.	postscriptum
eingel.	eingeleitet	Reg.	Register
Einl.	Einleitung	Reg.-Bd.	Registerband
erg.	ergänzt	Rez.	Rezensent, Rezension
Erg.-Bd.	Ergänzungsband	S.	Seite
erw.	erweitert	s.	siehe
et.al.	et alii (= und andere)	s.o.	siehe oben
evtl.	eventuell	s.u.	siehe unten
f.	folgende Seite	Sd.-Bd.	Sonderband
ff.	fortfolgende Seiten	Sig.	Signatur
Fn.	Fußnote	Slg.	Sammlung
fortgef.	fortgeführt	sog.	sogenannt
gem.	gemäß	Sp.	Spalte

Wichtige Abkürzungen

SS	Sommersemester	usw.	und so weiter
T./Tl.	Teil	v. Chr.	vor Christus
Tab.	Tabelle	veränd.	verändert
TB/Tb.	Taschenbuch	verb.	verbessert
u.	und	verm.	vermehrt
u.a.	und andere, unter anderem, und anderswo	Verz.	Verzeichnis
		Vf./Verf.	Verfasser
u.d.T.	unter dem Titel	vgl.	vergleiche
u.gl.T.	unter gleichem Titel	vollst.	vollständig
u.L.v.	unter Leitung von	Vorw.	Vorwort
u.M.v.	unter Mitarbeit von	WS	Wintersemester
u.ö.	und öfter	Z.	Zeitschrift
u.U.	unter Umständen	z.B.	zum Beispiel
übers.	übersetzt	z.Z.	zur Zeit
Univ.	Universität	Ziff.	Ziffer
unver.	unverändert	zugl.	zugleich

Glossar

A PRIORI, von vornherein, allein durch Denken, ohne Beobachtungen, gewonnene Erkenntnis.

AKTE, von lat. *acta* = Handlungen, Verhandlungen.

ANALYTIK, von griech. *analyéin* = auflösen; Zerlegung, Zergliederung eines Ganzen in seine Teile.

ANTECEDENSBEDINGUNGEN, von lat. *antecedere* = vorausgehen; Ausgangsbedingungen, Voraussetzungen.

ARCHIV, von griech. *archeion* = Behörde; Ort für die Aufbewahrung von Dokumenten.

AUTOBIOGRAPHIE von griech. *autós* = selbst, *bios* = Leben, *graphein* = schreiben; die Schilderung des eigenen Lebens.

BACHELOR, engl. erster akademischer Abschluss, auch Junggeselle, von mittellat. *baccalaureus*.

BIBLIOGRAPHIE, von griech. *biblos* = buch, *graphein* = schreiben; Verzeichnis der Bücher zu einem Thema.

CAMPUS, lat. = Feld; Gesamtareal einer Hochschule.

CHRONIK, von griech. *chrónos* = Zeit, lat. *chronica* = Chronik; Geschichtsbuch; eine Aufzeichnung geschichtlicher Ereignisse in zeitlicher Reihenfolge.

CHRONOLOGIE, von griech. *chronos* = Zeit, *logos* = Lehre; Lehre von der Zeitrechnung.

DEDUZIEREN, von lat. *deducere* = ableiten; das Besondere aus dem Allgemeinen herleiten.

DEKAN, von lat. *decanus* = Gruppenführer; Vorsteher einer Fakultät.

DEKLARIEREN, von lat. *declarare* = deutlich machen; etwas angeben, bezeichnen, benennen.

DENKSCHRIFT, an eine offizielle Stelle gerichtete Schrift über eine wichtige (meist öffentliche) Angelegenheit.

DEPESCHE, von frz. *la dépêche* = Eilnachricht, Telegramm.

DEPUTAT, von lat. *deputatum* = Zugeteiltes; die zu erbringende Lehr- oder Forschungsleistung.

DETERMINIERT, von lat. *determinare* = festsetzen; (vorher)bestimmt.

DICHOTOMIE, von griech. *dichótomos* = in zwei Teile gespalten.

DIDAKTIK, von griech. *didache* = Lehre; die Wissenschaft vom Lehren und Lernen, also eine Art Unterrichtslehre.

DISPUTATION, von lat. *disputare* = genauer erwägen, erörtern.

DISSERTATION, von lat. *dissertare* = erörtern; die schriftliche wissenschaftliche Arbeit zur Erlangung der Doktorwürde.

DOZENT, von lat. *docere* = lehren; Hochschullehrer.

DR. DES., Abkürzung von *doctor designatus*; von lat *docere* = lehren, unterrichten und *designatus* = im Voraus ernannt, vorgesehen für.

DRITTMITTEL, Forschungsmittel, die nicht aus dem Etat der Universität stammen, sondern von Dritten. Es kann sich etwa um private oder öffentliche Stiftungen, Unternehmen oder Institutionen der Forschungsförderung handeln.

EDIEREN, von lat. *edere* = (ein Buch) herausgeben; veröffentlichen.

ELOQUENZ, von. lat. *eloquentia* = Beredsamkeit.

Glossar

E-MAIL, von engl. *electronic mail* = elektronisch übermittelte Post.

EMERITUS, pl. *Emeriti*, lat. = Ausgedienter; Hochschullehrer im Ruhestand.

EMPIRIE, (wissenschaftliche) Erfahrung, Beobachtung im Gegensatz zur Theorie; Erfahrungswissenschaft.

ENZYKLOPÄDIE, gr.-nlat. = umfassende Darstellung des gesamten vorliegenden Wissensbestandes.

EPISKOPAT, von lat *episcopus* = Bischof.

ERASMUS-PROGRAMM, Abk. für.: *European Community Action Scheme for the Mobility of University Students*. Austauschprogramm europäischer. Hochschulen; Namensgeber ist der humanistische Gelehrte Erasmus von Rotterdam (1466–1536).

ETC., lat. *et cetera* = und andere.

EXPLANANDUM, von lat. *explanare* = erläutern, auslegen; das zu Erklärende.

EXPLANANS, von lat. *explanare* = erläutern, auslegen; das Erklärungsmittel.

EXZERPT, von lat. *excerpere* = einen Auszug machen, herausschreiben.

GESCHICHTE, von ahd. *gisciht*, mhd. *geschiht* = Ereignis, Geschehnis, seit dem 15. Jh. auch als Bericht über Geschehenes, Erzählung, seit dem 18. Jh. auch gleichbedeutend mit Historie.

GOLDSTANDARD, währungspolitische Regelung, die das Edelmetall Gold als Grundlage des Währungswesens in einem Staat festsetzt.

HABILITATION, von lat. *habilis* = fähig; Lehrbefähigung an Hochschulen.

HERMENEUTIK, von griech. *hermeneúein* = auslegen, verständlich machen; Kunst der Textauslegung.

HISTORIE, von griech. *historein* = mit eigenen Augen erkunden.

HISTORISMUS, Geschichtsbetrachtung, die alle Erscheinungen aus ihren geschichtlichen Bedingungen heraus zu deuten versucht; in anderem Zusammenhang: Überbewertung des Geschichtlichen und Baustil Ende des 19. Jahrhunderts, der auf ältere Stilrichtungen zurückgriff.

IBIDEM, lat = ebendort.

IDEOGRAPHISCH, von griech. *ideo* = Begriff, Vorstellung; *graphein* = schreiben; auf die Beschreibung von Begriffen und Ideen zielend.

INDUKTIV, von lat. *inducere* = hineinführen; vom Einzelnen zum Allgemeinen hinführend.

KARIKATUR, von ital. *caricatura* = Überladung; eine übertriebene, komisch verzerrte Darstellung charakteristischer Eigenschaften von Personen oder Sachen.

KOMMILITONE, von lat. *cum* = mit und *miles* = Soldat; Mitstreiter, Studienkollege.

KONSTITUIEREN, von lat. *constituere* = hinstellen, aufstellen; erzeugen, hervorbringen, festsetzen.

KONVOLUT, von lat. *convolere* = zusammenrollen; Bündel oder Zusammenstellung von verschiedenen Schriftstücken oder Drucksachen.

KORREKTIV, von lat *corrigere* = berichtigen; etwas, das dazu dienen kann, Mängel, Fehlhaltungen o. ä. auszugleichen.

KORRELATION, von lat. *con* = zusammen und lat. *relatio* = Beziehung, Verhältnis; ein (statistischer) Zusammenhang.

Glossar

KURRENTE, von lat. *currere* = laufen; fortlaufend geschriebene Schrift, im Gegensatz zur Druckschrift, die aus Einzelbuchstaben besteht.

LEKTOR, von lat. *lector* = Leser; Angestellter in einem Verlag, der u. a. Manuskripte prüft und bearbeitet.

LINEAR, lat. *linea* = Schnur, Linie; gradlinig.

LINGUISTIC TURN, engl. linguistische Wende; Vertreter des *linguistic turn* betonen die Eigengesetzlichkeit der Sprache als Zeichensystem.

LINK, engl. = Verbindung.

LOURDES, katholischer Wallfahrtsort in Südwest-Frankreich.

MAGNIFIZENZ, von lat. *magnificentia* = Herrlichkeit; früher offizielle Anrede des Rektors einer Hochschule.

MASTER OF ARTS, engl. Meister, Lehrer; akademischer Grad in den Geisteswissenschaften, von lat. *magister* = Lehrer.

MEMOIREN, von frz. *mémoire* = Erinnerung, Gedächtnis; zeitgeschichtlich interessante (Lebens-) erinnerungen.

MENSA, lat. = Tisch; Speisesaal an Hochschulen und Schulen.

METHODE, von griech. *méthodos* = Weg auf ein Ziel hin; wissenschaftliches Verfahren

MONOGRAPHIE, von griech. *monos* = allein, *graphein* = schreiben; Einzelschrift.

N. N., lat. *nomen nescio* = den Namen weiß ich nicht; oder: *nomen nominandum* = der Name ist noch zu benennen.

NARRATIVE, engl. Erzählung, Geschichte, Schilderung.

NOMOLOGIE, von griech. *nomos* = Gesetz und *logos* = philosoph. Begriff; Lehre von den Denkgesetzen.

NOMOTHETISCH, von griech. *nomos* = Gesetz, Ordnung; nach Gesetzen suchend.

NOTE, von lat. *notare* = feststellen, auf etwas hinweisen; diplomatisches Schriftstück.

NUMERUS CLAUSUS, lat. = geschlossene Zahl.

OBJEKTIVITÄT, von lat. *obiectus* = das Entgegengeworfene, der Gegenstand; strenge Sachlichkeit.

OPAC, *Online Public Access Catalogue*; der öffentlich über das Internet zugängliche Bibliothekskatalog, in dem man mit verschiedenen Funktionen recherchieren kann.

OPEN ACCESS, wörtl. freier Zugang; im Herbst 2003 wurde die „Berlin Declaration" von deutschen Forschungsorganisationen und weiteren Unterzeichnern verabschiedet. Darin fordern die Unterzeichner freien Zugang zu allen Inhalten des Internets.

ORAL HISTORY, engl. = mündlich überlieferte Geschichte.

PÄDAGOGIK, von griech. *paidagogoi* u. lat *puedagogus* = Erzieher, Lehrer; Theorie und Praxis der Erziehung und Bildung, Erziehungswissenschaft.

PALÄOGRAPHIE, von griech. *palaios* = alt, *graphein* = schreiben; Handschriftenkunde.

PAMPHLET, eine politische Schmähschrift, politische Streitschrift, verunglimpfende Flugschrift.

PEER REVIEW, von engl. *peer* = der Gleichgestellte, Ebenbürtige und *review* = Überprüfung; die Beurteilung von Forschungsergebnissen durch Fachkollegen.

Glossar

POLITIK, von griech. *polis* = der Stadtstaat; das Gemeinwesen betreffendes Handeln.

POP-UP, von engl. *to pop* = knallen, aufplatzen, plötzlich auftauchen; neue Fenster, die auf dem Bildschirm auftauchen.

PR (PUBLIC RELATIONS), engl. = Öffentlichkeitsarbeit.

PRÄHISTORISCH, vorgeschichtlich.

PROFESSOR APPELATUS, von lat. *appellare* = nennen, benennen.

PROMOTION, von lat. *promovere* = befördern.

QUANTIFIZIEREN von lat. *quantitas* = Menge, Zahl; zählen, messen.

REFERAT, von lat. *referre* = mitteilen, berichten.

REGEST, von spätlat. *regesta* = das Eingetragene; zusammenfassende Inhaltsangabe einer Urkunde.

RELEVANZ, von lat. *relevare* = wieder erheben; Wichtigkeit.

REZENSION, von lat. *recensere* = kritisch begutachten.

SERVER, von engl. *to serve* = Dienst tun für, jemanden versorgen mit; Rechner innerhalb eines Netzwerkes, auf den von anderen Rechner aus zugegriffen werden kann.

SITE, engl. = Ort; auf Deutsch hat sich „Webseite" schon fest eingebürgert. Der deutsche Titel macht jedoch nicht deutlich, dass eine *site* mehrere *pages* haben kann.

SITEMAP, Inhaltsangabe einer Site. Sie zeigt, z. B. in der Form eines Verzeichnisses, die Struktur des gesamten Internetauftritts, der sich hinter der URL verbirgt.

SPEKTABILIS, lat. = sichtbar, ansehnlich; früher offizielle Anrede der Dekane.

STATISTIK, von lat. *statisticum* = den Staat betreffend; ital. *statista* = der Staatsmann.

SUBJEKTIVITÄT, von spätlat. *subiectum* = das mit Bewusstsein ausgestattete, handelnde Ich; persönliche Auffassung, Einseitigkeit.

TELEOLOGIE, von griech. *telos* = das Ziel; die Lehre von der Zielgerichtetheit aller Entwicklung.

TERMINUS ANTE QUEM, lat. = Zeitpunkt vor dem etwas stattgefunden hat.

TERMINUS POST QUEM, lat. = Zeitpunkt nach dem etwas stattgefunden hat.

THESE, von griech. *thesis* = das Aufgestellte.

TRADITION, von lat. *tradere* = überliefern; Überlieferung, Brauch.

TRANSKRIBIEREN, von lat. *trans* = hinüber, und *scribere* = schreiben; eine andere Schrift übertragen.

URKUNDE, abgeleitet von ahd. *urchundi* = das schriftliche Zeugnis; rechtsgültiges Dokument.

URL, engl. *Uniform Resource Locator* = Internetadresse.

VENIA LEGENDI, von lat. *venia* = Erlaubnis und. *legere* = lesen, vortragen, Vorlesung halten; Lehrbefugnis an Universitäten.

ZEITUNG, von mhd. *tidinge* = Nachricht. Daraus bildete sich seit etwa 1300 das Wort *zidunge* = Nachricht, Botschaft. Bis ins 19. Jahrhundert wurde „Zeitung" in der Bedeutung von „Nachricht von einer Begebenheit" gebraucht.

ZYKLISCH, von griech. *kyklos* = Kreis.

Personenregister

Augustus, röm. Kaiser 111

Baumgart, Winfried 114, 120, 131, 167
Benedikt XVI., Papst 201
Bernheim, Ernst 81
Bismarck, Otto von 103, 106, 107, 195, 201, 227
Blackbourn, David 77
Bloch, Marc 45
Brandt, Ahasver von 131
Bruch, Rüdiger vom 185
Bülow, Bernhard von 229, 230, 231, 252, 253

Caesar, Gaius Julius 135
Carr, Edgar Hallett 47, 49
Chladenius, Johann Martin 56, 220

Delbrück, Ernst 85
Dilthey, Wilhelm 63
Droysen, Johann Gustav 52, 81, 82

Foucault, Michel 76
Franz II., Kaiser des Hl. röm. Reiches dt. Nation 121
Fried, Johannes 54
Friedrich III., dt. Kaiser 103, 106

Gise, Maximilian Frhr. v 117
Goethe, Johann Wolfgang von 101, 102
Gregor XIII., Papst 135
Großherzog von Baden 103

Hegel, Georg Wilhelm Friedrich 50
Herodot 43, 44, 55
Hitler, Adolf 127
Hoffmanns, Adolf 134
Honecker, Erich 51
Huizinga, Johan 46, 47

Jack the Ripper 67
Jesus von Nazareth 111
Josef, Vater des Jesus 111

Kamenew, Lew 105
Kant, Immanuel 84
Keitel, Wilhelm 95
Kirn, Paul 80
Koch-Gontard, Clotilde 87

Lauer, Dr. Gustav von 103
Lenin (eigentl. Uljanow), Wladimir Iljitsch 105

Mann, Thomas 84
Maria 111
Marx, Karl 50, 51
Meiwes, Armin 67
Melanchthon 255
Moltke, Helmuth Graf von 103
Muhlack, Ulrich 62
Müller, Rainer A. 185

Napoleon I. Bonaparte 67, 68
Nipperdey, Thomas 67, 68, 69, 158, 189

Paulmann, Johannes 77
Pfordten, Ludwig Frhr. v. d. 116
Pirenne, Henri 45
Platon 85
Popper, Karl 255
Putzger, Friedrich Wilhelm 172

Ranke, Leopold von 51, 52, 55, 84, 98
Rousseau, Jean-Jacques 50

Schieder, Theodor 155
Schlözer, August Ludwig 144
Schnabel, Franz 35, 255
Schulze, Johannes 98
Sokrates 85
Stalin, Josif Wissarionowitsch 105
Sütterlin, Ludwig 133, 134

Thukydides 43
Treitschke, Heinrich von 64, 227
Trotzki, Lew Dawidowitsch 105

Ullrich, Volker 159

Vierhaus, Rudolf 47
Voltaire 50

Wehler, Hans-Ulrich 67, 68, 69, 158, 246, 252
Welskopp, Thomas 65
Werner, Anton von 103
White, Hayden 53, 54
Wilhelm I., dt. Kaiser 103, 106
Wilhelm II., dt. Kaiser 88, 89, 103, 106, 107
Winkler, Heinrich August 159

Sachregister

Adel 73, 124, 158
Adelsbrief 90
Akademiker 16, 34, 108
Akte/Akten 37, 82, 91, 94 – 97, 111, 118, 119, 121 – 126, 129, 133
Alltag 7, 11, 17, 60, 86, 97
Alltagsgegenstände 82
Alltagsgeschichte 69, 96, 100, 112,
Analytik 62 – 66, 69
analytische Methode 64, 65, 68, 75
Angestellte 39, 73
Anmerkungen (> Fußnoten) 151, 181, 221, 236, 238
Antiqua 134, 135
Arbeitergeschichte 69
Arbeiterschaft 73, 169
Archiv 121 – 127, 147, 151, 206, 214
Archivalien 124 – 126
Archivar 36, 37, 124, 125
Armutsbegriff 109, 111
AStA 14
Aufklärung 46, 50, 51, 139
Aufklärungshistorie 50
Ausstellungen 37, 38, 70, 88, 125, 216, 219
Autobiographie 101

Bachelor 24, 25, 238
Beamer 26, 248
Beglaubigung 90
Bibliographie 154, 166 – 169. 180, 182, 197, 205, 217, 226, 244
bibliographieren 180, 181, 183, 205
Bibliothek 13, 19, 22, 25, 28, 35, 113, 116, 121, 150, 151, 181, 185, 192, 194, 205, 205, 211, 213, 214, 216, 218, 226
Bild 55, 56, 60, 81, 88, 102 – 108, 121, 126, 127, 129, 131, 198, 240, 248, 249
Bildung 24, 35, 101, 221, 262
Bildungsgeschichte 23, 69, 157, 181
Bimetallwährung 141
Biographie 48, 53, 101, 128, 147, 153, 172, 189, 207, 230, 233
Brief 7, 86, 87, 90, 96-99, 117, 121, 124, 126 – 128, 133, 134, 225
Broschüre 96
Bundesarchiv 122 – 124, 127

Bundesrepublik Deutschland 37, 54, 70, 115, 122, 123, 145, 155, 212, 228
bürgerliche Öffentlichkeit 96
Bürgertum 73, 102, 169

christliches Weltbild 50, 51
Chronik 83, 260
Chronologie (als Hilfsmittel) 172
Chronologie (als Hilfswissenschaft) 129, 132
Credit Points 25

Datenbank 167, 168, 124, 125, 161, 167, 168, 206, 211, 213, 214, 217, 219
Datierung 118, 129, 135 – 139
DDR 51, 122, 123, 143, 168, 194, 212
Dekan, Dekanin 15, 25
Denkschrift 76, 86, 94
Deutscher Bund 92, 93, 123
deutscher Sonderweg 54, 159
Didaktik 24, 164, 214, 221
Diplomatik 132
diplomatische Berichte 86
Disputation 25
Dissertation 25, 152, 168, 219, 250
Doktorarbeit 25, 30, 31, 33, 152, 186, 237
Doktortitel 16, 30, 204
Dozent 13, 14, 16, 21, 26, 28, 29 224
Drittes Reich 54, 69, 194
Drittmittel 33
Druckgrafik 102, 104

Echtheit 118, 127, 132
edieren 116, 117, 125, 126
Edition 113, 116 – 121, 125, 127, 129, 131, 151, 168, 222, 236, 250
Ego-Dokument 99
Einleitung 68, 185, 187, 191, 221, 226, 228, 239 – 243, 253
E-Mail 16, 198, 219, 220
Empirie 42
empirisch 42, 52
Endnote 188, 233, 234
Epigraphik 132
E-Publishing 217
Erasmus-Programm 23
Ereignisgeschichte 70, 73, 153, 155
Erinnerungskultur 46

Sachregister

Erklären 62–66
Erster Weltkrieg 19, 60, 77, 131, 133, 135, 142, 195, 197
Erwachsenenbildung 39, 221
Ethnologie 76
Examen 16, 23–25, 30, 36, 37, 39
Exzerpt 191, 192

Fachschaft 14
Fälschung 105, 127
Fernleihe 213
Fernsehen 17, 38, 82, 88, 145
Film 46, 88, 102, 121, 123, 126, 220, 249
Findmittel 37, 125
Flotte 229–231, 253
Flugschriften 86, 96
Fortschritt 46, 49, 50
Foto 55, 88, 102, 104–106, 129
Fraktur 134, 135
Französische Revolution 68, 136, 139
Frieden von Tilsit 127, 229
Fußnoten 58, 61, 117, 151, 176, 180, 182, 183, 188, 193, 225, 228, 232–237, 244, 246

Geistesgeschichte 72, 73, 78
Geisteswissenschaften 24, 25, 31, 38, 63, 66
Gemälde 88, 102–104, 126
Geographie 66, 70, 132
Geschichtslehrer 36, 189
Geschichtsphilosophie 50, 51
Gliederung 182, 190, 223, 226, 227, 240, 242, 245–248
Goldstandard 142
Grafiken 107, 144, 240, 248
Gregorianischer Kalender 135, 136, 138
Grundstudium 13, 20, 22, 24, 28, 33, 132

Habilitation 15, 26, 31, 32, 33, 168, 204, 250
Handbuch 119, 120, 153–157, 159, 167, 169, 175, 180, 181, 183, 190, 195, 224
Handout 247, 248
Hauptseminar 22, 28, 229, 237, 238, 245
Hauptstudium 13, 22, 24, 28
Heiligenkalender 138
Heiratsurkunde 91, 93
Heraldik 132
Hermeneutik 62, 63, 65, 66, 68, 69, 73

Historia magistra vitae 50, 51
Historische Sozialwissenschaft 74, 75
historischer Materialismus 50
Historismus 51, 52, 75
Hitler-Tagebücher 127
Hochschuldozent 26, 32, 33
Holzschnitt 88, 102
Homepage 200, 206, 216

Ideengeschichte 72, 73, 78
Imperialismus 169, 231
internationale Beziehungen 71, 77, 168
islamischer Kalender 138

Journalisten 38, 82, 96, 128, 204
jüdischer Kalender 138
Julianischer Kalender 135, 136
Juniorprofessor 26, 31

Kaiserreich 70, 77, 82, 86, 109, 114, 122, 131, 155, 159, 201, 230, 252
Karikatur 102, 104
katholisch 76, 77, 135, 195, 201
Kirchengeschichte 23, 157, 181
Kolonialpolitik 231, 232
Konversationslexikon 169, 172, 192, 195
kopieren 182, 248
Kriegsschuldfrage 131
Kriterien von Wissenschaftlichkeit 61, 69, 150, 151, 169, 203, 209, 216, 222, 237, 255
Kulturgeschichte 75–78, 114
Kulturkampf 77, 194, 201, 246
Kulturmanagement 39
Kulturtourismus 39
Kurrente 133, 134

Landkarte 104, 171, 172, 214
Lehrbuch 19, 60, 61, 153, 183, 190
Lektor 39, 199, 228
Linguistic Turn 53, 56
Literaturverzeichnis 151, 167, 176, 181–183, 187, 188, 194, 225, 226, 232, 235, 239, 240, 244, 249

Magister 24
Männer machen Geschichte 64
Master 24, 238

Sachregister

Medien 70
Meistererzählung 54
Memoiren 82, 86, 100, 101, 112, 113, 189, 225, 252
Mentalitätsgeschichte 73, 96
metrisches System 139, 140
Militärgeschichte 157, 181, 230
Module 25, 30
Monographie 121, 152, 153, 160, 160 – 162, 166, 168, 176 – 178, 182, 183, 186, 190, 191, 205, 220, 225, 226, 244
Münzen 82, 140, 141
Münzsystem 140, 141
Museum 32, 37, 38, 75, 201, 203, 206, 207, 210

Nachprüfbarkeit 58, 61, 176, 199, 222
Nachschlagewerk 27, 167 – 171, 192, 194, 195, 206, 211, 221, 225, 244
Nachvollziehbarkeit 58, 61
Narrative 54
Naturwissenschaften 25, 36, 63, 64, 66, 132, 173
Numerus Clausus 15
Numismatik 132

Objektivitätspostulat 55
öffentliche Meinung 87, 96
Öffentlichkeit 54, 60, 77, 96, 230
Öffentlichkeitsarbeit 38, 204, 206, 207
Oktoberedikt 138
Oktoberrevolution 105, 136
Ölgemälde 88, 102 – 104
OPAC 121, 183, 185, 211, 225
Open Access 217 – 220
Oral History 112
Overheadprojektor 26, 248

Paläographie 132, 133
Papiergeld 142
Partei 39, 70, 73, 105, 123, 126, 143, 195, 201, 206, 207, 227, 230
Parteiprogramme 76, 86
Peer-Review 217
Personalberatung 39
Perspektive 54 – 56, 62, 64, 65, 100, 101, 112
Politik 18, 66 – 68, 70, 71, 77, 112, 131, 144, 146, 159, 230, 237
Politikgeschichte 23, 70, 71, 74, 78, 96, 155

Porträt 88, 103, 215, 240
PowerPoint-Präsentation 248
prähistorisch 43, 44
Praktikum, Praktika 37 – 39, 215
Presseabteilung 38
preußische Reformen 138, 228, 229, 245
Primärliteratur 84, 89
Primärquelle 84 – 86, 89
Privatdozent 26, 32, 33
Professor 15, 16, 26, 30 – 34, 35, 73, 144, 185, 204
Promotion 15, 24, 25, 36, 186
Propaganda 198, 204
Proseminar 13, 22, 27 – 30, 190, 229, 237, 245
Protokoll 82 – 84, 86, 93, 94, 113
Prüfung 12, 21, 23, 24, 30 – 32, 34, 118, 190
Prüfungsordnung 21
Psychoanalyse 151
Psychologie 147

Quellengattung 80, 81, 88, 90, 102, 126, 131
Quellenkritik 97, 118, 120, 126, 127, 130, 131, 227, 230, 238, 243,
Quellenkunde 90, 114, 120, 131, 225
Quellensammlung 113 – 115, 118, 119, 131
Quellenwert 97, 102

Rechtsgeschichte 157
Reden 84, 84 – 86, 90, 105, 117, 126 – 128, 130, 190, 225, 229 – 231
Referendariat 36
Register 182, 187, 193, 213
Reichsgründung 108, 111, 201
Reisebericht 101, 102
Revolution von 1848 87, 96
Revolutionskalender 136, 137, 139
Rezension 160 – 163, 165, 168, 182, 183, 188, 189, 205, 210, 215, 217, 219, 220, 223, 249 – 251
Roman 46, 60, 84, 149
Rote Armee 105, 128

Sachbuch 149
Sachquelle 43, 81, 86 – 88
Schaubilder 240, 248
Schluss (einer Hausarbeit) 53, 176, 228, 233, 239, 240, 242, 243, 250.

Sachregister

Schreibmaschine 126, 133, 238
Sehepunkt 56, 220
Sekundärliteratur 84, 89, 252
Sekundärquelle 84 – 86, 89
Selbstzeugnis 99, 101
Semester-/Seminarapparat 224, 226
Server 171, 199, 200, 214 – 216, 218, 221
Silberwährung 141
Sitemap 206
Sozialgeschichte 73, 74, 75, 76, 78, 156
Sozialismus 51
Soziologie 25, 75, 147
Sphragistik 132
Sprachkenntnisse 19
Staat 44, 50, 66 – 68, 70, 72, 75, 77, 91, 107, 111, 121 – 123, 135, 138 – 144, 158,
Staatsarchiv 121 – 123, 125
Staatsexamen 23, 24, 30, 36
Stadtarchiv 23, 124
Stahlstich 88, 104
Statistik 66, 67, 107 – 111, 114, 132, 144 – 146, 239
Steinzeit 43, 44
Studienberatung 21, 22, 214
Studienordnung 12, 21, 23, 40
Stundenplan 21
Suchmaschine 186, 197 – 200, 202 – 205, 207, 208, 211
Sütterlin 133, 134

Tagebücher 86, 91, 99, 100 – 102, 128, 197
Tageszeitungen 17, 18, 38, 84, 86, 127, 161
Tagungsberichte 215, 220
terminus ante quem 129
terminus post quem 129
Textkritik 63
These 51, 53, 54, 58, 62, 130, 131, 150, 151, 158, 159, 161, 162, 182, 188, 190 – 192, 209, 224, 226, 231, 232, 241 – 243, 247, 249, 253
Thesenpapier 223, 247
Titelblatt 177, 239, 180, 182, 238 – 240
Tradition 14, 34, 44, 46 – 48, 81, 83, 89, 121, 126, 250
Traditionsquelle 82 – 84, 86, 100, 102
transkribieren 116

Transkription 118
Tutorium 29, 125, 147, 213, 214

Überrest 43, 74, 81 – 84, 86, 89, 102
Übung 29, 30, 32
Universitätsbibliothek 22, 161, 167, 171, 181, 206, 211, 217, 219
Unternehmensberatung 39
Unterschrift 90, 91, 92, 93, 94, 99
Urkunde 15, 83, 86, 90, 91, 93, 94, 119, 127,
URL 200, 205, 206, 210, 211, 217
Ursache-Wirkungs-Verhältnis 64, 66

Verbände 39
Verfassung 86, 248
Verfassungsgeschichte 157, 181
Versailler Vertrag 131
Verwaltung 14, 39, 94, 121, 123, 133, 237
Volksfrömmigkeit 77
Volontariat 37 – 39
Vorlesung 13, 19, 22, 25 – 27, 30, 32 – 34, 214
Vorlesungsverzeichnis 14, 21

Weimarer Republik 157
Weltbild(er), 49, 50, 51, 56
Werbung 197, 204, 209, 219
Westernisierung 54
Wiedervereinigung 111, 123, 143, 157, 159, 168, 257
Wirtschaftsgeschichte 23, 69, 73, 74, 108, 163
Wirtschaftshistoriker 111, 146
Wissenschaftlichkeit 57, 58, 61, 63, 69, 150, 188, 203, 209, 222

Zeichnung 88, 102, 103
Zeitgeschichte 22, 70, 100, 112, 119, 153, 155, 163, 168, 182, 216 – 218
Zeitungsarchiv 206
Zeitungsartikel 82, 85, 86, 128, 190
Zeitzeugen 112
Zettelkatalog 225
Zeugenaussage 81
zitieren 86, 178, 204, 207, 210, 236, 252
Zitierweise 8, 176, 209 – 211
Zweiter Weltkrieg 54, 253
Zwischenprüfung 22, 28
zyklisches Weltbild 49, 56

Bildnachweis

Abb. 1: Universität Heidelberg
Abb. 2: ullstein bild
Abb. 3: ullstein bild
Abb. 4: ullstein bild
Abb. 5: ullstein bild
Abb. 6: akg-images/Nimatallah
Abb. 7: ullstein bild
Abb. 8: ullstein bild
Abb. 9: akg-images
Abb. 10: © Volker Reiche, Königstein
Abb. 11: Vandenhoeck und Ruprecht, Göttingen
Abb. 12: Böhlau Verlag, Köln
Abb. 13: akg-images
Abb. 14: Universitäts- und Landesbibliothek Darmstadt
Abb. 15: Kurpfälzisches Museum Heidelberg
Abb. 16: ullstein bild
Abb. 17: Bundesarchiv Koblenz, Signatur: DB1-U-9
Abb. 18: Aus: Protokolle der Deutschen Bundesversammlung 1816–1866, Band 1, fol 31. Ex. der Universitäts- und Landesbibliothek Darmstadt
Abb. 19: Bundesarchiv-Militärarchiv Freiburg
Abb. 20: GStA PK, I. HA Rep. 76 Kultusministerium, Vf Litt. R, Nr. 10 Bd. 1, Bl. 36. Berlin
Abb. 21: akg-images
Abb. 22: Niedersächsisches Landesmuseum Hannover
Abb. 23: Aus: X für U – Bilder, die lügen. Hrsg. Stiftung Haus der Geschichte der Bundesrepublik Deutschland, Bonn 1998, Seite 30.
Abb. 24: bpk, Staatliche Museen zu Berlin
Abb. 25: bpk, Staatliche Museen zu Berlin
Abb. 26: Aus: Bevölkerung und Wirtschaft 1872–1972, hrsg. anläßlich des 100-jährigen Bestehens der zentralen amtlichen Statistik. Stuttgart und Mainz 1972, S. 121
Abb. 27: Bayerisches Hauptstaatsarchiv München
Abb. 28: Aus: Jürgen Müller (Hrsg.), Die Dresdner Konferenz und die Wiederherstellung des Deutschen Bundes 1850/51 [Quellen zur Geschichte des Deutschen Bundes III,1], München: Oldenbourg 1996, S. 8
Abb. 29: ullstein bild
Abb. 30: akg-images
Abb. 31: akg-images
Abb. 32: Aus: Franz Steffens: Lateinische Paläographie, Trier 1909. Ex. der Universitäts- und Landesbibliothek Darmstadt
Abb. 33: Stadtarchiv Karlsruhe
Abb. 34: Bund für deutsche Schrift und Sprache e.V., Seesen
Abb. 36: Aus: Hermann Grotefend: Taschenbuch der Zeitrechnung des deutschen Mittelalters und der Neuzeit. Hannover: Hahnsche Buchhandlung, 13. Aufl. 1991, S. 142 f.
Abb. 37: akg-images
Abb. 38: Nach: Bernd Sprenger: Das Geld der Deutschen. Geldgeschichte Deutschlands von den Anfängen bis zur Gegenwart. 3. aktual. Aufl. Paderborn u. a. 2002, S. 152
Abb. 39: ullstein bild
Abb. 40: Oldenbourg Verlag München
Abb. 41: Akademie Verlag, Berlin
Abb. 42: SV-Bilderdienst: Vollmer M.
Abb. 44: © Sotheby's/akg-images
Abb. 46: ullstein bild
Abb. 54: Oldenbourg Verlag München